我国政府采购市场开放研究

（第二版）

张家瑾　著

对外经济贸易大学出版社
中国·北京

图书在版编目（CIP）数据

我国政府采购市场开放研究/张家瑾著.—2版.
—北京：对外经济贸易大学出版社，2012
ISBN 978-7-5663-0325-7

Ⅰ.①我… Ⅱ.①张… Ⅲ.①政府采购-市场开放-研究-中国 Ⅳ.①F812.45

中国版本图书馆CIP数据核字（2012）第105341号

我国政府采购市场开放研究（第二版）

张家瑾 著

责任编辑：刘 红 李晨光

对外经济贸易大学出版社
北京市朝阳区惠新东街10号 邮政编码：100029
邮购电话：010-64492338 发行部电话：010-64492342
网址：http://www.uibep.com E-mail：uibep@126.com

唐山市润丰印务有限公司印装 新华书店北京发行所发行
成品尺寸：170mm×230mm 18印张 333千字
2012年7月北京第2版 2012年7月第1次印刷

ISBN 978-7-5663-0325-7
印数：001-800册 定价：36.00元

再版前言

本书自第一版出版以来，国内外经济形势发生了很大变化。从国内形势看，我国经济快速发展，国际竞争力不断提高，贸易大国地位进一步确立。与此同时，我国政府采购制度改革取得重大进展，政府采购规模持续扩大，经济效益显著提高，政府采购政策功能不断拓展，宏观调控能力逐步增强，加入 GPA 谈判工作也稳步推进，应对国际化能力不断增强。从国际形势看，欧美发达国家经济低迷，失业率居高不下，世界经济增长动力不足，发达国家市场需求继续萎缩，贸易保护主义频发。目前，多哈回合谈判依然徘徊不前，GPA 成员对我国巨大的政府采购市场前景充满期待，对我国加入 GPA 寄予厚望，我国面临的加入 GPA 谈判压力越来越大。基于以上原因，加之读者对本书需求的增加，笔者对本书第一版进行了修订，以适应形势发展的需要。

本次修订遵循的原则是尽量保持本书第一版结构安排、写作风格和研究方法不变，并继续发挥其严谨、清晰、实用的特点，同时根据国内外形势的变化，对书中内容进行删减、更新和补充，以做到与时俱进。本次修订除了对第一版中有误或不够明确的文字、文句修改外，其他主要变动如下：

第 1 章至第 5 章内容变动不大，主要是对第 1 章“1.1 选题背景及选题意义”进行了部分修改；在第 4 章“4.1.7 GPA 对国际政府采购市场开放的影响”中，对 GPA 成员和观察员的变化情况进行了更新；在第 5 章“5.3 我国政府采购制度建立及完善的阶段划分”中，增加了启动加入 GPA 谈判程序阶段。

“十一五”时期我国政府采购制度改革取得重大进展，因此，本次修订对“第 6 章我国政府采购发展现状”进行了较大修改。首先，增加了对 2007 年至 2009 年全国和地方政府采购状况的分析①，并对其中的图表进行了更新和补充。另外，根据政府采购发展新形势，对 6.2 和 6.3 的结构和内容进行了修改，删掉了第一版“6.2 我国政府采购制度改革五年来的主要成绩及当前存在的主要问题”，修改为“‘十一五’时期我国政府采购制度改革的主要成绩及存在的主要问题”；删掉了第一版“6.3 深化我国政府采购制度改革的思路和主要任务”，修

① 因 2010 年全国政府采购信息统计资料尚未正式公布，该部分修订未能全部更新至 2010 年的资料。

改为“‘十二五’时期我国政府采购制度改革的主要任务及重点工作”。

自2007年底启动加入GPA谈判以来，我国加入GPA谈判不断推进，故而，第7章也是本次修订的重点，该章无论是结构还是内容都有较大变动。首先，本次修订将该章标题“我国有关加入GPA的承诺及其背景”修改为“我国加入GPA的进程”。其次，对7.2.2和7.2.3进行了调整，补充了加入GPA符合我国自身利益的分析，并更新了其中图表。第三，根据我国加入GPA谈判进展情况，对“7.3 我国履行加入GPA承诺的情况”进行修订，补充了我国加入GPA谈判的进展。第四，增加了“7.4 我国GPA出价清单既不违背GPA规则和实践，又符合我国发展中国家的国情”，对GPA成员对我国出价清单的反应予以回应。

第8章和第9章内容变动不大。第8章主要是更新了图表和调整了部分内容。第9章主要是在“9.2.1 在开放范围方面，有选择地开放具有优势的采购主体”中，增加了欧美对我国加入GPA出价清单中涵盖实体的反应，并就此进行评述和提出对策建议。

第10章最大的变动体现在“10.3 我国政府购买性支出相关项目对GDP增长贡献的实证分析”。本次修订补充了2007—2010年我国GDP及政府采购支出相关数据，重新构建计量经济学时间序列自回归动态分布滞后模型，对1978—2010年我国政府购买性支出相关项目对GDP增长的贡献进行了实证分析。另外，在“10.1.3 我国政府采购规模及效益现状”中，更新、补充了资料和图表。此外，对本章其他内容进行了微调。

第11章的变动之一是对11.2、11.3、11.4和11.5项下部分结构和内容进行了调整。另外，在“11.5.2 推行政府绿色采购的必要性和可行性”中，对我国推行政府绿色采购情况进行了补充分析，并对节能环保类产品政府采购进行了量化分析；在“11.6.2 兼顾政府绿色采购与其他政府采购政策目标的矛盾”中，增加了我国政府绿色采购对自有品牌轻型汽车支持不足的量化分析。

近年来，我国政府采购法制建设取得了重大进展。2011年11月《招标投标法实施条例》颁布，并于2012年2月1日起实施。《政府采购法实施条例》历经多次修改和面向社会公开征求意见，被国务院列为重点立法项目。此外，广东省、海南省和深圳经济特区先后颁布了实施《政府采购法》办法和修订的《政府采购法条例》，大多数地方也都制定了专项管理办法和具体操作规程，增强了法律法规的可操作性。本次修订将上述变化体现在第12章中，特别是12.2中。此外，在“12.4.2 设定适宜的政府采购准入门槛价”中，补充了中央预算单位和有代表性省市的最新政府集中采购目录及限额标准。

“十一五”期间我国电子化政府采购建设步伐不断加快，但同时也存在不少问题。因此，笔者根据这一新情况，对第 13 章的标题以及 13.2 和 13.3 的结构和内容进行了调整、删改和补充。此外，在“13.1.2 电子化政府采购的经济效益”的分析中，更新了资料。

本次修订对第 14 章标题、结构和内容进行了微调，强调了政府采购从业人员专业化建设，以及建立职业资格管理制度和培训长效机制。第 15 章结论部分根据前 14 章的变动进行了调整，并增加了针对第 6 章的结论。

本次修订附录内容有所变动。附录保留并更新了 GPA 成员和观察员一览表，以及我国政府购买性支出相关项目对 GDP 增长贡献实证分析的附录表。随着我国政府采购信息化建设的不断推进，有关政府采购的法律、法规、重要文件和相关政府采购网站均可便捷地在网上查阅，故而本次修订删掉了第一版中的该部分附录。本次修订对参考文献也进行了更新。

特别感谢中国农业银行股份有限公司北京朝阳支行的段桠蕾女士，她在百忙之中抽出时间参加了第 10 章 10.3.2 至 10.3.5 的写作和修订。感谢笔者 2010 级研究生刘新新，她为第 6 章 6.1 的修订搜集了许多资料并参加了部分图的制作。还需特别感谢的是对本书修订和出版给予支持的我校王林生教授及我校副校长赵忠秀教授和其他有关学校、学院领导，同时要感谢出版社领导、编审和相关工作人员。感谢我的家人和同事给予的鼓励、支持和关怀。本次修订过程中笔者参阅了大量文献，并相继走访或咨询了有关部委、企事业单位和人员，在此也一并表示感谢。

本书第一版出版以来，在获得读者欢迎和好评的同时，也得到许多有价值建议，对此深表感谢。因笔者学识水平所限，书中不当乃至错误之处，敬请谅解并赐教。

张家瑾

2012 年初春于对外经济贸易大学

第一版序言

《中共中央关于制定国民经济和社会发展第十一个五年规划的建议》要求“继续深化部门预算、国库集中收付、政府采购和收支两条线管理制度改革”。国务院《国家中长期科学和技术发展规划纲要（2006—2020年）》与若干配套政策的通知，也将政府采购单独列出，从而明确了政府采购在国家经济社会发展中的地位和作用，为政府采购事业的发展提供了前所未有的历史机遇。党的十七大报告指出要“完善内外联动、互利共赢、高效安全的开放型经济体系。”这意味着已将开放政府采购市场提高到战略层面，并纳入了我国改革开放总体战略的轨道。

2007年12月28日，经国务院批准，我国参与世界贸易组织《政府采购协定》（GPA）的谈判正式启动，这是我国“入世”后在对外经贸领域的一项重大举措，对我国的体制改革和经济发展将产生广泛和深远的影响，故研究这一课题已成为刻不容缓的任务。但面对这一迫在眉睫的需要，国内学术界的成果尚不多见，而较为全面深入的论著更付阙如。故此书问世或能济燃眉之急，并为后续的研究者探索途径，这可视为此书的学术价值和现实意义。

由于GPA是WTO中的诸边协议（Plurilateral Agreements）之一，其条款仅对参与并接受它的缔约方生效，而其非歧视原则又不在适用最惠国待遇之列，同时还有若干例外规定，如基于公共利益可免除履行有关的承诺和义务，这就为缔约方留下了自我保护的空间，揆诸各国的实践，可说莫不如此。故我国也可将逐步开放与合法保护结合起来，以便更有成效地实施政府采购市场的对外开放，这是宏观层面的原则。作者围绕这条主线，展开了具体的论证，提出了一系列深刻的见解以及具有可操作性的建议，其中有的不乏创意，甚至属于首创，如能引发进一步讨论，使之渐臻完善和成熟，当能有裨于我国实施政府采购市场的开放。今姑略举其一二，作为例证以供读者参考：

△ 我国政府采购市场的开放应遵循“渐进”、“适度”、“有序”的原则，这是国内多方的共识，但缺乏具体的内容，不免流于空泛。此书从如何掌握开放的“时间”、“范围（程度）”和“领域”三个方面，进行了具体的论证，充实了内容，明确了方向，虽未必完全恰当和妥善，但必有助于推动这方面研究的深入展开，这是此书的贡献。

△ 虽然目前采用的GPA是1994年达成的文本，但鉴于GPA2006年的修订稿已获WTO采购委员会通过，参与GPA的谈判通常须历时数年，故我国在今后数年的加入GPA谈判和加入GPA，都将以2006年修订稿为准，但国内对GPA修订稿的研究尚少见。作者在书中的有关章节对2006年修订稿进行了阐释，具有一定的前瞻性，值得参考。

△ 国有企业应否纳入政府采购的主体范围之内，这是一个较为复杂的问题。作者的基本观点如下：国有企业是独立存在的法人，是市场经济中自主经营的实体，从理论上说，本非政府机构，政府也无权干预其采购活动。但有的国企如属于以下情况：资金直接依赖政府拨款，不以营利为唯一（或主要）目的，产品（包括服务）具有公共产品的性质，或其产品在市场上占有支配地位，则政府对这些国企的采购行为，应该加以指导和管理。至于在谈判中，外国政府势必据此要求将这些国企作为政府采购主体对外开放，则我方可运用GPA中的有关条款如保障国家安全或公共利益等，进行合法规避。总之，对待国企问题，应结合国情，从实际出发（如产业发展水平、竞争实力等），进行具体分析，把握时机，逐步分别处理。为此作者力主对2003年通过的《政府采购法》中的有关定义，以及第59条的内容，进行必要的修改，这将便于我们在谈判中更加灵活有效地予以应对。

除上述例证外，作者的治学态度和学风也足称道。书中立论务求言必有据，故对有关的协议、法规和条例等莫不搜集详备，对有关的文献则广泛检索并细心梳理，对计量模型的经验数据和回归结果也在附录中列明。全书通过400多个脚注，对背景知识和引申的内容作了补充，并对前人的成果和观点予以注明，以示不敢掠美。其严谨笃实，由此可窥一斑。

作者和我在对外经济贸易大学共事多年，时相切磋，我在贸大WTO研究院虚领名誉职衔，对校内WTO课题的研究，理应加以鼓励和支持。今得见此书全稿杀青，付梓在即，深感欣慰，故乐为之序，并望海内外先进指正是幸！

王林生

2008年春于对外经济贸易大学

第一版前言

政府采购制度最早形成于18世纪末和19世纪初的欧美国家，至今已有200多年历史，因其具有经济有效、调控宏观经济、促进产业结构升级优化和推动廉政建设等多重功效，受到世界各国政府的推崇。20世纪30年代经济危机后，发达国家相继制定了有关政府采购的国内法律法规，世界银行、欧共体（欧洲联盟前身）、WTO、联合国国际贸易委员会、亚太经济合作组织等国际和区域组织也相继制定了各自有关政府采购的规则，政府采购制度经过不断发展和完善，逐步走上制度化和法制化的轨道。

在国际和区域组织有关政府采购的规则中，WTO的《政府采购协定》①（以下简称GPA）占据重要地位，该协定因世界主要发达国家和一些发展中国家和地区的加入而成为政府采购法律逐渐向多边化演变的重要的国际法制度，因而最具法律影响力。因此，本书探讨我国政府采购市场开放问题重点是围绕GPA规则进行的。

非歧视原则是GPA三个基本原则中的重要核心原则，透明度原则和对发展中国家特殊待遇原则是非歧视性原则的体现和保障。由于GPA具有诸边性质，WTO成员可以自由选择是否加入该协定，并可根据各自具体情况谈判加入的具体承诺条件，不同的谈判可以确定不同成员各自的政府采购待遇原则，且谈判结果仅在签字成员间发生效力，这就直接导致了GPA奉行的非歧视原则不具备WTO要求的最惠国待遇原则内容，从而形成一种在政府采购协定内，各成员方可因分别谈判的承诺不同而各自分享政府采购资源的局面。因此，GPA目前还不是已经实现了自由化的协定，它只是为开放政府采购市场创设了一个谈判场所和提供承诺的条约框架，并要求成员在此种谈判承诺条件下开放政府采购市场。此外，非歧视原则指导下的GPA有相当多可以作为协定例外的规定。例如，GPA规定了国家安全、公共利益的非歧视例外，允许成员方在政府采购方面强调公共利益，可以采取非歧视待遇的例外实施规范。又如，GPA规定对发展中国家成员给予特殊和差别待遇。诸如此类的条款实际上都可以作为具体条件，为加入GPA的谈判提供广泛的准入保护空间。笔者认为这也正是我们深入研究

---

① 本书GPA中译文采用的是世界贸易组织《中国加入工作组报告书》（中译文）第337条的译法，国内也有将其翻译成《政府采购协议》。

GPA的主要意义所在。

全球经济一体化和国际贸易自由化已经成为历史发展的潮流，政府采购市场也正在由封闭逐步走向开放。早在1996年，我国政府向APEC提交的单边行动计划书中，就明确了我国最迟于2020年与APEC成员对等开放政府采购市场。2001年，在特定的时代背景下，我国就尽快加入GPA作出承诺。2006年5月16日，商务部副部长于广洲表示，我国将于2007年12月底以前，启动加入GPA的谈判程序，并向WTO提交政府采购市场开放清单。2007年12月28日，为了履行我国承诺，经国务院批准，财政部部长谢旭人代表我国政府签署了加入GPA申请书。当日，我国常驻WTO代表团将申请书和中国加入GPA初步出价清单递交WTO秘书处，标志着我国正式启动加入GPA谈判。这是我国继加入WTO后在对外经贸领域开展的又一项重大谈判，对我国经济社会发展将产生广泛和深远的影响。开放政府采购市场具有两面性，在享受他国开放市场好处的同时，也要承担开放本国市场的义务和责任，对我国这样政府采购制度建立时间不长的发展中国家而言，可以说是机遇和挑战并存。因此，对GPA条款内容，尤其是对非歧视性原则的适用例外内容以及对我国有关政府采购市场开放问题的深入研究，就更具有重大理论意义和现实意义。

与GPA成员相比，我国政府采购制度的建立时间尚短，还存在许多不完善之处。自1996年进行政府采购试点以来，特别是1998年以后，我国的政府采购事业蓬勃发展，尤其是2003年1月1日实施《中华人民共和国政府采购法》（以下简称《政府采购法》）后，我国的政府采购更是开始走上法制化的轨道，全国政府采购制度的各项改革逐步推进，在提高财政资金的使用效率、健全财政职能、强化财政监督、促进廉政建设等方面都取得了显著成效。但与国际水平相比，我国政府采购规模小、规模效益低、结构不合理、采购范围狭窄等问题依然很突出。与经济有效性的作用相比，政府采购的政策功能还没有充分发挥，而且我国目前对政府采购公共政策运用范围和程度，尚未达到GPA所允许的发展中国家使用水平。此外，我国有关政府采购的立法及其配套措施还不完善，电子化政府采购建设及政府采购从业人员素质建设亟待加强。但加入GPA谈判并不意味着政府采购市场立刻开放，从GPA成员开放政府采购市场的实践看，我国加入GPA的谈判可能会持续数年时间。我们应抓紧加入GPA之前的时间，充分借鉴国外政府采购立法和实施政策功能的经验，不断完善我国与政府采购相关的立法和配套措施，进一步发挥政府采购政策功能，以促进产业结构的升级和优化、扶持中小企业发展和不发达地区以及少数民族地区经济，同时全面落实科学发展观，不断提升企业核心竞争力，促进自主创新和循环经济发展、推进政府绿色采购，尽快形成国内利用政府采购实施公共政策的体系，以此作为加入 GPA 的条件。此外，还应大力加强电子政府采购建设以及政府采购从业人员的培训和人才培养，以适应政府采购的国际发展趋势。与此同时，应加紧对《GPA2006 修订本》条款的研究。GPA 的诸边协定性质和非歧视原则的适用例外为我国加入 GPA 的谈判提供了广阔空间，我们应充分运用 GPA 的例外条款和对发展中国家的特殊差别待遇条款，在借鉴国外政府采购市场开放的成功经验基础上，根据我国经济发展水平与各行业的发展状况，逐步、适度地开放我国政府采购市场，并尽快确定既不违背 GPA 基本原则，同时又能保护和促进我国经济发展的政府采购市场开放的科学对策。

全书共分 15 章。第 1 章引言部分介绍了选题背景、意义、文献回顾以及研究方法。第 2 章和第 3 章分别概括阐述了政府采购和政府采购制度、现代政府采购制度的理论渊源及其缺陷。第 4 章阐述了国际和区域组织有关政府采购的规则，其中重点研究 GPA。本书自第 5 章开始对我国的政府采购及政府采购市场开放问题进行专门研究。其中第 5 章和第 6 章分别阐述了我国政府采购制度建立及完善历程和我国政府采购发展现状。第 7 章和第 8 章论述我国加入 GPA 的承诺及其背景以及开放政府采购市场对我国的影响。第 9 章论述我国政府采购市场开放应采取的渐进性策略。第 10 章至第 13 章选取我国政府采购市场开放前最突出、同时也是需要重点解决的问题，逐章阐述或论证，并在借鉴国际经验的基础上，在相同章中提出相应的建议或措施。其中第 10 章是针对我国政府采购规模；第 11 章针对我国政府采购政策功能；第 12 章针对政府采购相关立法及其配套措施的完善；第 13 章针对我国电子化政府采购。本书第 14 章对全面推进政府采购从业人员素质建设提出了建议。第 15 章为结论和下一步研究计划。

本书较系统地回顾和论述了我国政府采购开放面临的国际和国内环境；紧密结合 GPA 的发展动态和我国经济发展形势，论述了 GPA 最新发展动态及其对我国政府采购市场开放的影响；提出随着我国财政收入的不断提高和政府采购制度的不断完善，应逐步扩大政府采购客体范围，并根据实际情况分别界定政府采购客体；重新划分了我国政府采购阶段，并将 2006 年作为划分我国政府采购新阶段的起点；较系统论述了目前我国政府采购存在的诸如规模小、范围窄、效益低、工程采购尚未纳入政府集中采购，以及政府采购政策功能有待进一步增强、政府采购立法及配套措施亟待完善、电子政府采购有待加强等突出问题，并较深入地提出相应的建议和主张；有针对性地提出应兼顾政府绿色采购与扶持自主创新产品等其他政府采购政策目标间的矛盾的主张，以及加强政府采购对自主创新的推动作用；提出国有企业是否纳入政府采购范围，应具体情况具体分析，并应把握好时机，采取渐进和有序的方式进行；明确提出对《政府采购法》第59条的修改建议。

在研究方法上，本书在大量文献及调研的基础上，采用实例、统计数据和图形、表格及计量经济学模型进行实证分析，并引用近年来经济数据绘制成图表，对我国加入GPA的背景、我国政府采购发展状况以及扩大政府采购规模等问题予以论证。在结构处理上，为避免给读者造成阅读不便和跳跃的感觉，本书采取近似专题的形式，将有关政府采购或政府采购市场开放问题逐章进行阐述或论证，对于不同章中的交叉内容，均以脚注形式详细标明。此外，为便于读者查阅，本书将我国近20年与政府采购相关的法律、法规及重要文件进行整理并编制成附录。另外，还将本书写作过程中浏览的国外涉及政府采购的重要网站收录至附录。

本书是笔者以博士学位论文为基础并进行后续研究的成果。本书的顺利完成首先得益于我的博士学位论文指导教师王绍熙教授，王教授对于我选择政府采购市场领域作为博士研究方向一直不断给予鼓励和指导，他严谨的治学态度令我受益终生。同时要感谢中国人民大学李金轩教授、北京师范大学姚新超①教授和我校薛荣久教授、赵忠秀教授、朱明侠教授、石玉川教授对笔者研究工作的指点和建议。还要感谢于俊年教授对本书实证模型部分的审核和建议。

特别需要感谢的是我校王林生教授，王教授对笔者的研究工作一直给予关注和支持，并提出许多建设性的建议。还需特别感谢的是国际关系学院院长、公共市场与政府采购研究所所长刘慧教授及其博士研究生孟晔女士，她们对GPA及其发展动态的观点对笔者的相关研究有重要启发和帮助。笔者在研究过程中参阅了大量文献，并相继走访或咨询了有关部委、企业和人员，在此也一并表示感谢。

感谢我的学生们，尤其感谢2006级研究生段桠蕾和焦金磊、2005级研究生张蕾和邓歆、2004级研究生张莹和王楠等同学为研究所做的辅助性工作。感谢我的家人、同事给予我的鼓励、支持和关怀。最后要感谢对本书出版给予支持的我校国际经济贸易学院院长赵忠秀②教授和出版社领导、本书的编审以及有关工作人员。

本书的研究贡献不在于提出创新理论，而是侧重对现有理论、实践及方法的新应用，以期起到对该领域研究抛砖引玉的作用，并希冀对我国政府采购实践提供一定的参考和支持。因笔者学识水平所限，书中不当乃至错误之处，敬请读者谅解并赐教。

张家瑾

2008年春于对外经济贸易大学

① 现任教于对外经济贸易大学。

② 现为对外经济贸易大学副校长。

目　录

第1章 引 言

1.1 选题背景及选题意义

笔者最初关注政府采购问题，出发点是试图尝试建立我校包括公共采购在内的完整的采购课程体系。在十多年的采购领域研究和教学过程中，笔者越来越意识到，政府采购领域、尤其是政府采购市场开放领域的研究和探索，其重要性已远不止是一所学校教学和科研体系是否完善的简单问题，更关乎我国政府采购市场及国内经济的发展和安全。

全球经济一体化和国际贸易自由化已经成为历史发展的潮流，政府采购市场也正在由封闭逐步走向开放。早在1996年，我国政府向APEC提交的单边行动计划书中，就明确了我国最迟于2020年与APEC成员对等开放政府采购市场。2001年，在特定的时代背景下，我国在入世提交的《中国加入工作组报告书》中就尽快加入WTO《政府采购协定》（简称GPA）作出承诺。2007年12月28日，我国正式启动加入GPA的谈判，并与GPA成员展开了加入谈判，这是我国继加入WTO后在对外经贸领域开展的一项重大举措，对我国经济社会发展将产生广泛和深远的影响。

自我国启动加入GPA谈判程序以来，欧美GPA成员对我国不断施压，意图迫使我国GPA出价清单的实体范围、门槛价、协定例外以及过渡期等承诺涵盖范围超出我国发展中国家的国情。与GPA发达成员已运行了200多年的政府采购制度相比，我国仅9年[①]的政府采购制度还显得很年轻，尚存在诸多问题。而政府采购市场开放的研究和实践又是个庞大复杂的课题和长期工程，它涉及方方面面不断变化的领域，对这些领域问题的研究和实践，我国尚处在摸索阶段。因此，如何本着尊重主权、考虑国情差异原则，在借鉴GPA成员经验的基础上，

① 9年时间是以我国《政府采购法》的实施时间，即2003年1月1日为起点计算的。

控制政府采购市场的开放度，制定出既符合我国国情、又不违背 GPA 规则的谈判策略，已成为刻不容缓的课题。

本书的研究贡献不在于提出创新理论，而是侧重于现有的理论、实践、方法的新的应用，并以期达到对该领域的研究起到抛砖引玉的作用和对我国政府采购实践提供一定的参考和支持。

1.2 文献回顾

1.2.1 国外相关文献综述

国外学者对课题的相关研究主要集中在以下几个方面：

1. 政府采购内涵

Christopher H. Bovis 认为政府采购是一种与公众签下的合约，是考虑到公众利益而为公众服务的有效政策，而并非一种完全依靠市场手段而自由融资的经济工具。而 Gerry Stobo 在其“Procurement without borders”一文中，却从歧视性政府采购的角度入手，提出政府采购即为一种“本土优越性”，其目的是改善本土的经济福利或提高居民的生活水平。

2. 国际政府采购的制度及法规

在政府采购这一领域中，法国的世界著名经济学家让·雅克·拉丰和让·梯若尔在其著作中发展了一套关于规制和政府采购中激励的理论，① 通过建立更加实际、更具操作性的模型，从而得出一套分析规制和政府采购中的激励问题的综合方法。

3. 政府采购与国际贸易的相关性

Ron Lunau 指出，向政府采购市场注入竞争因素，才能更有效地利用公共基金。而竞争因素正是通过签订多边的、地区的以及国内的各种贸易协定引入的，这才是政府采购游戏的真正规则。而 Bovis Christopher 教授则站在欧洲共同市场角度，谈竞争性政府采购对于加速欧洲公共部门一体化的进程，提高欧盟内部国家的贸易量以及欧盟作为整体与别国贸易时的贸易总量所起到的中心作用。以上两位学者都是就公开性政府采购对国际贸易的促进作用加以论述的，鼓励国家建立起公开、公平、公正的竞争性政府采购制度。另外，也有部分学者如 Jennifer A. Short 却通过分析歧视性政府采购对一国贸易量、国民经济的正面贡献入手，

---

① 让·雅克·拉丰，让·梯若尔．政府采购与规制中的激励理论．上海：上海人民出版社，2004.

探讨如何绕过国际、地区的贸易协定，实施歧视性政府采购政策。

4. 采购的基本理论和具体操作流程

在传统采购这一领域中，采购和供应管理领域的鼻祖——英国学者彼得·贝利在其著作中对采购活动的范围、相关战略问题、采购的结构和组织、采购活动的发展和演变等问题作了深入的研究。①

加拿大学者米歇尔·R·利恩德斯和美国学者哈罗德·E·费伦对在日益激烈的全球竞争环境下，新型采购与供应的关系作了精辟阐述，并从不同角度对供应链管理的发展进行了探讨和研究，多侧面地论述了建立新型供需关系，实现从供应商、厂商、分销商到最终用户之间的物流、信息流和资金流的一体化管理对于整个供应链低成本、高效能运作的重要性。②

关于国际采购的战略性和实效性策略，英国学者阿伦·布兰奇全面介绍了如何经济有效地在海外进行商品和服务采购。③ 他特别注重国际贸易中的风险领域和国际环境，着重论述竞争激烈的全球贸易环境下，实践中应该如何操作才能在国际采购中获益。他将采购的原理与国际贸易实务结合在一起，从而增强了采购在实务操作上的意义。

5. 政府采购与 WTO 的关系

通过阐述 GPA 的发展历程，著名经济学家 Sue Arrowsmith 展示了作为 WTO 重要规则的 GPA 是如何在不同阶段完成 WTO 赋予其透明性、竞争性采购的使命的。④ Micheal Tipman 则主要针对 GPA 作为国际诸边贸易协定⑤是否可以纳入 WTO 国际多边协定下展开讨论。

6. 网上采购的基本原则和技术支持

对于其他传统采购理论，国外学者对国际网上采购的相关研究相对来说比较少，如美国学者戴尔·尼夫的著作中⑥提出在真实的企业环境背景下采用电子采

---

① 彼得·贝利，大卫·法摩尔．采购原理与管理．北京：电子工业出版社，2003.

② 米歇尔·R·利恩德斯，哈罗德·E·费伦．采购与供应管理．北京：机械工业出版社，2003.

③ 阿伦·布兰奇．国际采购与管理．北京：机械工业出版社，2003. 该书以《2000年国际贸易术语解释通则》为准则，以国际上通用的贸易管理为依据，既注重国际采购理论、方法和手段的新颖性，又突出了国际采购中规则、条例、惯例的实际运作过程，使读者在掌握采购理论的同时又能了解系统的实务知识，从而更好地把握国际采购理论与实务的全貌。

④ Sue Arrowsmith, Arwed Davies. Public Procurement, Global Revolution. The Hague: Kluwer Law International, 1998; Sue Arrowsmith. Government procurement in the WTO. The Hague: Kluner law International, 2003.

⑤ 有关诸边协定的性质参见第4章4.1.3。

⑥ 戴尔·尼夫．电子采购——从构想到实施．北京：中信出版社，2002.

购，探求完美的战略和实施计划。他主要从战略的角度强调网上采购能够给企业带来巨大的节约成本的空间，并在基本原则问题上进行了初步的探索，但是对于如何具体实施网上采购并没有深入研究。关于网上采购的技术和安全问题，美国学者玛丽莲·格林斯坦和托德·法因曼作了详细的阐述，但是技术性和专业性过强。①

综上所述，国外相对于传统采购的研究比较深入，对于政府采购已经形成了一套比较完善的规范做法，因此更多的是法律规范。但是在网上采购方面，却触及不多，实践性不强，或是有过强的技术性。

1.2.2 国内相关文献综述

1. 政府采购规模和范围

有关政府采购规模，国内学者普遍认为我国的规模太小，影响了政府采购应有功能的发挥，如有学者认为，我国现有政府采购规模小，因此应当采取措施扩大政府采购规模（刘小川，2006）。也有的认为一个国家政府采购规模受到经济发展水平、政府职能和经济开放程度等因素影响，政府采购的合理规模要从供给与需求、衡量政府采购规模的绝对和相对指标、财政资源配置的内外合比例性等角度进行衡量（李安泽，2004）。

关于政府采购范围，从法律规定来看，我国政府采购对象范围与国际通行做法基本一致，所以国内学者的讨论主要集中在采购主体范围上。国家机关、社会团体和政党组织纳入政府采购范围，这一点已形成共识，但对于事业单位，则有不同意见。有的主张使用财政资金的各类事业单位都应纳入（我国政府采购制度研究课题组，1999）；也有的认为政府拨款占其支出达50%以上的事业单位应纳入（马国贤，1999）；还有的认为事业单位中那些已经走向市场化的不应纳入（曹富国，2000）。对于国有企业应否纳入政府采购主体范围，是目前人们关注的焦点。有的主张应根据竞争性标准来确定，竞争性的国有企业要排除在外，具有垄断意义的则应纳入（曹富国，2000；甘培忠，2001）；也有的认为，从原则上讲，国有企业不应纳入，但对全部资本来自财政拨款的国家独资企业和不以营利为唯一目的的企业则应考虑（王士如，2005）。但大多数学者主张，为了贯彻政企分开，充分发挥和严格保障国有企业的经营自主权，不应将其纳入政府采购主体的范围（曾令良，1996；我国政府采购制度研究课题组，1999；吴全光、欧阳宇翔，1999；沈国琴，2001；钟筱红，2001）。也有的从避免国家利益受损

---

① 玛丽莲·格林斯坦，托德·法因曼．电子商务的安全与风险管理．北京：华夏出版社，2001.

的角度，不主张将国有企业和国有控股企业纳入政府采购范围（郑云瑞，2005）。

2. 关于集中采购和分散采购模式问题

国内学者普遍赞同集中采购，如有的认为我国宜选择集中与分散并以集中为主的模式（我国政府采购制度研究课题组，1999）；有的认为我国现阶段应以集中采购为主，适当发展分散采购（廖颖林等，2002）；有的认为凡是采购资金来源于财政拨款的、凡是从国际市场进行的公共采购，必须由政府集中采购，从国内市场进行的公共采购，可选择由政府集中采购和由使用单位自行采购相结合的方式（安福仁，2004）；还有的立足于采购主体的消费者角色，从消费者利益的角度对集中采购和分散采购两种采购模式进行比较研究，认为集中采购优于分散采购（罗新星等，2006）。但聂常虹（1999）认为根据我国的实际，应以分散采购为主，集中采购为辅。

3. 政府采购的政策功能

国内学者大多重视政府采购多种功能的发挥，认为政府采购不仅能提高财政资金使用效益，调节宏观经济总量和经济结构，还具有反腐倡廉的政治功能，其多种社会功能，如保护民族产业和中小企业、促进落后地区的发展、节能环保、支持高新技术和技术创新等也不容忽视（楼继伟，1998；杨灿明等，2004；张得让，2004；刘小川，2006；马海涛，2006；王金秀，2006）。也有部分学者侧重于其中的某些功能，如于安（2005）认为，在提高公共政策功能领域，目前更重要的是支持自主技术创新、实现国民经济增长方式转变。

国内学者普遍赞同政府采购能促进技术创新和高新技术发展，有学者认为政府采购为技术创新提供了巨大而稳定的市场，政府订购本国技术创新产品比投入大量研发费用更有意义，因为市场“需求拉动”式的创新比“供给推动”的创新更易成功（鲍克，1996；韩霞，2003；张缨，2004）；也有的认为政府采购能够引导科技创新的方向（刘慧，2005）。

对于节能环保的绿色采购，国内学者认为政府采购绿化是世界各国的发展趋势，我国应借鉴国外的成功经验，加强这方面的制度建设（李挚萍，2002；万秋山，2005；徐焕东，2005）；发达国家的绿色采购一方面保护了环境，另一方面也建立了绿色贸易壁垒，我国政府采购在这一领域应大有作为（陈旭，2003）；政府采购能够引导绿色生产和消费，提升绿色生产技术，促进可持续发展（杨志安，2005；张晓红，2006）。

对于扶持中小企业和促进就业，国内学者则有不同见解。一种观点认为通过政府采购扶持中小企业发展能促进就业（钟仁耀，2005）；另一种观点认为，政府采购扶持中小企业的目的主要有维持市场竞争、分配财富、补偿和公平，这些目的是冲突的，且其存在理由也受到质疑，而税法激励比政府采购扶持更优越，所以政府采购的这一功能是有限的（杨小强，2006）。

在如何看待经济效益原则和政策性功能的关系上，不同学者持不同观点。有的认为政府采购的基本功能或目标是满足政府履行职能的需要，政府采购的调控应当从属于其基本功能或目标（朱少平、张得让，2004）。也有人认为，政府采购所要达到的公共政策目标，不是都能用经济价值来衡量、替代的，政府采购的物有所值原则不能完全取代政府采购的公共政策功能（于安，2005）。

4. 有关完善我国政府采购制度的研究

为建立健全的政府采购法制，国内学者从法制建设的各个环节进行了探讨。张传（2001）认为，我国应针对政府采购的不同阶段采取不同的救济方法，设计不同的救济机制，其中在采购方式选择和操作阶段采用行政救济，在合同履行阶段采用民事救济。我国政府采购制度研究课题组（1999）、童道友（2002）、杨灿明、李景友（2004）等认为，应修改完善《政府采购法》来完善政府采购制度。程宗璋（2002）认为《政府采购法》不应对政府采购的招标投标程序另外作出不同的规定，对于政府采购利用招标投标形式的，应明确其适用《招标投标法》；谷辽海（2005）认为，两法对公共性资金进行采购的界定标准存在冲突，两部法律在全国各省市调整同一采购对象时会有不同的执法标准和执行结果，且同样的违法事实将会出现监督机制和法律责任的错位。

我国政府采购制度研究课题组（1999）从采购制度的适用范围和内容、资金来源、采购模式、步骤、运行机制、监督等方面构建我国政府采购制度框架。而童道友（2002）则从政府采购的制度结构和政府采购的组织结构构建政府采购制度的基本框架。我国政府采购制度研究课题组（1999）、童道友（2002）和杨灿明、李景友（2004）等认为应改革现行预算管理与会计核算制度及改革财政监督制约机制来完善政府采购制度。童道友（2002）指明了政府采购的发展趋势，认为政府采购的发展趋势是政府采购规模化、政府采购区域化、政府采购法制化、政府采购集中化和政府采购电子化。杨灿明、李景友（2004）认为，应通过建立健全政府采购管理与自律机构、加强集中采购机构管理、进一步扩大各级政府的采购范围和规模、加强采购信息网络管理、积极培养政府采购专业人才、规范对供应商的管理、建立政府补偿机制、完善政府采购预算编制、建立政府采购发展量化指标体系等来完善我国政府采购制度。殷彦谋、张前枝（2005）构想了政府采购的有效监督体系——健全内部监督机制，规范操作行为；完善采购法规体系；实现依法监督，强化外部监督机制，实施全程监督。文英、牛霞

(2005) 针对我国政府采购评标的现状，构想了政府采购的评标指标体系。

5. 经济全球化下的政府采购

国内学者系统地介绍了WTO的《政府采购协定》、欧盟的《采购指令》、世界银行的《贷款采购指南》和联合国的《采购示范法》，肖北庚（2002、2004、2005）分析了《政府采购协定》，认为其实施机制的基础是缔约国承诺，核心是双层救济体制，关键是缔约国立法与司法保障。任际（2005）解读了《政府采购协定》的非歧视原则及其适用例外，认为这些充满弹性的规则例外，对我国掌握谈判主动权提供了广阔空间。

有关我国加入《政府采购协定》，国内学者也普遍认为，从长期来看我国应该加入，但在具体实施上有不同的观点。一种观点认为加入时要慎重考虑，国际组织制订的规则往往有利于发达国家，开放我国的政府采购市场要注意渐进性策略和倾斜性策略（刘小川等，2001；刘慧，2001；江湧，2003；詹静涛，2005）。另一种观点主张尽快加入，认为加入《政府采购协定》不但将使我国市场完整地对外开放，提高公共产品的质量，增强国内供应商的竞争能力，利于国内产品和供应商进入国际市场，而且将极大地促进国内政府采购制度的完善和行政改革的发展（于安，2005）。

1.3 研究方法

本书采用理论与实践相结合、规范分析与实证分析相结合的研究方法。

本书全面论述了我国加入GPA谈判进程以及政府采购市场开放对我国的影响，提出渐进式开放我国政府采购市场，并选取我国政府采购市场开放前最突出同时也是需要重点解决的问题，在借鉴国际经验的基础上，根据GPA条款，结合我国国情，探讨我国应如何争取加入GPA前的宝贵时间，制定相关法律、法规和政策，建立既不违背国际惯例又符合我国国情的政府采购制度。

本书引用近十年来相关统计数据并绘制图表对我国政府采购的发展状况、加入GPA的背景和扩大政府采购规模及效益等问题予以阐述和论证。此外，运用计量经济学时间序列自回归动态分布滞后模型，对1978—2010年我国政府购买性支出相关项目对GDP增长的贡献进行实证分析。

第2章

政府采购和政府采购制度概述

政府采购制度作为一种约束和规范政府购买活动的财政支出管理制度，在西方国家已有200多年的历史。从18世纪末开始，西方国家逐步实行政府采购制度，相继制定相应的法律法规和建立管理机构，政府采购的主体也逐步由中央政府、地方政府向其他公共服务组织扩展，并成为政府干预经济的一种手段。由于政府采购支出所遵循的公开、公正、公平的原则和购买支出所达到的规模效益，它的影响已不局限于单纯的财政支出管理，更扩展到对国民经济的宏观调控以及国内国际经济合作领域。

2.1 政府采购的含义、特征及原则

2.1.1 政府采购的含义

“政府采购”（Government Procurement），也被称作“统一采购”或“公共采购”（Public Procurement）。根据WTO1994年《政府采购协定》（简称GPA）第1条“范围和领域”的规定，① 笔者将政府采购归纳为：GPA附录一涵盖实体所从事的有关采购的法律、法规、程序或做法，适用于任何契约方式进行的、价值不低于附录一规定限额的采购合同。根据联合国国际贸易法委员会《贸易法委员会货物、工程和服务采购示范法》的规定，可将政府采购归纳为：一国从事采购的任何政府部门、机构、机关或其他单位或其任何下属机构以任何方式获取货物、工程或服务的行为。我国2003年1月1日实施的《中华人民共和国政府采购法》（以下简称《政府采购法》）第二条将政府采购定义为，“本法所称政府采购，是指各级国家机关、事业单位和团体组织，使用财政性资金采购依法

① 相关内容详见第4章4.1和第12章12.2。

制定的集中采购目录以内的或者采购限额标准以上的货物、工程和服务的行为。”

国内学术界对政府采购有不同的定义，归纳起来有几种代表性观点：一是直接援引我国《政府采购法》的定义。二是把政府采购等同于政府的购买性支出，认为“政府采购是各级国家机关和实行预算的党政组织、社会团体、事业单位，使用财政性资金获取货物、工程或服务的行为。”三是认为政府采购，也称公共采购，它不仅是具体的采购过程，而且是采购政策、采购程序、采购过程及采购管理的总称，是一种对公共采购管理的制度，是“各级政府及其附属机构为了开展日常政务活动或为公众提供公共服务的需要，在财政监督下，以法定的方式、方法和程序，对货物、工程或服务的购买。”（楼继伟，1998）。四是从政府采购与私人采购的本质出发定义政府采购，认为，“政府采购是公共部门利用财政性资金取得货物、工程和服务的行为。”（杨灿明、李景友，2004）。

上述观点的共同之处是都认为政府采购的资金来源于财政，只不过《政府采购法》又将政府采购客体进一步限定在“依法制定的集中采购目录以内或者采购限额标准以上”的范围内。关于政府采购主体的界定，前三种观点基本相同，即将政府采购主体限定在各级国家机关、事业单位和团体组织；而第四种观点认为政府采购主体是公共部门。

有关政府采购主体的界定，笔者不大赞同第四种观点。按照笔者对“公共部门”的理解，公共部门不仅仅是指各级国家机关、事业单位和团体组织，还包括承担公共事业建设的国有企业单位等部门。将政府采购主体界定在公共部门范围内，这种观点在实践中的操作难度极大，因为现实中除了政府这样典型的公共部门外，还有大量介于公共部门与私人部门之间的半公共部门，或称半私人部门，这些部门的活动或多或少地带有履行公共职责的性质。这种观点导致实践的结果是，可能会造成政府对市场活动的不应有的介入（袁星侯，2006）。

我国《政府采购法》对政府采购客体规定为“使用财政性资金采购依法制定的集中采购目录以内或者采购限额标准以上的货物、工程和服务”，对此笔者有不同的看法。因为根据我国政府采购实践，纳入集中采购目录以内或者采购限额标准以上的货物、工程和服务的采购由集中采购机构组织实施，而按照《政府采购法》的规定，政府采购并不只是集中采购一种模式，也不只是公开招标一种方式，还包括分散采购模式、邀请招标、竞争性谈判、询价和单一来源采购方式。而我国《政府采购法》的上述规定仅涉及集中采购模式的政府采购，因而缩小了政府采购的范围。

目前我国已经启动加入 GPA 的谈判，为避免对我们加入谈判和日后政府采购市场开放不利，笔者认为实施公开招标方式的政府采购范围不宜过大。有鉴于此，笔者认为应分别界定政府采购客体，即对于使用财政性资金采购依法制定的集中采购目录以内或者采购限额标准以上的货物、工程和服务，实行公开招标；而对于使用财政性资金采购依法制定的集中采购目录以外或者采购限额标准以下的货物、工程和服务，则可采取其他采购方式。

综上所述，笔者认为政府采购应定义为：政府采购是指各级国家机关、使用财政性资金的事业单位[①]和团体组织在财政监督下，以法定的方式、方法和程序，对货物、工程或服务的购买。对于使用财政性资金采购依法制定的集中采购目录以内或者采购限额标准以上的货物、工程和服务，政府采购实行公开招标；对于使用财政性资金采购依法制定的集中采购目录以外或者采购限额标准以下的货物、工程和服务，可采取其他采购方式。

政府采购的界定直接影响到政府采购范围和规模、政府采购方式以及政府采购市场开放程度等一系列问题，本书将在第 9、10 和 12 章对此做进一步阐述。

2.1.2　政府采购的特征

国内研究政府采购的大多数学者认为，政府采购具有资金来源公共性、采购主体特定性、非营利性、公共管理性、公开性、规范性、政策性、广泛性等特点（丁九如、张学斌，1999）。而杨灿明、李景友（2004）则认为，政府采购的两个根本特点是采购主体的公共性和采购客体的公共性。

综合上述学者观点，并比较我国《政府采购法》、WTO《政府采购协定》、联合国国际贸易法委员会《货物、工程和服务采购示范法》以及欧共体（欧盟前身）《公共采购指令》中有关政府采购的定义，笔者归纳政府采购主要特征如下：

1. 采购主体和采购客体的公共性

政府采购主体和客体的公共性主要体现在，从事政府采购活动的主体均为公共部门，其资金来源于公共资金；政府采购活动的客体，也称对象，也是用于实现政府职能和公共利益等非营利性目的。

2. 采购原则的公开性和采购行为的规范性

政府采购主体和客体的公共性决定了政府采购必须奉行公开原则，不仅有关政府采购的法律、程序和过程要公开，而且有关政府采购管理机构的活动也要接受公众监督。此外，政府采购行为也必须规范。政府采购行为不仅包括采购的具

① 笔者将“使用财政性资金”作为“事业单位”的限定条件，其原因详见第 12 章 12. 2. 2。

体过程，还涉及采购政策、程序以及管理在内的所有采购活动。政府采购的公共性决定了政府采购要体现公开、公平、公正和自由竞争的原则，政府采购行为须在法律规范和社会监督下进行。

3. 政府采购的社会经济影响力巨大

政府始终是各国国内市场最大的消费者，目前世界上许多国家的政府采购金额占其国内 GDP 的比重超过 10%，政府采购在社会经济中的作用十分巨大，采购规模的变化、采购客体结构的调整对国民经济的宏观运行、社会经济发展状况、产业结构的调整以及社会环境和公众生活质量等的影响越来越大，正是因为如此，政府采购已成为一种重要的宏观经济调控手段。

2.1.3 政府采购的原则

政府采购的原则是贯穿在政府采购计划中为实现政府采购目标而设立的一般性原则。一般情况下，政府采购应该遵循以下原则：

1. 竞争原则

竞争原则是各国政府采购的基本原则。供应商之间的充分竞争不仅可以形成合理的价格，还能保证和促使供应商提供优质的商品、工程和服务，从而实现物有所值的目标。从各国政府采购制度的发展过程来看，促进竞争始终是完善政府采购制度的重要内容。

2. 公开或透明原则

政府采购的公开或透明原则要求有关政府采购的信息必须公开，具体而言就是涉及政府采购的法规、政策、方式、程序、标准以及开标活动、中标或合同授予、投诉和司法处理决定等，都要向社会公众或相关供应商公开，以增加政府采购的透明度。公开、透明的政府采购制度和采购活动，一方面便于供应商计算其参加投标的成本和风险，提出最具有竞争力的投标价格；另一方面又可强化采购监督，防止欺诈、腐败等不正当行为的发生。为实现政府采购的公开、透明，各国都采取了一些相应措施，如颁布政府采购法及与之相关的法律和规章制度；解释规章制度的具体执行办法；采购项目与合同条件信息公开登载；资格预审和评价投标的标准和办法事先公布于众；做好采购记录，以供社会公众和有关机构审查和监督；向未能签约的供应商公布签约供应商的名称、数量；接受供应商的质疑和申诉；聘请监督人员定期检查政府机构的采购活动等等。

3. 公平原则

公平原则要求政府采购以市场方式进行，在政府采购活动中给所有的投标商同等的待遇和平等竞争的机会。为实现这一目标，各国政府采购制度规定，允许所有感兴趣的供应商、承包商、服务提供者参与竞争；对所有投标人都采用同一标准进行资格预审和投标评价；采购机构向所有投标人提供的信息都应一致；不应对国内或国外投标商歧视等。同时各国政府采购制度还赋予供应商质疑、投诉和行政诉讼的权力，并规定了政府采购活动中利害关系人的回避制度。

4. 效率原则

效率原则要求政府在采购的过程中节约开支，强化预算约束，有效提高资金的使用效率。政府采购部门通过公平竞争，使有限的财政资金可以购买到更多物美价廉的商品，或得到更高效、优质的服务，实现货币价值的最大化，实现市场机制与财政改革的最佳结合。

2.2　政府采购制度的形成和发展

2.2.1　政府采购制度的概念和内容

政府采购制度是在长期的政府采购实践中形成的旨在管理政府采购行为的一系列规则和惯例，其表现形式在于一国管理政府采购的法律和惯例。政府采购制度因各国或地区法律制度、政治制度的不同而有差异。在一些国家如美国，政府采购制度内容涵盖了管理政府采购活动的所有规则和惯例。国内大多数学者把政府采购制度定义为对政府采购行为的规范。如：童道友（2002）认为政府采购制度是指政府采购政策、政府采购实体、政府采购范围、政府采购管理等具体规定的总称，政府采购制度主要适用于对政府购买支出的管理。刘尚希、杨铁山（1999）认为，政府采购制度是指政府采购实体、采购范围、采购方式、采购政策及采购管理等一系列规定的总称。孟春（2001）认为，政府采购制度应该包括政府采购主体、政府采购法规、采购程序的规范操作、政府采购的组织管理、政府采购的监督等几方面，并且应从财政支出范围、采购资金来源范围、采购单位范围来分析政府采购制度实施范围。杨灿明、李景友（2004）认为，政府采购制度是为规范政府采购行为而制定的一系列法律、规章和办法的总称，其基本要素包括采购主体与客体、采购方式、采购程序、采购原则和采购管理等。

笔者倾向于最后一种观点，认为政府采购制度首先应包括政府采购政策，其中最重要的是采购目标和原则，这是政府采购的灵魂。其二，应包括政府采购的程序和方法，这是政府采购制度的核心内容，在不同的采购环境下应采用不同的政府采购方法。其三，还应包括政府采购的组织管理，如采购主体、供应商、中介组织，这是政府采购制度有效运行的基础。其四，质疑和救济制度也是必不可少的，它是制度规则受到损害时依靠制度的权威和规定的程序对制度的执行提出异议，并要求维护制度的完整和权威的必要保证。

2.2.2 政府采购制度的起源和初步形成

政府采购制度最早形成于 18 世纪末和 19 世纪初的西方自由资本主义国家。1782 年，英国政府废止了先前政府中实行的分散采购制度，成立了“文具公用局”（也称“办公用品局”），负责采买政府所需货物和投资建设项目，并规定了一套政府采购特有的采购程序以及规章制度，其中包括超过一定金额的政府采购合同必须使用公开的竞争程序完成，政府机构开始就政府采购问题进行制度建设和机构建设，这标志着近代政府采购制度的初步形成。以后该局发展为物资供应部，专门负责采购政府各部门所需物资。

瑞士政府也是世界上较早具有完善的政府采购体系的国家之一，他们制定和实施政府采购制度已有两百多年的历史。

美国联邦政府民用部门的采购历史可以追溯到 1792 年。美国首任财政部长亚历山大·汉密尔顿被赋予制订当时有关政府采购第一部法律来规范联邦政府采购供应品的责任。之后，美国不断完善其政府采购立法。1861 年通过了一项联邦政府采购法，规定采购机构、采购官员所应遵循的程序和方法。1868 年国会又通过立法确立了公开招标和公开授予合同的程序。

2.2.3 政府采购制度的发展和完善

政府采购是随着国家的出现而出现，但政府采购制度的出现则是近代资本主义出现以后才出现的。西方国家政府采购制度，渊源于政府合同，起源于自由市场，而完善于现代市场经济，这是与现代市场经济国家中政府干预政策的产生和发展联系在一起的。

在近代资本主义自由市场经济阶段，市场是配置资源的绝对力量和手段，由于市场经济国家信奉“看不见的手”的原理，政府基本上采取不参与、不干预国民经济活动的自由放任的政策，政府直接采购的物资和承办的公共工程也十分有限，因而政府采购市场不发达、不完善，政府采购的范围和规模较小，影响力甚微。但现代市场经济时期，尤其是 20 世纪 30 年代经济危机，市场经济国家认识到市场并非是万能的，政府开始广泛运用各种经济手段和法律手段来干预国民经济运行，其中重要的手段之一就是通过政府扩大财政开支、利用财政支出兴办公用事业，解决有效需求不足的问题。因此，政府采购成为调整经济结构发展方向、增加就业、带动私人企业经济发展的重要经济政策手段。为了对规模和范围迅速扩大、对社会经济影响越来越广泛和深远的政府采购进行管理，各国的政府采购法规应运而生，政府采购制度进入一个迅速发展和完善的时期。

1933 年，美国实施《购买美国货法》，它是美国有关政府采购优先购买本国商品的保护性法律。该法明确规定，除非政府机构确认购买美国产品不符合美国公共利益、或国内产量不足、或本国所供应的产品的质量不合格、或价格不合理，凡用美国联邦基金供政府建设公共工程使用的商品，均应购买美国产品，工程与服务也必须由国内供应商提供。该法作为美国政府采购制度的配套法律有力地刺激了当时美国经济的恢复和发展。1947 年，美国国会通过《武装部队采购法》，确立了国防采购的方法和程序，并将军事采购的责任赋予国防部的后勤局，在国防军事领域实行了集中采购。1949 年美国国会通过了联邦财产和行政服务法，为联邦服务总署（General Service Administration ，GSA）提供了统一的采购政策和方法，并确立了 GSA 为联邦政府的绝大多数民用部门组织集中采购的权利。自此，美国确立了集中采购的管理体制，建立了较完善的政府采购制度。

20 世纪 30 年代的经济危机后，发达国家相继制定了有关政府采购的国内法律法规，政府采购制度不断发展和完善，逐步走上制度化和法制化的轨道。1947 年关贸总协定将政府采购作为国民待遇条款的例外规定，造成政府采购的歧视性和封闭性。1964 年世界银行首次出版《国际复兴开发银行贷款和国际开发协会信贷采购指南》，从而使得一些国家的政府采购市场部分地开放。1966 年欧共体通过了有关政府采购的专门规定，建立了历史最早的区域性国际政府采购制度。1979 年在关贸总协定东京回合多边贸易谈判上签订的《政府采购协定》标志着国际政府采购制度的初步形成。联合国国际贸易法委员会在 1993 年第 26 届会议上通过的《货物、工程和服务采购示范法》为各国政府采购立法提供了范本。世界贸易组织管辖的《政府采购协定》是对国际政府采购制度的发展和完善。

2.3　政府采购制度的经济社会功能

政府采购制度是国家财政制度的重要组成部分。诺斯在其 1981 年出版的名著《经济史中的结构与变迁》中，提出了著名的制度变迁理论，该理论认为，对经济增长起决定作用的是制度因素，[①] 而现代政府采购制度的建立正是公共支出

---

① 道格拉斯 . C. 诺思 . 经济史中的结构与变迁 . 陈郁，罗华平，等，译 . 上海：上海人民出版社，1994：68 – 69.

领域制度变迁的产物。作为国家公共财政支出的重要手段，政府采购规模、采购标准、采购方式等对经济发展都具有重要的影响，其规模的变化会对社会总需求产生直接的影响，进而影响整个国民经济的运行；而其结构上的变化也会影响到产品结构、产业结构以及区域经济结构的变化，对经济发展起着引导性和示范性效应，其对公共支出管理、政府管理及社会经济发展均产生深远的影响。国外经验表明，政府采购制度越完善，其宏观调控作用也越明显，这也是各国重视政府采购制度的原因所在。政府采购制度的经济社会功能主要体现在以下几个方面。

2.3.1 节约财政资金，规范财政支出管理

公共资金支出管理的核心问题是公共资金的合理分配与有效利用。市场经济比较发达国家的实践表明，政府采购的确可以节约财政资金，目前许多发达国家政府采购财政资金节约率约为10%。现代政府采购制度之所以具有节约财政资金、规范财政支出管理的重要功能，主要缘于以下几方面原因：首先是现代政府采购一般都要事前编制采购预算，采购预算由于是专款专用，可以减少政府采购的盲目性，避免采购资金被挪用而造成财政资金的损失；其次是政府采购通过一系列的制度规定，加强了政府对财政资金由价值形态向实物形态转变过程的影响、监督和管理，大大提高了财政资金的使用效率并规范了对公共财政资金支出的管理；第三是公开、公平、公正原则下的政府采购制度，政府通过竞争机制可以从国内外市场获得物美价廉的货物、工程或服务，为纳税人提供更好的服务，而且由于减少了资金流通环节，降低了行政成本，从而能大幅度节约财政资金；第四是集中统一的政府采购能够实现资源共享和规模经济效益，并减少重复采购和采购各环节上的浪费，从而降低采购成本，提高财政资金的支出效率；第五是政府采购通过现代信息技术，能极大地节约采购成本，提高采购管理效率；第六是政府采购建立了供应商的市场准入机制，并对其履约情况进行评估，从而大大降低了采购风险。

2.3.2 调控宏观经济总量，实现社会供需平衡

在市场经济条件下，经济运行完全或基本上由市场来调节，但政府通过适当的干预行为，如通过有目的的、导向性的政府采购，引导生产和消费，从而可以达到调控宏观经济总量、实现社会供需平衡的目的。

社会总需求（D）=消费性需求（C）+投资性需求（I）+政府购买（G）+出口（X），由此可见，政府购买性支出即政府采购是社会总需求的重要组成部分。政府采购的乘数效应会引起社会的生产和分配在总量与结构方面的变化，

从而能够调控宏观经济总量的平衡。根据宏观经济的冷热及其发展态势，政府可以利用政府采购，通过在可利用的弹性区间内安排采购资金，对国民经济总量进行调节，使之达到总量平衡。例如，当总需求小于总供给而导致需求萎缩、经济不景气时，可通过适当增加和提前进行政府采购，这样便增加了社会的消费并促进了企业扩大投资，提高社会总需求水平，从而刺激经济的增长。反之，当总需求大于总供给而导致经济偏热、需求膨胀时，可通过适当压缩和推迟政府采购来使经济降温。

正是由于政府采购具有的上述功能，许多发达国家，包括市场经济体系最为完善的美国和欧盟，都越来越多地重视适当干预市场的方式，政府采购作为政府公共财政支出的一种基本手段被广泛地采用。从国际上看，凡是市场经济比较发达的国家，政府采购的历史都比较悠久，法律和制度也比较完善。政府采购在市场经济国家已有 200 多年的历史，采购的规模也具有相当的比重。目前许多发达国家政府采购支出一般占其当年财政支出的比重为 30%，占 GDP 的比重通常为 10% ~20%。

2.3.3 引导和促进产业结构升级优化，推动社会经济协调发展

作为国内最大买家的政府，其采购数量、品种和频率的改变，不仅影响到社会总供需，而且还对国民经济的产业结构和产品结构产生影响。

产业结构的升级和优化是加快经济增长的需要，国际经验表明，不同的经济发展阶段需要有不同的产业结构与之相适应，当国民经济各产业的比重阻碍了经济发展的时候，就需要政府有所作为，采取某些措施鼓励或限制某些产业的发展。如可以通过公开招标和中标来体现国家的产业政策，促进产业结构的调整，能使资源配置达到帕累托最佳状态，从而让经济在生产可能性曲线以外也可运行，社会福利取得最大值；也可以对需要鼓励的产业，采取扩大相对购买量等方式增加对该产业的购买力度；而对一些需限制的产业，则采取不购买或少量购买的策略。具体到产品结构也是一样，可以通过对一些产品的购买与否、调整购买量的大小及提前或推迟政府采购的时间来达到鼓励或限制这些产品生产、调节社会需求的目的。图 2.1 揭示了政府是如何通过采购资金在 X、Y 产品间分配的变化来调整国内产业结构的。

如图 2.1 所示，假设一国只生产 X 和 Y 两种产品，政府采购资金只在 X 和 Y 产品之间进行分配。社会生产可能性曲线 C－C 表示资源得到充分利用时社会所能生产的 X 和 Y 产品的不同组合；X_0Y_0 线为 X 和 Y 产品的价格比，X_0Y_0 线的斜率增加时，表示 Y 产品相对于 X 产品的价格上升。在初始点，X_0Y_0 线与 C

-C 线相切于 E_0 点，这时社会资源得到最大限度的利用，全社会生产和消费 x_0 数量的 X 产品和 y_0 数量的 Y 产品。如果假设政府对 Y 产品的采购数量增加，则会引起 Y 产品的需求上升，价格上涨，生产该产品的企业利润增加，Y 产品的生产规模扩大。生产规模的扩大又会引起生产要素的重新配置。如图所示，价格线由 X_0Y_0 变为 X_1Y_1，社会生产和消费的均衡点也由 E_0 移至 E_1，社会生产和消费 x_1 数量的 X 产品和 y_1 数量的 Y 产品。与前期相比，Y 产品的生产和消费增加了 y_0y_1 量，而 X 产品的生产和消费则减少了 x_0x_1 量。如果假定 X 产品为劳动密集型产品，Y 产品为技术密集型产品，则政府采购促进了本国生产由劳动密集型产品向技术密集型产品的转化。政府可以选择不同的产品或行业作为采购重点，运用政府采购支出的这种结构效应，支持和刺激该产品或行业的发展，从而达到一定时期的政策意图。比如，政府某一时期需对某些新兴产业或技术项目给予一定的扶持，这时可以在政府采购范围内多纳入这些相关产品。这样，既可以形成政府财力的注入，又产生一定的示范效应，吸引私人资本向这类产品或产业流动，从而推动其快速发展，实现产业结构的优化和产业升级。

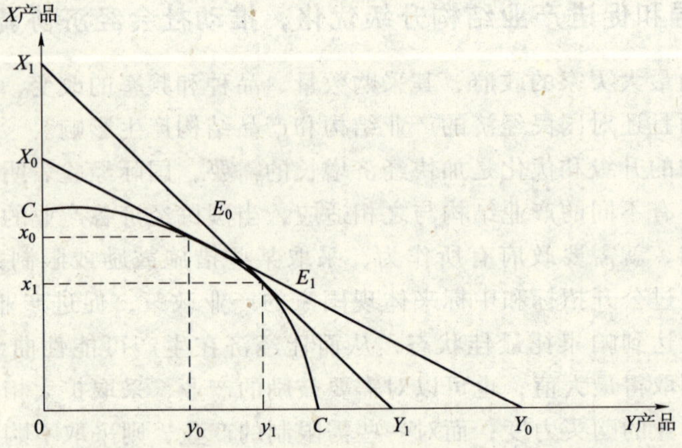

图 2.1 政府采购资金在 X、Y 产品之间分配的变化对产业结构的影响

综观各国政府采购实践，政府采购的政策意图可以主要概括：一是支持采购国货；二是为高新技术产业和特殊产业的发展提供有力保障，提高自主创新能力；三是保护环境，节约和合理开发、利用资源，推进政府绿色采购；四是平衡地区间经济，扶持和促进中小企业以及民族经济发展。[①] 各国政府通过对政府采

① 详见第 11 章。

购政策的调整，把保护民族工业、扶持困难企业、加强环境保护以及加快少数民族与不发达地区的企业发展等纳入采购范围内，从而可以平衡地区间经济的发展，实现整个社会经济健康、均衡的发展。此外，通过政府采购还可以间接地实现政府的一些其他政策意图，如减少失业、吞吐存货、平抑物价、维护生产者和消费者的利益等等。因此从政府的角度看，政府采购不失为一种多功能的财政政策工具。

2.3.4　促进竞争、有效市场的建立和发展，提高供应商参与国际市场竞争的能力

1. 促进竞争、有效市场的建立和发展

在现代市场经济中，竞争是促进资源分配和有效利用的重要手段，建立有序的竞争是市场经济建设的一个目标。市场经济国家也利用实施政府采购制度来引发、培育有效的市场竞争秩序。政府采购把财政支出与公共产品的购买紧密结合起来，改变了以往的财政支出模式，具有直接的市场行为，这是因为现代政府采购制度的一个基本前提是让市场起基础性资源配置作用。实行政府采购制度后，政府无疑是国内市场上最大的买主，它的行为会直接影响到整个国内市场的运行。该制度的公平、公开、公正和竞争等原则，使各类市场主体享有相同的竞争环境而进行公平、有序的竞争，这样，既规范了企业的竞争行为，也促进了规范的市场竞争秩序的建立，有力地促进了国家的市场经济的建设和发展。

2. 提高供应商的竞争能力

政府采购是政府与供应商之间进行的交易。由于政府是市场中的最大消费者，而且现代政府采购制度提供了良好的竞争环境，遵循公开、公平、公正的原则，在竞标过程中执行严密、透明的“优胜劣汰”机制，所有这些都会调动供应商参与政府采购的积极性，激励广大潜在供应商为争取到政府这个最大的买者而千方百计地寻求增加产品或服务技术含量的方法，不断提高产品质量，降低生产成本，改善售后服务，以增强其自身竞争力，推动供应商的快速发展。由于供应商是市场经济中最活跃的因素，所以，供应商竞争能力的提高又能够带动整个国内市场经济的繁荣。

3. 推动国内产品早日进入国际政府采购市场

从长远看，经济全球化、一体化的趋势不可阻挡，政府采购市场的开放也是必然趋势。从国际竞争的角度看，政府采购有助于供应商迈出国门、走向国际市场，并早日进入国际政府采购市场。这可以从两个方面进行解释：一是由于国内政府采购市场的不断完善，调动了国内供应商的参与积极性，并促进其竞争能力

的提高，这种竞争能力的提高有可能使这些供应商步入国际市场；二是从政府采购市场开放的对等性来看，一国在对外开放政府采购市场的同时，也取得了进入国际政府采购市场的机会。就我国而言，我们可以充分利用双边或多边条约的优惠待遇参与国际竞争，进入国际政府采购市场，使供应商在国际市场上得到更多锤炼的机会，提高国际竞争实力。

2.3.5 推进政府廉政建设，提升政府形象，促进和谐社会构建

传统的政府采购主要实行的是政府支出的控购管理模式，它容易导致供应商、采购人和财政部门官员合谋共同对付国家的现象，使得供应商和采购人的利益最大化而国家却成了最大的受损者。当规范的现代政府采购制度建立后，由于采购制度引进了招投标的竞争机制，采购人和供应商之间原有的“合谋”型博弈便转化为“囚徒困境”型博弈。这是因为，一方面采购人要在众多的供应商中经过竞争选出最优标，但其在招投标过程中的作用与在计划控购制度中的作用已不可同日而语，其主动合谋的预期支付函数因成功的概率太小、风险较大而降低；另一方面，由于众多的投标者在竞标中市场化的成本增大，风险加大，中标概率下降，供应商行贿的预期也将下降。由此可见，现代政府采购制度的建立会有力地阻止因供应商与采购人的合谋而造成的公共财政资金的损失，推动政府廉政建设。

另外，现代政府采购制度由于其特殊的运作机制和公开透明的运作程序而可以有力地清除滋生腐败的土壤。这是因为：首先，政府采购的资金是按财政预算拨付的，并纳入统一账户管理，它受到财政部门全方位的监督；其次，政府采购主要是通过公平、公正、公开的竞争招标形式吸引有能力的企业前来参与竞争，并经过资格预审等严格的程序从众多的投标者中选出合格的竞争者，然后，通过评标委员会按规定的各项技术和经济指标等选出最优标，其整个过程都是公开、透明、充满竞争的并且是按严格的规定程序进行的，这极大地降低了腐败发生的几率；最后，随着财政、审计、社会公众以及新闻媒介等采购监督机制的建立以及采购防腐机制的建立与完善，都会有效地防止政府采购过程中的权钱交易、寻租、徇私舞弊和暗箱操作等腐败现象，有力地促进政府廉政建设，提升政府公众形象，促进和谐社会的构建。

第3章

现代政府采购制度的理论渊源及缺陷

作为公共财政支出管理的一项重要内容，现代政府采购制度已被当今世界多数国家所采用，并已逐步成为国际政治经济的一个重要组成部分，它对社会经济的发展具有举足轻重的作用。为推动并加快政府采购制度在我国的建立和完善，以促进我国社会主义市场经济的健康发展和社会经济的快速进步，我们必须对该制度的理论渊源及其经济社会功能予以深入研究和探讨。

3.1 现代政府采购制度的理论渊源

现代政府采购制度是在传统的政府采购制度的基础上逐渐演变而来的，笔者认为该制度之所以能够逐步建立并完善，主要有以下几个方面原因。

3.1.1 现代政府采购制度是公共财政支出管理追求效率的必然结果

政府采购制度是公共财政基本制度的重要组成部分。政府采购制度构建的基本逻辑是：政府使用的是纳税人的钱，必须在纳税人的监督之下以最经济的方式进行，并且该方式所产生的商业机会必须由纳税人在机会均等的条件下进行竞争。这就要求公共支出必须追求有效性和竞争性，它们也成为政府采购制度得以建立的生命之源。

1. 公共支出管理理论

公共支出管理理论认为，作为管理者的政府在决策方面的角色就是一个资源分配者，分配中的资源不仅包括时间、金钱、物质材料、人力以及信誉等管理者分配的一级资源，也包括管理者通过购买行为对资源的再分配，这样政府的购买行为就被看做一种分配公共财产、解决劳动力就业的重要形式（A. 普雷德，1995，p. 193－215）。在政府管理方式上应当引进市场竞争机制，以降低成本提高服务质量。此竞争机制不仅要运用在管理内部上，而且要运用在管理者与相对人上，这就要求政府权力的行使要以社会公共利益为目的，当权力行使涉及公共资金时更应如此。公共支出理论要求重新设计政府组织机构，以便使政府制定和执行政策相分离，并且对服务的传输都必须建立起一个赋予责任的行政单位，这种责任不仅体现在政治责任上，也体现在经济责任上。

最早触摸到政府支出要追求效率这一政府采购实质的是亚当·斯密，他早在1776年就在其巨著《国民财富的性质和原因的研究》中指出，当对整个社会有利的机构和公共工程不能完全维持自己或不是完全由从最直接获益的那些社会成员的贡献所维持时，在大多数情况下，其差额必须由整个社会的一般收入来弥补。这就要求在经济自由主义的总体框架内，政府在安排财政支出时，必须要遵循市场机制的引导，实现个人利益与社会利益和谐统一并进而有效地实现资源的优化配置。

1803年，法国著名的自由放任经济学家萨伊在其代表作《政治经济学概论》（萨伊著，陈福生、陈振骅译，1982，p. 467）中认为，公共浪费和私人浪费比起来更是犯罪行为，因为个人所浪费的只是那些属于他的东西，而政府所浪费的却不是他自己的东西，他实际上仅是公共财富的托管人。这里，萨伊已经认识到政府与纳税人之间的委托—代理关系。同时，他还主张公共消费品供应应由相互竞争的公共管理人转向私人，从而为政府对公共产品的采购提供了理论依据。而正是他的这部历史巨著促进了政府采购制度在欧洲大陆的产生和发展。

在自由市场中，个人和厂商被"看不见的手"所引导，都通过在竞争性市场进行自愿交易而获益，同时也使社会资源的产出价值达到最大化。关于政府活动应实行竞争机制的观点，斯蒂格利茨认为，在政府所从事的许多经济活动中，竞争都是可以实现的，而且许多政府所提供的服务可以以更具竞争性的方式予以提供（斯蒂格利茨著，郑乘文译，1998，p. 88 - 89）。在政府活动中贯彻竞争性原则的一个明显结果是可以显著提高政府效率。现代政府采购制度就是以竞争性采购为主，通过招标广告或竞争邀请的方式，吸引众多供应商前来竞标，形成一种有利于政府的买方市场，使政府获得比较价格利益和更优质的产品或服务，从而提高公共财政支出的效率。

2. 决定财政支出增长的原因

在市场经济阶段，各国财政支出无论从绝对量上还是相对量上都出现了大幅度的增长。财政支出规模的增长是促使采购支出增长的最直接原因。面对财政支出的不断增长趋势，西方经济学界从各种角度探讨了决定财政支出增长的原因，从而形成了四大实证性理论（刘溶沧、赵志耘，1999，p. 67 - 70；樊勇明、杜莉，2001，p. 154）。

其一是瓦格纳法则，它的代表人物是德国经济学家阿道夫·瓦格纳（Adolf, Wagner）。瓦格纳认为政府支出随着人均收入的增长而不断增长。其主要原因有三，首先是经济工业化发展使得政府从事的生产性活动及对经济的干预活动不断扩大；其次是市场缺陷和外部性的存在需要公共财政进行干预和管制；再次是私人企业的低效率导致某些公共服务必须由政府提供。

其二是内外因素论，它的代表人物是英国经济学家皮科克（Alan-Peacock）和威斯曼（Jack Wiseman）。这两位学者认为财政支出增长是由内外因素造成，内在因素是指在正常情况下，社会“可容忍的税收水平”随经济增长而增长，财政支出亦同步增长；外在因素是指在遭受社会动荡（如战争、经济大萧条或其他严重灾害）时，财政支出水平会急剧上升，动荡过后又有所回落，但不低于原来的趋势水平。

其三是发展阶段增长论，代表人物是美国经济学家马斯格雷夫（R. A. Musgrave）和罗斯托（W. W. Rostow）。他们分析了经济发展不同阶段的财政支出增长情况。初级阶段，公共投资在总投资中的比例较高，尤其是社会基础设施方面的投入。在中级阶段，政府继续供给投资品，但只作为私人投资的补充，虽然保持着绝对值的增长，但占 GNP 的相对比例下降。到了成熟阶段，支出结构从基础设施转向偏重教育、医疗和福利服务等方面。

其四是官僚行为增长论，代表人物是耶鲁大学经济学家尼斯克南（William A. Jr Niskanen）。尼斯克南的分析显示财政支出规模与官僚行为有关，他认为，官僚行为追求的目标是机构最大化，因为机构规模越大，官僚的权力也就越大。官僚机构通常用两种方式扩大其预算规模，一是千方百计让拨款机构相信他们确定的产出水平是必要的，二是利用低效率的生产技术来增加既定产出量所必需的投入量（如增加预算、附加福利、减少工作负荷等）。

3.1.2　现代政府采购制度是市场经济运作的必然产物

1. 现代市场经济交易成本理论

政府通过市场采购是要付出成本的。科斯第二定律，即在交易成本为正数的情况下，法律制度在决定资源配置方面起着极为重要的作用。这一定律表明，在交易成本大于零时，该法律制度不仅对分配有影响，而且对资源配置及其产业构成有影响。

交易成本是新制度经济学的基础性概念，其基本内涵是在人们靠市场来交易产权时运用资源的成本。通俗地说，交易成本就是交易人完成一项交易所花费的时间、精力、物力和财力。只要存在商品经济，就不可避免地存在着交易成本。

尽管经济学家们对交易成本的描述不尽相同，但概括起来主要包括搜索市场信息的成本（搜寻成本）、谈判成本、缔约成本、实施成本、监督成木和强制履行的成本（控制成本）等几个部分。

有学者指出，交易成本理论是经济法律经济分析的基本范畴，用此范畴可以解释法律制度选择和改革的各种动因，该动因的核心是法律制度存在节约交易费用（周林彬，1998）。交易成本是人类社会生活中的一个不可分割的组成部分，它在法律制度安排纠纷解决程序和人们的实际法律行为中起着重要作用。法律制度的产生和发展实际上就是在人们寻找能优化其社会行为和组织秩序的过程中进行的。正在此意义上，由于人们的行为受到有限理性的制约，而导致的交易成本的存在及其节约是法律的真正起源和经济本质。想要降低不断增多的交易成本，关键在于确立一套进行社会交往和社会活动的基本原则，即制定法律制度。由于节约交易成本有利于提高市场交易的效率，所以节约交易成本就是包括政府采购法律制度在内的一切制度的经济根源。每种法律制度的安排都由现实社会经济生活的实际需要而产生，反过来该种法律制度的实施及不断完善又推动了经济生活的前进。政府采购法律制度正是在这个循环往复的过程中产生、发展并形成一个以政府采购法为核心，包括招标投标法、合同法等相关法律法规的体系。

2. 市场经济体制对建立现代政府采购制度具有推动作用

建立政府采购制度是市场经济条件下，建立公共财政框架体系的基本要求，是加强公共财政支出管理的一项重要手段。市场经济体制对建立现代政府采购制度的推动作用主要表现在：一是自由竞争的市场体系为政府采购活动的招投标这一主要形式提供了大量的竞标者，从而为提高政府采购效率、降低采购成本提供了市场环境；二是自由市场经济条件下对廉洁政府的追求，推动政府通过向市场公开招标来节省开支，提高公共财政支出的效率；三是与市场经济体制相关的法制建设、社会舆论监督以及信息技术的发展等等，都有力地促进了现代政府采购制度的产生与完善。

3.1.3 凯恩斯的政府干预理论是现代政府采购制度的主要理论来源之一

在自由资本主义时期，政府基本上不干预经济，政府采购市场不完善，采购规模小、范围窄。在现代市场经济条件下，特别是 20 世纪 30 年代的大规模经济危机以及随后诞生的凯恩斯经济理论，使各国政府普遍认识到市场不是万能的，市场自身也还存在许多缺陷。

1. 凯恩斯的政府干预理论

凯恩斯在 1936 年出版的巨著《就业、利息和货币通论》中明确提出了国家干预经济的主张。他认为形成资本主义经济萧条的根源，是由于在资本主义自由放任情况下，供给经常处于过剩状态，大量的生产资料闲置，消费需求和投资需求所构成的总需求不足以实现充分就业。因此，为解决有效需求不足，无论从长期还是从短期看，实施国家干预都是必要的。而政府干预经济的着眼点应放在社会的总需求方面，通过扩大政府支出规模，扩大政府需求，使得总需求和总供给在充分就业的水平下实现均衡。国家干预经济的具体财政政策主要有两条，其一是减税，以刺激消费和投资的增加；二是增加政府购买和公共投资，以弥补私人需求的不足，填补总需求小于总供给的缺口（刘溶沧、赵志耘，2001，p. 140－141）。

2. 公共投资效应

凯恩斯有效需求理论的重要组成部分是投资乘数（Investment Mutiplier）原理。所谓投资乘数，是指在一定的边际消费倾向条件下，投资的增加可导致国民收入和就业量若干倍的增加。

根据凯恩斯的国民收入总公式：

$Y=E$（Y：总收入；E：总支出）

$E=C+I+G+(X-M)$（C：消费；I：私人投资；G：政府购买；$X-M$：净出口）

从而有 $Y=C+I+G+(X-M)$

于是凯恩斯认为：政府直接投资可以弥补私人投资的不足，以维持国民收入的应有水平，甚至扩大总需求，增加国民收入。

同时由于 $C=\alpha+\beta(Y-tY)$（α：自主性消费；β：引致消费系数；t：税率）

可得 $Y=\dfrac{\alpha+I+G+(X-M)}{1-\beta(1-t)}$

从而 $\Delta Y=\dfrac{1}{1-\beta(1-t)}\Delta G$

政府每增加一笔净投资，就可以通过乘数效应的连锁反应带动国民收入多倍增长，而国民收入的增长，又可通过国民收入总公式带动私人投资和消费的增长，如此循环往复，表现为国民收入盘旋上升的经济不断繁荣的过程。由此可见，通过公共投资乘数效应，在市场需求萎缩、经济不景气的情况下，政府可以增加政府采购来扩大总需求，拉动社会投资和需求的回升；相反，当市场需求膨胀、经济过热时，政府可以通过减少政府采购、紧缩政府开支以抑制总需求，达到限制经济运行、控制经济总量的目的。

政府采购所具有的乘数效应虽然不像派生存款那样大，但一般可以达到1.5~4倍（童道友等，2002）。因此在社会发展实践中，任何一个国家都不会忽视公共投资所引发的经济效应。正是在凯恩斯这种理论的影响下，各国政府不断通过经济手段和法律手段加大了对经济的干预力度，并促进了政府采购和政府采购制度的迅速发展。近年来，西方行政作用范围不断拓展，政府在实施有限的直接调控同时，也开始不断增加教育、卫生、基础设施及公用事业等方面的投资活动。

3.1.4 布坎南的寻租理论是现代政府采购制度的重要理论来源之一

寻租理论是新古典主义政治经济学公共选择学派的一个重要贡献。寻租的概念最早由美国明尼苏达大学安·克鲁格（A. Krueger）于1974年在其著作《寻租社会的政治经济学》中首次提出，对寻租理论有突出贡献的还有1986年诺贝尔经济奖得主布坎南。

在布坎南等人看来，租金是指在支付给生产要素所有者的报酬中，超过要素在任何可替代用途上所能得到的那一部分收益，也就是超过机会成本的那部分收入；所谓寻租是指设租人或寻租人通过其所掌握的稀缺资源追求价值转移的活动（Robert D. Tollision and Roger D. Congleton，1995），例如用较低的贿赂成本获取较高的收益或超额利润。而寻租活动也就是指人类社会中非生产性的追求经济利益的活动，或是指那些为维护既得经济利益或是对既得利益进行再分配的非生产性活动。

寻租理论认为，寻租活动存在的前提条件是政府权力对市场交易活动的介入。租金和寻租的产生是由于政府实行了市场进入限制而造成了有租可寻的稀缺机会。稀缺机会的分配实际上是有弹性的，而若不实行某种平等的分配制度，这种弹性就使人们有可能以低于潜在租金的代价去获得这种稀缺机会。也就是说，租金的产生既在于政府控制而造成的利益差别，也在于政府控制的分配弹性。因此，为消除寻租现象，就应允许全体社会成员和生产单位平等地获得由政府干预市场所造成的稀缺价值的平均份额或机会，并使之制度化。而消除寻租的一个主要途径便是实施现代政府采购制度，由于它具有公开性、透明性、公平性和竞争性等主要特征，它的建立就在政府购买性支出领域中构筑了一个消除寻租的有效机制，它能有力地消除财政支出中的各类寻租活动，极大地降低人力、物力、财力等公共资源的浪费，提高公共财政的效益，从而推动各国政府为加强财政支出的管理而纷纷建立起现代政府采购制度（彭文兵、裴育，2003）。

3.1.5 市场失灵理论

所谓市场失灵，是指市场机制不能按照人们的意愿有效地配置资源。正是由于市场经济无法达到最优的资源配置，就需要国家对市场经济进行干预，以达到优化资源配置的目的。关于市场失灵的原因是多方面的，主要有：垄断、公共产品、外部性和信息不对称等。

1. 垄断

由于资源的稀缺性和规模收益递增的作用，市场往往由一个或者几个厂商垄断。在这种情况下，垄断厂商利用其市场控制力，制定与均衡价格相背离的价格，以获得更多的超额利润。由于在垄断市场上，垄断导致了较高的价格和较低的产量，从而使得消费者剩余减少而生产者剩余增加，资源的配置难以达到帕雷托最优的状态。

政府可以采取对垄断企业进行价格管制，通过限定价格或收益率来规范垄断企业的行为，也可以从法制上对垄断进行管制。此外政府还可以将垄断企业作为公共企业来经营，从整个社会福利的角度来制定其产品价格。

2. 公共产品

公共产品是指在使用上具有非竞争性和非排他性的物品。非竞争性是指一个人使用某件物品并不妨碍其他人同时使用该物品。非排他性是指技术上无法将不为之付费的人排除在该物品的受益范围之内。公共产品在现实经济中是广泛存在的，由于其非排他性和非竞争性的特点，消费者都想无偿使用这些产品，于是就出现了“搭便车”现象，即不支付成本但获得利益的行为。产品的提供者无法收回其成本，就会丧失提供产品的积极性，从而导致了生产的萎缩。这些特点使得边际私人成本与边际社会成本、边际私人收益和边际社会收益偏离，从而导致了市场的失灵。由于公共产品的存在导致市场失灵，市场无法有效率地配置公共产品，这就需要政府介入公共产品的供给。

3. 外部性

外部性也称作外部效应，指的是个体的经济活动或行为给社会上其他成员造成影响而又不承担这些影响所带来的成本或利益。外部性分为正的外部性和负的外部性。正的外部性也称作外部经济，指的是个体的经济活动或行为给其他社会成员带来好处，但他自己却不能得到相应的补偿，例如，开发荒山的行为虽然社会得到的收益大于开荒者为之付出的成本，但他们只得到给社会利益报酬的一部分。负的外部性也称外部不经济，指的是个体的经济活动或行为使其他社会成员受损，但他自己却没有承担相应的成本。

外部性在现实经济中广泛存在。无论是正的外部性还是负的外部性，都会导致市场失灵，影响市场对资源的配置。由于外部性使得资源配置缺乏效率，在现实经济中，市场参与者和公共部门都以各种方式对外部性进行治理，从而使资源配置达到或接近社会要求的最优水平。政府可以采用直接管制、税收和补贴等方式来解决外部性问题。对于具有负的外部性的行为，政府可以征税，税额的大小应该等于该行为给社会带来的损失。对于具有正的外部性的行为，政府可以给予补贴。

4. 信息不对称

完全竞争模型有一个重要的假定，就是“完全信息”假定。按照完全信息假定，市场的供求双方拥有作出经济决策所需要的一切信息。市场上的每一个生产者和每一个消费者对于价格、产品质量等等都是完全了解的。在完全信息的前提下，市场上交易双方的信息情况是对等的，也即信息是对称的，供求双方都掌握对方所具备的信息，都了解对方所具有的信息和所处的环境。

但是在现实经济中，完全竞争市场几乎不存在，完全信息的情况也并不常见。更常见的是信息不完全和由此导致的信息不对称的局面。信息不对称指的就是市场交易双方掌握的信息状况不对等，其中一方掌握的信息多一些，一方掌握的信息少一些。掌握信息多的一方被称为信息优势方，掌握信息少的一方被称为信息劣势方。

在完全信息的情况下，市场机制可以实现资源的最优配置。但是在信息不对称的情况下，市场机制就不能充分发挥作用。例如，由于交易双方的信息不对称，价格不再是引导资源流动的明确信号，消费者可能以较高的价格购买到质量很差的商品；生产者可能生产出市场并不需要的产品。一些潜在的、对双方都有利益的交易可能无法达成，或是即便达成，效率也不高。在信息不对称的情况下导致的均衡结果对社会来讲将是一种无效率的状况。

信息不对称给市场机制的正常运行带来许多问题。在信息不对称所导致市场失灵的领域，通过一些有效的制度安排和措施安排，消除信息不对称带来的影响。实施这些制度安排和防范措施，可以通过市场机制本身，也可以通过政府干预来做到。

由于帕累托最优的市场在现实中不存在，政府就需要对经济进行干预，以纠正市场失灵对资源配置造成的破坏，这也是国有经济存在的原因。只要存在市场失灵，国有经济就有其存在的必然性。

5. 社会公平分配的失灵

市场均衡的结果显示了资源的有效配置，但这只解决了效率问题，没有解决合理分配的问题。市场经济在分配方面的缺陷是明显的，单纯依靠市场机制的自发作用不可能完全实现公正的收入分配，其主要原因有：第一，市场经济运行的目标是追求效率最大化，各经济利益主体考虑的是各自利益的最大化；第二，在存在垄断的情况下，价格会严重背离价值，从而使少部分人获得不合理收入；第三，市场竞争的初始条件不均等导致收入的差别；第四，经济运行时间和空间上的不均衡导致非个人原因的收入差距；第五，在市场机制的自发作用下，生产要素供求状况的不平衡必然形成要素收入和不合理差距。

6. 宏观性失灵

由市场机制的自发性、盲目性、滞后性引起的宏观经济总量失衡会导致市场的经济波动，当存在超额供给时，引起生产过剩、经济衰退和失业；当存在超额需求时，诱发过度需求，引起通货膨胀。当两种情形交替出现或一起出现时，市场本身无法调整，必然引起经济的混乱。

3.2　政府采购制度的先天缺憾

诺斯在《经济史中的结构与变迁》中提出了著名的制度变迁理论，[①] 该理论认为：对经济增长起决定作用的是制度因素，而非技术因素。政府采购制度就是公共支出领域制度变迁的产物。这项制度是财政领域的一项重要的制度创新。然而，任何一项制度的产生都不可能是完美无缺的，政府采购制度也不例外，它有其先天缺憾。

3.2.1　理性政府的采购与"经济人"假设[②]

亚当·斯密的"经济人"假说，即人生而自私，利己和追逐利益最大化是人们一切社会行为的原始动因，"经济人"的理性行为就是产生最优化的行为。这对消费者来说，就是在既定的花费下所获得的总效用为最大；对以营利为目的的厂商来说，就是利润最大化；对非营利机构和政府机构来说，则意味着对既定目标寻求最优化决策。在政府采购中，如果从供应商的角度来看，其行为完全符合"经济人"假设；从分散性政府采购主体或机构来看，其行为也符合"经济人"假设，也是以自身效用最大化为目的。拥有公共权力的政府官员是理性

---

① 道格拉斯.C. 诺思　经济史中的结构与变迁．陈郁，罗华平，等，译．上海：上海人民出版社，1994：68－69.

② "经济人"是指以追求自身最大经济利益为根本目的并以此作为选择行为方式准则的主体。

"经济人"，在采购过程中，在满足公共支出的同时，就会利用手中的公共权力获得自身效用的最大化；在客观上缺乏有效监督和约束、主观上又缺乏职业道德和社会责任心的情况下，政府采购官员就会利用手中的行政权力设租，营造获得租金的机会和条件；在政府、财政部门、专门采购机构、采购官员及供应商信息不对称的情况下，还容易出现供应商、采购官员、财政部门官员甚至监督部门的官员在采购过程中产生与采购利益同向的趋势，如果此时他们认为为此而产生的风险成本的代价可能会小于所得利益时，就必然会合谋产生权力寻租。以上种种情况都有可能产生腐败现象，这是制度本身的缺憾，大量事实也证明，在轻制度重教化的前提下的反腐倡廉，只能是一种理想。

3.2.2 准市场行为

政府采购的过程实质上体现了一种委托代理关系。例如，我国政府采购实践中，在委托代理条件下，政府采购主管部门（一般设立在财政部门）委托政府采购中心实施采购，而采购中心则委托中标单位生产或提供商品和劳务，这一过程实质上经历了两个领域：前者在政治领域，以非市场手段形成政府对其下属机构的委托代理关系；后者则通过经济程序，在市场领域形成采购中心对企业采购，这不可能是一种完全的市场行为，最多只能说是一种准市场行为。

3.2.3 信息不对称

由于市场信息的不对称性，采购官员无法事前准确地甄别供应商的真实经营能力，从而使得低质量供应商有可能把高质量供应商从政府采购市场中排挤出去，而仅留下低质量供应商，以致出现"逆向选择"，使政府采购交易难以实现帕累托最优，采购质量得不到保证。

同时，市场信息不对称也是腐败得以产生的原因。纳税人、国家与政府采购官员之间的公共权力委托代理过程本身也存在信息不对称的问题。在公共权力的委托代理过程中，纳税人是政府采购资金的提供者，但在实际操作中并无相应的决策与管理权限，它没有权力参与采购决策，左右采购契约。因此，在这一过程中真正起到决定作用的是那些专门负责采购活动的政府采购官员。由于拥有较纳税人更多的信息，政府采购官员在这种隐含的委托代理契约及其执行中就拥有了潜在的优势。而作为理性"经济人"，当追求自身经济利益最大化这一目标与委托人的利益发生冲突时，自然会引发寻租并导致机会主义行为的产生。具有机会主义倾向的供应商有机会利用信息不对称逃避风险，从而导致道德风险问题的产生，即代理人有可能基于自身效用最大化等目的而在履行契约过程中利用其信息优势损害委托人的利益，这种由委托—代理关系产生的非效率、非协作即表现为“道德风险”。公开透明的制度有可能成了“暗箱操作”，“吃回扣”和“高价位”等现象在采购过程中也就有可能出现。

3.2.4　政府采购委托代理出现偏差

由于存在严重的信息不对称，委托人对代理人的监督自然也是不完全的。委托人监督的不完全性与机会主义特征导致政府采购委托代理出现偏差。所有公众将自己的一部分私有权利委托给国家与采购官员来执行，并从中获得相应的利益。因此，为了保证政府或采购官员不折不扣地按他们的意愿来执行采购权力，就必须对采购权力的委托代理运作进行监督。此外，由于这部分委托给采购官员的采购权力已经从私有产品变为公共产品，所以，采购权力的委托代理运行产生较大的外部性，造成委托人对采购权力代理人的监督具有机会主义特征。

这是因为：第一，采购权力委托代理运行失灵虽然给社会造成的损失巨大，但平均分摊到每个纳税人身上却可能是微不足道的。第二，每个纳税人监督采购权力执行要花费时间和精力，这部分的机会成本对自己来说则非常大，并且即使他监督得好或保证采购官员按全体委托人意愿执行采购权力，或是查处了采购官员腐败，但他因此而获得的利益非常小。成本远远高于个体的既得利益，这对于有理性的每个纳税人来说是得不偿失的。所以，每个人都会采取机会主义行为，而希望别人来监督，自己搭便车坐享其成，从而导致无人监督。第三，如果在广大委托人之间采取监督的选择性激励政策，由于委托人集团如此之大，也是极其困难的。

第4章

国际和区域组织有关政府采购的规则

国际社会中，不同的国际和区域组织分别制定了各自关于政府采购的规则，主要有WTO的GPA、联合国国际贸易法委员会的《货物、工程和服务采购示范法》、世界银行的《国际复兴开发银行贷款和国际开发协会信贷采购指南》、欧共体（欧盟前身）的《公共采购指令》和亚太经济合作组织的《政府采购非约束性原则》等。

4.1 WTO的《政府采购协定》

在国际和区域组织有关政府采购的规则中，WTO的《政府采购协定》（The Agreement on Government Procurement，简称GPA）因世界主要发达国家和一些发展中国家和地区的加入而成为政府采购法律逐渐向多边化演变的重要的国际法制度，因而最具法律影响力。我国在2001年加入WTO时并未签署GPA，但明确表示有意加入GPA，并就加入GPA的问题做了正式承诺。[①] 随着2007年12月28日我国政府加入GPA谈判的启动，对GPA条款内容，尤其是对非歧视性原则的适用例外内容的深入研究，就更具有重大理论意义与现实意义。因此，本书将GPA作为国际和区域组织有关政府采购的重点规则予以阐述。

4.1.1 GPA的签订背景

1946年起草GATT时，由于当时政府采购市场份额和规模均不大，对国际

---

① 详见第7章。

贸易的影响也尚未显现，因此GATT有关条款将其作为例外，排除在约束范围之内。[①] 由于GATT最初条款对政府采购可能造成的贸易歧视的估计严重不足，因而给各国政府在其采购活动中实施歧视性做法以可乘之机，带有歧视性和封闭性的政府采购市场便在国际贸易自由化的多边体制中形成了一个贸易开放的“盲区”。许多国家，尤其是发达国家常常通过行政或法律手段将歧视性政府采购政策作为非关税壁垒的一种重要措施，因而要求本国政府部门或机构在采购供其自身消费的商品时必须优先购买本国产品，以限制外国货物的进口，保护本国供应商的利益。[②]

4.1.2 GPA的签订

第二次世界大战后，由于各国急于恢复国内经济，面对美国产品的强大竞争力，纷纷采取贸易保护主义。虽然第二次世界大战后各国关税总水平在不断下降，但非关税壁垒却不断增多。各国纷纷强调政府采购对民族产业支持的重要性，[③] 特别是在20世纪六七十年代，幼稚产业保护论和进口替代论等流行一时。

随着国际贸易的不断发展，政府采购规模越来越大，特别是20世纪80年代，无论发达国家还是在发展中国家，政府都成为货物贸易和服务贸易中的最大买主。但由于政府采购的诸边性质，导致其背离了GATT促进贸易自由化的宗旨，歧视性政府采购已日益成为国际贸易中的严重障碍，因而如何评价GATT有关政府采购的规定就成为缔约方不断争论的焦点。在GATT第七轮多边谈判中，政府采购问题终于被纳入东京回合谈判范围，1976年7月，专门谈判政府采购问题的政府采购分题组成立。经过长期的讨价还价，东京回合多边贸易谈判于1979年4月12日在日内瓦签订了GPA，GPA于1981年1月1日起对届时已接受或加入该协定的各缔约方政府开始生效。

1979年GPA由9项条款组成，与后来修订的GPA相比，其内容比较简单。它要求各国放弃对本国供应者及产品的价格优惠，并对政府采购合同的投标与开

---

① GATT有关国内税和国内规章的国民待遇条款的第3条第4款规定：“一缔约方领土的产品输入到另一缔约方领土时，在关于产品的国内销售、推销、购买、运输、分配或使用的全部法令、条例和规定方面所享受的待遇，应不低于相同的本国产品所享受的待遇……。”但该条第8款同时规定，“（a）本条的规定不适用于有关政府机构采购供政府公用、非商业转售或非用以生产供商业销售的物品的管理法令、条例或规定；（b）本条的规定不妨碍对国内生产者给予特殊的补贴，包括从按本条规定征收国内税费所得的收入中以及通过政府购买国产品的办法，向国内生产者给予补助。”

② 参见第11章11.2和第12章12.4。

③ 如日本、韩国的政府购买对汽车和电子等产业的崛起和发展就起到了巨大的作用。

标程序作出详细规定，以确保政府各种规章制度不被用来偏袒和保护本国厂商及本国产品而对外国供应者及其产品实行差别待遇。协定规定，凡政府采购的价值达到或超过 15 万特别提款权（以下简称 SDR），其采购的法律、规则、程序和措施，应无条件地向其他缔约方的产品和供应者提供优惠待遇。且此种优惠待遇不得低于向国内和任何第三国的产品和供应者所提供的待遇。采购所规定的技术要求，应是性能方面的，而不是设计方面的，并应以国际标准或公认的国家标准为依据，不得借此给国际贸易设置障碍。为确保供应商在一个平等的水平上进行公平竞争，应采取招标的程序进行。GPA 规定基于国家安全而采购的必要物品或是根据维持公共秩序、卫生防疫上的需要而采取的限制措施可以例外，可以不适用 GPA 的规定。地方政府公共机构以及与政府有关的机构所采购的物品作为协定以后的努力目标。

1987 年，GPA 缔约方对 1979 年协定做了较大修改。① 1993 年，各缔约方在乌拉圭回合对协定进行了重新谈判和修订，并于 WTO 成立时对修订文本重新签字和生效。我们目前所见到的 GPA 是 1994 年签定、1996 年 1 月 1 日正式生效的文本。该协定正文共有 24 项条款，分别规定了缔约方执行协定的责任和义务。除了正文外，GPA 还有四个附录，它是每一个缔约方对执行协定的具体承诺。其中，GPA 附录一（Appendix Ⅰ）是有关 GPA 适用范围的安排，往往由申请加入方提出作为谈判基础。GPA 附录一的法律意义，是以其中 5 个附件来确定政府采购市场的开放范围。使用附录一方式，是开放政府采购市场区别于开放商业消费市场的特点所在。

图 4.1 所显示的是 GPA 附录结构图。

4.1.3　GPA 的性质

GPA 是 WTO 法律框架内的组成部分，它的制定是按照 WTO 原则和宗旨进行的，如 WTO 的非歧视原则、市场开放原则、互惠和公平贸易原则、对发展中国家特殊和差别待遇原则等。但 GPA 在体现 WTO 原则的同时，还具有其特殊性质。

1. 诸边协定的性质

“诸边协定”（Plurilateral Agreement）② 是与“多边协定”（Multilateral

---

① 例如，除中央政府部门外，将地方政府和其他公共部门纳入政府采购范围；除货物外，将工程和服务纳入政府采购范围；适用于合同价值不少于 13 万 SDR 的中央政府部门的货物和服务采购等。

② 也有文献将“诸边”译为“复边”，但因“复”有“双”的含义，容易引起歧异，故笔者认为译为“诸边”更准确。

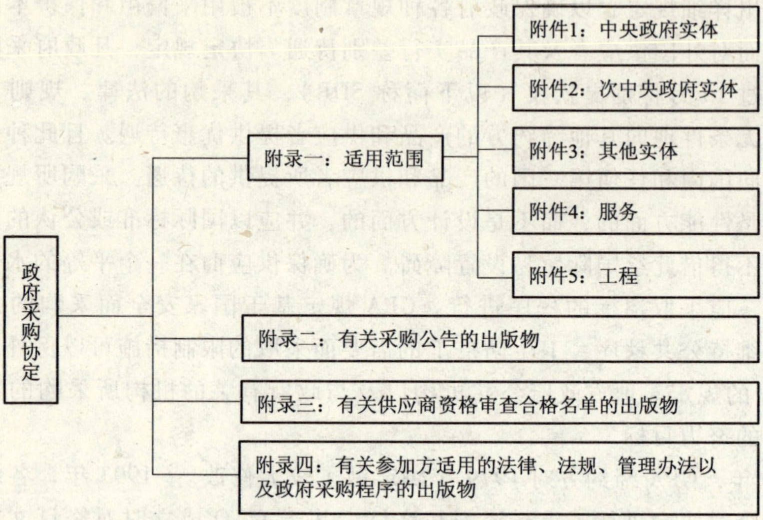

图 4.1 WTO《政府采购协定》附录结构图

资料来源：根据 GPA 第 1、9、18、19 等条款相关规定绘制。

Agreement）相对应，其主要含义是只有加入才受其约束。WTO 现存的诸边协定，除了 GPA 外，还有《民用航空器贸易协定》。

2. WTO 各成员可自愿选择是否加入该协定，[①] 且条款仅对签字成员发生效力

GPA 的特殊性还体现在它为参加方另行提供了条约谈判场所，由于其具有诸边性质，决定了它不同于 WTO 的其他一揽子协定，不属于那种一旦加入其他协定即随之生效的范畴。WTO 成员可自愿选择是否加入 GPA，其内容和规则也仅在签字成员间生效，而不适用于 WTO 所有成员。GPA 要求成员在谈判承诺条件下开放政府采购市场，这就直接导致了 GPA 奉行的非歧视原则不具备 WTO 要求的最惠国待遇原则内容。

3. 约束的领域特殊

GPA 是针对公共市场，又称政府采购市场而制定的规则。政府采购与普通商业消费有很大不同，它既是经济行为，又是行政行为。政府采购市场开放不仅受到诸多条件的制约，而且还会影响到一国政府采购和公共市场的法律政策、采购机构的管理及其程序等的调整。

---

① 乌拉圭回合多边贸易谈判结果法律文本（中英文对照）. 北京：法律出版社，2000：502 - 531.

4.1.4　GPA 的基本原则

GPA 的基本原则有三个，即非歧视原则、透明度原则和对发展中国家特殊和差别待遇原则。

1. 非歧视原则

GPA 非歧视原则制定的主要目的，一是禁止或限制在外国产品或供应商之间实行歧视，二是禁止或限制在外国产品或供应商与本国产品或供应商之间实行歧视。GPA 全面体现和贯彻了非歧视这一原则，专设条款具体确立了有关政府采购非歧视内容的法律、程序及做法。GPA 序言即明确要求，各缔约方在制定和实施政府采购的法律、法规、程序和惯例时，不得对国内产品与服务及供应商（包括供货商和服务提供者）提供保护，亦不得在其他缔约方之间造成歧视。协定第 3 条对国民待遇和非歧视待遇原则做了进一步规定，要求缔约方向其他缔约方提供国民待遇和非歧视待遇。① 非歧视原则表现出国民待遇的非歧视要求在 GPA 谈判承诺范围之外并没有普遍的约束力，这充分反映出国际法提倡互惠发展国际经济关系的精神。

2. 透明度原则

透明度原则的规定主要体现在 GPA 第 17、18 和 19 条中，包括合格供应商名单、审查条件和结果的公开；采购程序和采购结果的公开和诉讼程序公开；政府采购法规、政策和措施的公开等方面内容。

需要指出的是，GPA 虽然确定了透明度原则，但并未特别落实 WTO 所要求的透明度原则。非歧视原则体现在透明度要求时，只是要求在招标过程中期望提高政府采购法规、程序及做法的透明度。它提出公开招标需要发布招标通告，但没有规定通告的法定传播形式，所以，各成员政府采购公告、计划、竞争、执行等程序并不是统一的。供应商需要分别掌握不同成员的通告发布形式。招标人也可以在资格评审中设置基本条件，实际上可能将不具备“要求”的投标人排除在外。

3. 对发展中国家的特殊和差别待遇原则

该原则体现在 GPA 第 5 条，共有 15 款，主要包括实行差别待遇的目标、适

---

① GPA 第 3 条“国民待遇和非歧视”第 1 款规定：“对于本协定涵盖的有关政府采购的所有法律、法规、程序和做法，每一参加方应立即无条件地对其他参加方的产品、服务或提供产品或服务的其他参加方的供应商提供不低于下列水平的待遇：（a）给予国内产品，服务和供应商的待遇；及（b）给予任何其他参加方的产品，服务和供应商的待遇”。该条并要求参加方对协定的附录一谈判具体承诺义务。

用范围、议定的例外[①]、对发展中国家的技术援助[②]、信息中心[③]、对最不发达国家的特殊待遇[④]等方面内容。

在 GPA 的三个基本原则中，非歧视原则占据非常重要的地位，它是 GPA 的核心原则，透明度原则和对发展中国家特殊待遇原则“是非歧视性原则的体现和保障”。[⑤] GPA 不采用最惠国待遇的直接表现就是它规定了参加方对政府采购应作出具体承诺，[⑥] 因而 GPA 实现非歧视待遇的具体方式、政府采购的实体、具体适用对象、范围，可以取决于成员的各自承诺，从而形成一种在政府采购协定内，各成员可因分别谈判的承诺不同而各自分享政府采购资源的局面。这与加入了 WTO 协定即意味着承认了其他一揽子协定完全不同。

此外，在非歧视原则指导下的 GPA 有相当多的诸如国家安全、公共利益等可以作为具体例外的条款，并且允许成员采取分别承诺的方式，加上协定对发展中国家的特殊待遇条款，这些都为各成员加入该协定的谈判提供了广阔的空间。

4.1.5 GPA 的适用范围

GPA 的适用范围是指协定所约束的范围，它分别从政府采购实体、限额标准以及契约形式等方面予以规定。

1. GPA 适用的政府采购实体

GPA 第 1 条使用“采购实体”来界定采购人的种类。GPA 第 1 条第 1 款规定，“本协定适用于附录一所涵盖实体从事的任何有关采购的法律、法规、程序或做法。”如图 4.1 所示，GPA 采用列举方式在附录一的附件 1、附件 2 和附件 3 中将受 GPA 约束的政府采购主体分为三类，即中央政府实体、次中央政府实体以及其他实体。每一个参加方均需在协定附件中列举其境内拟按照 GPA 的要求给予境外供应商国民待遇的政府采购主体和采购客体。至于清单中的实体是否最

---

① 例如，发达国家或地区通过谈判，列出对发展中国家或地区的优惠条件。发展中国家或地区在加入 GPA 谈判时，可与其他缔约方商谈排除适用国民待遇原则的采购实体、产品或服务的清单。

② 包括提供技术服务和翻译服务等。

③ 是指发达缔约方应单独或联合建立信息中心，以答复发展中缔约方提出的关于提供尤其是与如下内容有关的信息：有关政府采购的法律、法规、程序和做法；已公布的预定采购的通知；本协定涵盖实体的地址以及已购或拟购产品或服务的性质和数量，包括可获得的关于未来投标的信息。委员会也可建立信息中心。

④ 该条规定对最不发达国家给予更为灵活的特殊待遇。

⑤ 任际．《政府采购协定》的非歧视原则及其适用例外．法学研究，2005（6）．

⑥ GPA 第 1 条第 1 款规定：本协定适用于附录一涵盖实体所从事的任何采购的法律、法规、程序或做法。

终被纳入附录一，则根据谈判情况而定，只有最终被列入清单的实体才受 GPA 约束。由于附录一是经过谈判逐一确定的，这就使得不同的缔约方其采购实体有可能不同。

根据我国在 2001 年加入 WTO 时的承诺，我国开始谈判的法律步骤是“提交附录一出价”，确定附录一是加入 GPA 谈判的主要实质性内容，因此准备和确定附录一出价是最具有讨论价值的问题。

GPA 适用的采购客体，也即适用的采购项目，主要包括货物、服务和工程。如果货物采购也包括服务项目，而服务的价值不超过货物价值时，也属于货物采购。GPA 将涉及有关国家安全的采购，包括武器、弹药、战略物资的采购，或与国家安全及国防密切相关的连带采购；以及涉及维护公共道德、公共秩序、公共安全、人民与动植物的生命或健康、知识产权、保护残疾人组织、慈善机构或劳改产品等方面的采购，通过第 23 条“协定例外”条款均予以排除。

2. GPA 的采购限额标准

对于采购限额标准，GPA 分别对中央政府实体、次中央政府实体和其他实体作出了规定。中央政府实体的采购限额标准为采购货物和服务价值在 13 万 SDR 以上的合同。次中央政府实体，即中央以下的政府（包括中央政府所属的下级机构和地方政府）的标准不一，主要根据参加方之间出价和谈判的结果而定，一般当地方政府实体采购的货物或服务超过 20 万 ~40 万 SDR 时即适用该协定。对于其他机构，即除政府机关以外的公共事业单位或部门，货物或服务的采购价值在 40 万 SDR 以上，则适用该协定。对于建筑工程合同的采购，中央政府机构为 500 万 SDR；地方政府和其他部门也以 500 万 SDR 为基准，但最终以谈判结果为准。

3. GPA 的契约形式

GPA 的契约形式既可以是传统交易方式的买断合同，也可以是分期付款和无论是否具有购买权的租赁与租买，以及包括产品和服务的任何组合的现代契约方式。为防止采用缩小合同金额或将合同分割等办法规避协定的行为，GPA 特别在第 2 条“合同估价”条款中对合同的计算办法进行了规定。

4.1.6　GPA 的其他主要内容

除了基本原则和适用范围外，GPA 还包括技术规格、政府采购程序、供应商资格、谈判、补偿、质疑程序及磋商和争端解决、有关加入与谈判的规定等方面内容。

1. 技术规格

国际贸易中采用最多、也是最见成效的非关税壁垒手段之一就是通过制定采购技术规格限制进口。为充分体现非歧视原则，GPA 在其第 6 条“技术规格”中规定了技术规格的内容及与合格评定程序有关的要求的制定、采用或实施不得以对国际贸易造成不必要的障碍为目的，同时规定了各实体在制定技术规格时应遵循的准则。

2. 政府采购程序

为了保证各缔约方在实施政府采购时做到公开和非歧视，GPA 规定了三种采购方式，即公开招标、邀请招标和限制性招标。①

（1）公开招标（Open Tendering）。按照 GPA 第 7 条第 3 款（a）的规定，公开招标程序是指：“一切感兴趣的供应商均可进行投标”。对于 GPA 各缔约方而言，当采购合同金额达到 GPA 限额标准时，即应向其他缔约方的供应商或承包商公开其采购信息并允许他们进行投标。实行公开招标程序时，所有采购程序应当符合从第 7 条至第 16 条的规定，即应进行规定的供应商资格审查程序，并发出采购公告和招标公告；所制定的招标文件要符合标准；应按照规定的程序进行投标、接受投标、开标和授予合同。GPA 要求每一缔约方在加入谈判时，明确本国或本地区政府采购信息的刊载刊物，并写入谈判结果的“附录二”中，在协定生效后，所有有关政府采购实体的公开采购信息都应发布在“附录二”所指定的刊物上。此外，GPA 还对包括投标、接受投标、开标和授予合同等招标程序，均作出了详细规定。

（2）邀请招标（Selective Tendering）②。GPA 未严格限制邀请招标的使用，仅在第 10 条“邀请招标程序”中对邀请范围提出了原则性的规定。③ 也就是说，公开招标和邀请招标都是 GPA 推行的采购程序，这一点与联合国国际贸易法委员会和世界银行的做法有较大区别（刘慧，2003）。

为使邀请招标贯彻公平原则，GPA 对采购过程中的资格审查进行了详细规定，要求各缔约方以非歧视原则公开或提供信息。例如，审查程序要统一，资格审查结果要公开。对于实施永久性的合格供应商名单制度的采购实体须每年发出通告，并将该名单公布在附录三。协定还对资格审查内容做了比较详细的规定。

（3）限制性招标（Limited Tendering）。根据 GPA 第 7 条第 3 款（c）的规

① 也有学者将“限制性招标”译为“单向采购”。见刘慧．世界贸易组织《政府采购协定》概要．中国政府采购，2003（12）．

② 也可直译为“选择性招标”。

③ 即在“采购有效运作”的同时“尽可能多”地邀请国内外供应商参加投标；缔约方的采购实体要以公平和非歧视的方式选择供应商参加投标；如果条件允许，未被邀请的供应商也有机会参加邀请招标。

定，限制性招标程序指“仅根据第 15 条列明条件的程序，有关实体据此与供应商进行单独接触。”由于它是一种不经过竞争而完成的采购程序，因而被 GPA 限制使用。根据 GPA 的规定，如果缔约方的采购实体对协定约束范围内的本应采用公开招标和邀请招标却未采用的，而以限制性招标方式完成采购，则该采购实体要向本国政府或地方当局提交书面报告，以便于有关供应商查询，供政府采购委员会审议，或质疑和争端解决机制使用。

GPA 在的 15 条第 1 款（a）—（j）中列举了 10 种可使用限制性招标程序的情况，同时规定采用此种采购方式时采购实体需提交报告，说明采购实体的名称、采购的价值、种类、原产地，并说明此项合同符合上述 10 种条件中的具体哪一项。

（4）有关招标和截标期限的规定。为防止采购实体通过缩短招标和接受投标书期限来达到排斥某些供应商的目的，GPA 第 11 条对各实体在政府采购中所适用的招标和接受投标书期限进行了严格规定。

（5）有关招标文件的规定。GPA 就招标文件所用语言、招标文件的主要内容，以及各缔约方采购实体提交招标文件的方式进行了规范。GPA 在其第 12 条“招标文件”第 1 款中规定，采购实体应使用一种 WTO 官方语言作为决定投标文件所用语言。对于招标文件的内容，GPA 就采购实体向供应商提供的招标文件应包含的信息在该条第 2 款中列举了 11 项规定。GPA 还规定，对来自非协定缔约方的投标，只要在满足本协定第 17 条透明度的情况下，也可允许其参加投标。为保证信息的透明和公开，GPA 还就采购实体需满足任何供应商索要招标文件要求在该条第 3 款中做了 3 项规定。

3. 供应商资格

按照 GPA 的规定，各缔约方采购实体要基于客观的规则和标准对供应商进行筛选。为防止采购实体通过资格审查标准和审查操作过程歧视国外供应商，GPA 在第 8 条“供应商资格”中用 8 款具体规定了资格审查的内容和程序，包括在供应商资格审查过程中，不得在其他缔约方供应商之间和其他缔约方与本国供应商之间实行歧视；为供应商参加资格审查留出足够时间；资格审查条件和程序要公平、合理；保存合格供应商常设名单的实体应保证供应商可随时提出资格申请、并保证提出请求的所有合格供应商均在合理的较短时间被列入该名单；对于提出成为合格供应商请求的任何供应商，有关实体应将与此有关的决定通知该供应商；对于有关实体列入常设名单的合格供应商，有关实体应将任何此类名单的废止或供应商名址自名单中去除的情况通知供应商；遵循相同的资格审查程序，除非能适当证明有必要采用不同的程序，并努力缩小各实体间资格审查程序的差异等。

4. 谈判

GPA 未严格禁止招标过程中的谈判，但为保证对其他投标人的公平，GPA 第 14 条“谈判”中对谈判的前提条件和内容进行了限定，并规定各实体应将投标书视为机密、各实体不得在不同供应商中造成歧视。

5. 补偿

GPA 将政府采购中的补偿概括为：一国用以促进当地发展和国际收支平衡所采取的措施。GPA 在其第 16 条“补偿”第 1 款中规定，“各实体在对供应商进行资格审查，或对供应商、产品和服务进行选择时，或者在评标及授予合同时，不得设置、寻求或考虑补偿措施。”也就是说，不得以补偿措施作为评标和授予合同的条件。但由于 GPA 正在寻求扩大发展中国家成员的加入，同时要适当考虑发展中国家的经济发展问题，所以 GPA 对发展中国家采用补偿措施的限制有所放宽，GPA 第 16 条第 2 款中同时规定：“发展中国家在加入协定时可以就国产化成分等补偿措施的条件进行磋商”；同时也对补偿措施的使用设立了若干限制，“补偿措施只能用于参与采购供应商的资格审查过程，而不是作为授予合同的评判标准；条件应该是客观、明确和非歧视的，并应列入该国的附录一中。”

6. 质疑程序及磋商和争端解决

GPA 的独特救济就是质疑程序与争端解决机制所构成的双层救济体制（肖北庚，2002），它不但保护了供应商的权益，而且也是政府采购透明度的重要保障手段。

（1）质疑程序。在质疑程序之前，GPA 首先鼓励有关各方通过磋商解决问题。根据 GPA 第 20 条“质疑程序”第 1 款“磋商”中的规定，所有参加方遇到有一供应商提出申诉时应鼓励其将磋商方式作为解决申诉的首选，类似国内民事诉讼法中的社会支持起诉原则，这一方面对申诉方起鼓励和支持作用，为磋商公平、友好顺利开展铺垫了基础；另一方面又体现了友好解决争端精神。GPA 要求采购方对磋商要求给予公平与及时的考虑，体现非歧视原则和国民待遇原则，供应商的期待利益不因磋商解决时间过长而失去。

此外，为了确保商业机会，GPA 非常强调供应商参加政府采购活动的机会的存在，并以暂停采购活动为原则，只有在法定情形之下才允许例外，并且必须将没有责令采购人暂停采购活动的正当理由书面告知供应商。[①] GPA 规定，磋商

① GPA 第 21 条第 7 款（a）规定：快速的临时措施，以纠正违反本协定的行为和保持商业机会。此种行动可能造成该采购过程的中止。但是，质疑程序可规定在决定是否应采取此类措施时，可考虑到对有关利益包括公众利益所造成的重大不利后果。在此种情况下，应以书面形式提供不采取行动的合法理由。

不应采取影响供应商在质疑机制下获得救济的方式进行。如，在质疑程序下，供应商可能获得合同授予权，而磋商如果使这种合同授予权丧失，这种磋商不能进行。质疑程序的实质内容是要求每一缔约方提供一套符合 GPA 精神、有助于 GPA 目标实现的有效程序。要求供应商在规定的时限内开始质疑程序，各缔约方的规定应当不少于 10 天，计算日从供应商知道或理应知道该质疑时算起。为了保护商业机会和有关方面的利益，质疑程序应及时结束，通常理解为在采购合同有效授予前应结束质疑。

为了保障质疑机构的权威性，GPA 第 20 条第 6 款规定，“各项质疑应由一家法院或与采购结果无关的独立公正的审议机构进行审理”，并对法院以外的机构担任申诉处理机构规定了十分严格的程序，如该有权受理质疑的机构其成员在任职期间应不受干扰，符合司法独立原则；如果这种机构不是法院，则该机构必须使用规定当事人参与和内容公开的程序，且该机构可接受司法审查等。

（2）磋商和争端解决。虽然 GPA 第 22 条“磋商和争端解决”的规定要求与 WTO 的争端解决机制保持一致，但 GPA 的争端解决机制的规定与 WTO 争端解决机制仍略有不同，主要体现在以下几方面。

第一，争端解决期限短于 WTO 的规定。GPA 第 22 条第 6 款规定，应尽一切努力在最可能大的范围内加速争端解决进程，其具体体现就是 GPA 规定的争端解决期限为 4 个月，如有延迟，不得超过 7 个月，这比《WTO 争端解决规则及程序的谅解》的规定相应缩短了 2 个月。

第二，对不执行裁决结果的处理不同于 WTO 的规定。按照《WTO 争端解决规则及程序的谅解》规定，在裁决结果未得到执行的情况下，受损害的一方可以中止执行减让义务或本应执行的其他义务。但是，GPA 第 22 条第 7 款对此做了否定，即缔约方不得以此为理由，中止对 GPA 义务的执行，或修改其已经承诺的开放的范围和部门。

第三，GPA 质疑双方当事人可以适用当地救济。GPA 直接向当事人授予权利并要求参加方法院承担直接执行国际协定的义务，从而降低了国内实施性立法的地位和作用，增加了国内法院的责任，特别是解释 GPA 的责任。如果国内法院对 GPA 进行了不当解释，那么对方政府可以根据 GPA 第 22 条的规定诉请 WTO 争端解决机制解决。GPA 质疑程序所要求的缔约方建立一套保证政府采购公正、有效的程序规范意味着质疑双方当事人可以适用当地救济（肖北庚，2002）。WTO 争端解决机制没有规定当地救济机制，致使“在总协定规则不清楚的情况下，国内法院不能向更高的机构要求进行先行裁决或先行解释；个人不能参加国际争端解决程序。这意味着在司法保护的国内法院与国际法院两层次上没有制度联系，而这会造成在每一层次上对做法不同解释的危险。”① 此外，GPA第22条第3至6款还对专家小组的设立及职权范围进行了规定。

7. 有关加入及谈判的规定

加入及谈判体现在GPA第24条“最后条款”中。根据GPA的该条规定，加入协定后，缔约方应首先对本国有关政府采购法律、规章、管理和操作程序等进行调整，以使之符合GPA要求。当上述法规、程序发生变更时，应通知政府采购委员会。而且缔约方将接受政府采购委员会的审查。此外，受GPA约束的采购实体的任何变化都要受委员会的管理。例如，如果中央政府实体改变为事业单位，将使其从原来被列入附录一中的附件1，改为列入附录一中的附件3，则此时缔约方必须将这一变化通知政府采购委员会。如果委员会判断这种变化属于对承诺的重大修改，则将对此进行审议。如果缔约方将某采购实体从附录一中去除，也就是说该采购实体将不再受GPA管辖，则这种变更必须得到政府采购委员会同意，否则，可以进入争端解决程序。

4.1.7 GPA对国际政府采购市场开放的影响

GPA的主要目的是把国际竞争因素引入国内政府采购市场。为了达到这一目的，它确立了由政府实体承担非歧视采购的义务。然而，非歧视原则表现出国民待遇的非歧视要求在GPA谈判承诺范围之外并没有普遍的约束力，这充分反映出国际法提倡互惠发展国际经济关系的精神（任际，2005）。

就笔者个人观点而言，GPA反映的主要是发达国家设法推动政府采购的充分市场化和国际化的意愿，发达国家一直在要求发展中国家开放其国内政府采购领域，并承诺更多的准入义务。但相当多的国家基于对本国行政采购权限制的影响或出于照顾本国企业的考虑，都可能怀疑该协定的基本立场，这也是一些国家选择了WTO却不签订GPA的原因。GPA对资本和技术密集型产品和服务具有优势的成员有利，发展中国家的企业由于缺乏竞争力难以在发达国家的政府采购市场中中标，而其在占有优势的劳动密集型产品和服务领域政府采购的金额相对来说又很少。现实中，许多发展中国家并不主动接近GPA，其原因一方面是发展中国家经济实力与发达国家不同，在采购项目和内容方面缺乏竞争力，故需要保护。另一方面发展中国家对于GPA涉及的国家行政采购权力

① Meinhard Hilf. The Role of National Courts in International Trade Relations// Ernst-Ulrich Petersman (ed.). International Trade Law and the GATT/WTO Dispute Settlement System. Kulwer Law International Ltd., 1997: 571.

相当戒备。[1] 英美一些学者也注意到这一现象，Carrier 在其著作[2]中认为，政府采购权是国家主权的范围，犹豫不决或者不签订 GPA 的主要原因是出自对让渡国家主权的担忧。此外，发展中国家不愿加入 GPA，还有一个原因，就是发展中国家自身面临的问题仍然很多，比如市场发育程度低、经济发展水平、统计技术手段落后、相应管理经验缺乏、难以负担高额的行政费用和安排复杂的政府采购程序等等。

综上所述，GPA 只是为开放政府采购市场创设了一个谈判的机会和提供承诺的条约框架。GPA 回避了 WTO 最惠国待遇原则，因此目前它还不是已经实现了自由化的协定，它所确定的非歧视原则以及协定例外的特殊内容，是直接保证贸易自由化的 WTO 规则以及其他协定所并不具备的（任际，2005）。

如附录表 1 所示，目前 GPA 成员共有 41 个国家或地区，大约占 WTO 成员总数的 20%，WTO 成员观察员有 22 个，其中有包括中国在内的 9 个观察员正在谈判加入 GPA，另外还有 4 个政府间国际组织观察员。[3] 显而易见，GPA 的成员多为经济发达国家，由于国内企业的竞争力较强，这些国家在开放政府采购市场后，并未出现外国供应商蜂拥而入的情况，外国供应商要进入这些国家的政府采购市场并非易事。[4]

4.2　GPA 的发展

随着国际贸易形势的发展和不断变化，为了使以后加入 GPA 更加便捷、高效，以鼓励更多国家或地区加入 GPA 并开放更多的政府采购市场，2006 年 12 月 8 日，WTO 政府采购委员会通过了对 GPA 的全面修订（以下称《GPA2006 修订本》）。[5] 由于今后所有加入 GPA 的谈判都以《GPA2006 修订本》为准，这就意味着我国加入 GPA 的谈判将以修订本为准。因此，《GPA2006 修订本》将对我

---

① 韩国和新加坡是 GPA 的主要发展中国家。其中韩国未加入 GPA 以前，贯彻控制进口的政府采购政策，通常只要国内同类产品、建设能符合用户要求即不进口。大多数发展中国家尚未表现出积极加入 GPA 的态度。参见：任际．《政府采购协定》的非歧视性原则及其适用例外．法学研究，2005（6）．

② Paul J Carrier. Sovereignty under the Agreement on Government Procurement. Minn. J. Global Trade, 1997, 6（67）.

③ Government Procurement: The Plurilateral Agreement on Government Procurement（GPA）Parties and observers to the GPA. [2011 - 12 - 25]. http://www.wto.org/english/tratop_e/gproc_e/overview_e.htm.

④ 参见第 9 章 9.3.1。

⑤ Committee on Government Procurement. The Plurilateral Agreement on Government Procurement（GPA）. http://www.wto.org/english/tratop_e/gproc_e/gp_gpa_e.htm#agreement.

国加入 GPA 谈判和加入 GPA 以及国内的政府采购工作均产生重要影响。2007 年 12 月 28 日，我国已正式启动加入 GPA 的谈判，各方抓紧对《GPA2006 修订本》的研究就成为目前急迫的工作。以下是笔者对修订本的变化及其影响的粗浅体会。

4.2.1 条款排序及内容更加合理、明确和具条理性

《GPA2006 修订本》由 1994 年版的 24 项条款减少为 22 项条款。为便于新成员加入，《GPA2006 修订本》无论是在排序还是内容方面都较 1994 年版 GPA 明确和更具条理性。例如，增加了“概念说明”，并作为第 1 条，明确了商品和服务、建筑服务合同、国家或地区、日、电子报价、书面形式、限制性招标、措施、常用清单、意向采购、补偿、公开招标、当事人、采购机构、合格供应商、选择性招标、服务、标准、供应商、技术规格等概念。

再如，为了更加符合政府采购实际操作顺序，修订本将条款重新进行排序。如，自第 7 条至第 20 条依次为采购制度的信息发布、公告、参与条件、供应商资格、技术规格与招标文件、期限、谈判、限制性招标、电子报价、评标及合同授予、采购信息透明度、信息公开、供应商质疑的国内审查程序、适用范围的修订和变更、磋商与争端解决。又如，“协定例外”条款的排序也由 1994 年版 GPA 中的第 23 条上调为《GPA2006 修订本》的第 3 条。

此外，修订本将分散在不同条款的相关内容进行了合并和重新整合，使其更具条理性。如，修订本将 1994 年版的第 1 条“范围和领域”和第 2 条“合同估价”合并成第 2 条“适用范围”。该条款中还明确、具体说明了除缔约方附录一中的例外之外的不适用该协定的范围、附录应详细说明的信息以及估价等方面内容。另外，将 1994 年版 GPA 第 3 条“国民待遇和非歧视”及第 4 条“原产地规则”合并为第 5 条“普遍原则”，而且在该条款中增加了“电子化手段的采用”、“采购执行”和“采购未明确的措施”3 款内容。

总之，与 1994 年版 GPA 相比，《GPA2006 修订本》对条款的文字表述和对协定义务的规定更加明确、易懂，这将有助于减少意见分歧，为包括我国在内的新成员加入 GPA 的谈判工作提供了便利条件。

4.2.2 有关发展中国家的条款进行了较大调整

《GPA2006 修订本》的突出变化之一就是对发展中国家的特殊与差别待遇的

规定进行了较大调整。[①] 首先，为了突出鼓励发展中国家加入 GPA 的目的，修订本将有关发展中国家的条款排序从 1994 年版 GPA 的第 5 条上调至第 4 条。此外，该条款的名称也由原来的“发展中国家的特殊和差别待遇”改成“发展中国家”。

值得注意的是，《GPA2006 修订本》第 4 条第 1 款规定，“缔约方应对发展中国家和最不发达国家（以下统称“发展中国家”，除非另有说明）的发展、财政、贸易需求和环境（circumstances）给予特别的考虑，因为各国的这些情况各有不同。所以基于本条和以上要求，各缔约方应对以下对象执行特殊的、有差别的待遇……”，同时该条第 2 款中要求“当一个发展中国家申请加入本协定时，所有缔约方应立即向其货物、服务和供应商提供最惠国待遇……”，[②] 但修订本同时取消了发展中成员适用国民待遇原则例外的规定，即 1994 年版 GPA 第 5 条第 4 款规定的“一发展中国家可与根据本协定所进行谈判的其他参加方谈判双方接受的、该发展中国家范围清单所含部分实体、产品或服务对国民待遇规则的适用（例外）……”，至于新增加的最惠国待遇条款是否比原有的排除国民待遇原则适用条款对我国更为有利，还须在实践中予以关注和进一步研究。

还须注意的是，《GPA2006 修订本》第 4 条第 3 款规定，在其他缔约方允许的前提下，发展中国家可以按照时间表采取过渡性措施（Transitional Measures）。[③] 修订本明确了发展中国家享有的特殊措施，因此，发展中国家只能享有条款明示的措施，这预示着与 1994 年版 GPA 相比，《GPA2006 修订本》规定的补偿范围在缩小，例如，GPA 逐渐会将一些采购实体或者行业引入这个清单或者覆盖范围。

另需注意的是，发展中国家的过渡性措施条款不是自动适用的，能否享受该项权利以及享受的程度如何还须得到其他缔约方的允许，具体而言就是取决于与现有成员分别谈判的结果。[④] 而且，过渡性措施条款是有期限的，根据

---

① Committee on Government Procurement. Revision of the Agreement on Government Procurement as at 8 December 2006, Article IV Developing Countries4（b）. http：//www. wto. org；1994 年版 GPA 第 5 条。

② Committee on Government Procurement. Revision of the Agreement on Government Procurement as at 8 December 2006, Article IV 2. http：//www. wto. org.

③ 过渡性措施包括贸易补偿、价格优惠、渐进式涵盖特定的采购实体或行业，在过渡期内采用更高的门槛价四种。See Committee on Government Procurement. Revision of the Agreement on Government Procurement as at 8 December 2006, Article IV 3 . http：//www. wto. org.

④ Committee on Government Procurement. Revision of the Agreement on Government Procurement as at 8 December 2006, Article IV 3 – 7. http：//www. wto. org.

《GPA2006 修订本》第 4 条“发展中国家”的第 4 款（b）的规定，[①] 在其他缔约方允许的前提下，在加入 GPA 谈判时，发展中国家可最多推迟 3 年履行除第 5 条第 1 款（b）[②] 项外的所有义务。

4.2.3 新增的环保条款有助于完善我国政府绿色采购制度和控制政府采购市场开放度

《GPA2006 修订本》另一突出变化是增加了环保条款和环保内容。《GPA2006 修订本》新增的环保条款具体体现在一是序言，二是“发展中国家”条款中的“…环境给予特别的考虑”，三是第 10 条“技术规格与招标文件”中的第 6 款和第 9 款。[③] 在序言以及在第 4 条“发展中国家”第 1 款要求缔约方对发展中国家给予特别考虑的内容中，增加了“环境（circumstances）”，同时在第 10 条“技术规格与招标条件”新增了有关“保护环境和自然资源”（Promote the Conservation of Natural Resources or Protect the Environment）的第 6 款[④]，在该条第 9 款授予合同的评估标准中也增加了有关考虑环境特征（Environmental Characteristics）的内容。[⑤]《GPA2006 修订本》新增的环境条款和内容明确规定环境保护将成为政府采购中考虑的因素，充分体现了 GPA 对政府绿色采购的重视，这将有利于我国政府绿色采购制度的建立和完善，促进节约型社会的创建，全面改善我国生态环境，构建可持续发展社会物质基础。同时，修订本增加环境条款将使得环境保护成为政府采购中合法的新壁垒，我国在加入 GPA 谈判时，应充分运用修订本中环境保护内容，以控制我国政府采购市场的开放度，因此，

① Committee on Government Procurement. Revision of the Agreement on Government Procurement as at 8 December 2006, Article IV Developing Countries4（b）. http：//www. wto. org.

② Article VGeneral Principles. *National Treatment and Non-Discrimination* 1. With respect to any measure regarding covered procurement, each Party, including its procuring entities, shall accord immediately and unconditionally to the goods and services of any other Party and to the suppliers of any other Party offering the goods or services of any Party, treatment no less favourable than the treatment the Party, including its procuring entities, accords to：（a）domestic goods, services, and suppliers；and（b）goods, services, and suppliers of any other Party. See Committee on Government Procurement. Revision of the Agreement on Government Procurement as at 8 December 2006, Article IV Developing Countries4（b）. http：//www. wto. org.

③ Committee on Government Procurement. Revision of the Agreement on Government Procurement as at 8 December 2006, Article X 6, 9. http：//www. wto. org.

④ 为了更大的确定性，根据本条款，缔约方包括其采购机构可以拟定、采用或运用技术规格以保护环境或者自然资源。

⑤ 在招标公告或招标文件中提出的评估标准包括价格和其他成本因素，质量，技术优势，环境特征和交付方式。

这也将有利于我国加入 GPA 的谈判工作。

4.2.4　新增的电子采购条款对我国电子化政府采购和经济安全提出了挑战

为适应当前政府采购实践中出现的新情况，《GPA2006 修订本》对 1994 年版 GPA 条款进行了适时的更新，增加了电子化手段在政府采购中的运用，反映了未来政府采购的发展方向。修订本在序言中强调了使用和鼓励使用电子化手段（Electronic Means for Procurement）的重要性，电子化采购在第 2 条“适用范围”中的“协定适用”、第 5 条“普遍原则”的第 3 款、第 6 条“政府采购信息系统”、第 7 条“公告”、第 11 条“期限”、第 14 条“电子投标（Electronic Auctions）”和第 16 条“采购信息透明度”等条款中都有所体现。修订本有关电子手段在政府采购中应用的规定，将对我国政府采购产生重大影响。目前我国电子化政府采购的基础建设落后，政府采购信息发布缺少规范，各地实施电子化政府采购的情况差异大，政府采购信息统计工作滞后、信息披露渠道少、范围窄，各地之间政府采购信息资源不能有效共享等等问题[①]严重影响了我国政府采购透明度建设。此外，特别需要关注的是，政府采购信息在全球领域的开放不仅对我国有关电子化政府采购的技术、设备、管理以及人才等方面提出了新的要求，而且还将对我国网络安全、国家信息安全乃至经济安全提出新的挑战。

4.2.5　新增或调整的信息公开与透明度内容对政府采购信息公开提出了更高要求

信息公开与透明度是对政府行为自我规范的要求，其实质是使政府行为具有明确性、公开性和可预期性。《GPA2006 修订本》对信息公开与透明度内容的调整力度比以往历次都大，对政府采购信息公开提出了更高要求。

例如，在第 6 条“采购制度的信息发布”第 1 款中明确规定信息发布的媒体是“以官方规定的广泛传播易为公众获知的电子或书面媒体”。

再如，新增了发布计划采购公告的规定，要求政府采购信息不仅对供应商公开，同时也要向公众公开，采购计划的公开将加大政府采购信息的披露力度。此外，在第 7 条“公告”的“意向采购公告”中明确指出：“对每一个本协议涵盖的政府采购，第 8 条描述的除外，采购机构应在附录三列明的适当的报纸或电子媒体上公布意向采购的公告。此类媒介应当为广泛传播的，公告对于大众应当为

---

① 参见第 13 章 13.2。

容易获知的，至少在公告中说明的期限之前可被获知。”同时还规定了公告应可以采用的电子访问方式。

又如，在第 16 条“采购信息透明度”中增加了电子化手段应用于采购信息公开与透明度的规定。并且在该条款中详细列明了供应商提供的信息，合同授予信息的公布，文件、报告、电子资料的保留以及数据收集和报告等 4 款内容。此外，该条款还明确规定了信息和公告的提供和发布形式，公告发布的时限，文件、报告、电子资料的保留时间，以及数据收集和报告应包含的数据时间及报告的提交时间。

总之，GPA 修订本新增的有关电子化手段在政府采购中应用的规定，将推动政府采购信息的公开与透明，从长远来看，将有利于我国政府转变职能，增强服务意识，为企业营造良好的竞争环境，也有助于我国透明、稳定的法律环境的建立。但目前我国信息披露还没有提到一个很高的层次上，政府采购相关领域的一些基本体系的建设，包括一些标准的建设，还没有达到 GPA 的要求。因此，修订本有关信息公开与透明度内容的增补和调整对我国信息披露提出了更高的要求和挑战。

4.2.6 新增的促进异议解决的仲裁程序有助于我国修改 GPA 涵盖的实体范围

为了便于解决成员修改 GPA 涵盖实体时出现的分歧，《GPA2006 修订本》在第 19 条“适用范围的修订和变更”中增加了第 7 款和第 8 款有关促进异议解决的仲裁程序，其主要含义是指当一成员的政府希望将其某采购实体从其附录一中去除或修改，而其他成员对该实体所受的政府控制或影响是否已经消除存在分歧时，可由仲裁机构决定该成员能否修改 GPA 涵盖的实体。修订本增加的促进异议解决的仲裁程序有助于建立有效消除政府控制或影响的指标标准，改善修改涵盖范围的流程，而且对于我国的意义尤为重要。目前我国企业正处于转型阶段，很多企业正朝着私有化方向发展，这就意味着现在的国有企业或者是政府控股企业，将来可能会变成非公有性质，那么该企业在我国提交的开放清单中如果被列入，那么随着将来该企业性质由国有企业转变为非国有企业，则该企业自其企业性质转变时起就理所当然地应从开放清单中去除。但倘若其他缔约方认为政府对该企业的控制和影响并没有完全消除，因而不同意我国的做法，那么此时就会产生争议和分歧。因此，独立的仲裁机构对此做出公正判定以促进争议解决就显得尤为重要。

4.3 其他国际或区域组织有关政府采购的规则

4.3.1 世界银行《国际复兴开发银行贷款和国际开发协会信贷采购指南》

世界银行贷款项目的金额一般都相当可观，其中绝大部分用于采购。虽然项目的采购及采购合同的实施最终责任在于借款人，但是由于世行的资金来自各会员国及世行从国际资本市场上筹集，因此根据银行协定条款的规定银行要“确保任何一笔贷款资金只能用于提供贷款的既定目的上，并充分考虑经济和效率，而不应涉及政治或其他非经济因素的影响或考虑。”① 因而，世界银行为了保证其贷款资金的有效利用和管理借款国的采购行为，于1964年首次颁布了《国际复兴开发银行贷款和国际开发协会信贷采购指南》（以下简称《指南》），并分别于1985年、1992年和1996年多次修订。世行认为，在大多数情况下，《指南》的要求和意愿可以通过管理得当的、并且适当允许按照事先规定的条件给予国内制造的货物和土建工程的国内承包商以优惠的国际竞争性招标得以充分实现。世行根据不同地区和国家的情况，规定了凡采购金额在一定限额以上的货物和工程合同，都必须采用国际竞争性招标。在世行用于采购的贷款总额中，国际竞争性招标占80%左右。同时《指南》也规定了在采用国际竞争性招标采购方式不是最经济和有效的情况下，经世界银行和借款人协商可以采用国际竞争性招标以外的其他采购方式，并且要在贷款协定中明确规定下来。20世纪60年代至70年代之间，一些发展中国家和新兴工业化国家开始大量使用世行的贷款大规模兴建基础设施，支持某些重点行业企业的发展。由于世行《指南》对贷款资金用于采购的管理，许多发展中国家也为了保证外汇的有效使用，实行了政府集中采购制度，如巴西、韩国、印度、非洲及中东地区国家，即由政府所属或政府指定的贸易公司进行国际招标进口采购，政府部门兴办的工程进行国际招标承包。由于这些国家的生产能力和技术水平非常有限，促使一些发展中国家的政府采购市场部分地开放。

《指南》应该说是历史上第一个国际政府采购规则，使得一些国家的政府采购市场部分地开放，从而促进了政府采购的国际化。

---

① 《国际复兴开发银行贷款和国际开发协会信贷采购指南》1996年10月校译本，第1-2页。

4.3.2 欧共体（欧盟前身）的《公共采购指令》

1966 年欧共体通过了有关政府采购的专门规定，建立了历史最早的区域性国际政府采购制度。欧共体自 1945 年成立以来，为了实现在欧共体范围内消除贸易壁垒，促进货物、资本和人员的自由流动这一欧共体条约目标，通过了一系列指令，其中包括政府采购的立法。欧共体的政府采购协定是一个超前于其他各经济组织而订立的国际协定。早在 1966 年，欧共体就在《欧共体条约》中对政府采购作出了专门规定，[①] 它比 GATT 通过的《政府采购协定》要早 13 年。

欧共体之所以对政府采购给以极大关注，是由于政府采购金额在欧共体的 GDP 和贸易额中占有很大的比重。据欧共体统计，各成员国的政府采购和国有企业的采购总额平均每年达到 4 000 亿欧洲货币单位，占欧共体 GDP 的 14%，以上的统计数字还未包括运输、能源和邮电等部门进行的采购。但是，由于在执行欧共体有关规定的严格程度方面，各成员国间存在着很大的差距，结果，仅有一部分政府采购实行了国际招标，其余部分则是各国政府从本国企业直接购买。回避国际市场的竞争必然带来价格的垄断、采购成本上升，因而增加了纳税人的负担。欧共体估计，这部分损失每年为 400 亿欧洲货币单位。因此，为了在欧共体范围内彻底取消货物自由流通的障碍，实现欧共体成立的初衷，欧共体将货物流通自由化的概念加以扩大，不仅包括以营利为目的的企业间交易的自由化，也包括政府和公用事业部门的贸易自由化。欧洲法庭在处理越来越多的政府采购案件时也指出，国家之间的非歧视原则是欧共体的基本原则，同样适用于货物、人员、服务和资金的政府市场，政府和公益事业部门在合同授予方面所采取的任何歧视措施都同样违背欧共体条约的宗旨。

后来，欧共体在《欧共体条约》的指导下，相继颁布了关于公共采购各领域的公共指令，构成了独具特色的公共采购法律体系。在这个法律体系中有四部指令是关于政府采购的实体性法律，有两部是程序性法律，欧盟通过六部指令建立了历史上最早的区域性国际政府采购制度。这六部指令是适用于欧盟范围内的公共采购的主要规则，其中针对政府的有四个指令，即《关于协调授予公共服务合同的程序的指令》（1992 年颁布实施，简称《公共服务指令》）、《关于协调授予公共供应品合同的指令》（1977 年制定，历经 3 次修改，1993 年重新颁布，简称《公共供应指令》）、《关于协调授予公共工程合同的程序的指令》（1971 年制定，历经数次修改，1993 年重新颁布，简称《公共工程指令》）和《关于协调

① 见《欧共体条约》第 12、28、49、132、163 条。

有关对公共供应品合同和公共工程合同授予及审查程序的法律、规则和行政条款的指令》(1989 年颁布，简称《公共采购救济指令》)；针对公用事业的有两个指令：《关于协调有关水、能源、交通运输和电信部门采购程序的指令》(1990 年通过，1993 年颁布，简称《公用事业指令》)、《关于协调有关水、能源、交通运输和电信部门的采购程序执行共同体规则的法律、规则和行政条款的指令》(1989 年颁布，简称《公用事业救济指令》)。这些指令只是规定了一个法律框架，成员国在此框架的指导下制定自己的有关政府采购法律，以使其政府机构和公用事业公司的合同授予程序符合这些指令的规定。

六个指令把政府采购合同分为八大类，即公共工程合同、公共工程特许合同、补贴工程合同、公共供应合同、公共服务合同、公用事业许可合同、涉及竞争合同、公用事业合同。对这八类合同，六个指令均规定了各自的适用范围、采购限额、采购方法和信息披露。

4.3.3 联合国国际贸易法委员会的《货物、工程和服务采购示范法》

联合国国际贸易法委员会是联合国大会为促进协调和统一国际贸易法、消除因贸易法的区别而对国际贸易造成不必要障碍而设立的专职机构。考虑到政府采购与国际贸易有着密切的联系，联合国国际贸易法委员会在 1986 年第 19 届会议上决定对政府采购问题进行统一规范。联合国国际贸易法委员会在 1993 年第 26 届会议上通过了《货物和工程采购示范法》和《立法指南》，作为各国和地区评价和更新政府采购法律和惯例时的参考范本，对尚未建立政府采购法的国家和地区作为拟订政府采购立法时的参考范本。

鉴于服务的采购与货物和工程的采购有所不同，在 1993 年的范本中没有包括服务采购。由于服务采购既是国际贸易中的一个重要领域，又是政府采购的重要内容，联合国国际贸易法委员会在 1994 年第 27 届会议上讨论了对货物和工程采购示范法规定的补充和修改问题，同时将服务采购纳入其中，并通过了《货物、工程和服务采购示范法》(简称《示范法》)，并同时通过了《示范法》的配套文件《立法指南》。

联合国国际贸易法委员会制定《示范法》的目的是为了在政府采购领域促进和鼓励国内外供应商最大限度地参与竞争，给供应商制造公平待遇，提高采购透明度和客观性，以提高采购效率、节约资金、杜绝腐败。所以《示范法》对政府采购的适用范围、采购方法和程序、审查程序、保护性规定等方面均进行了规范。该《示范法》只是一个法律框架，规定了政府采购所必不可少的程序和原则，但未规定详细的程序和细则。

《示范法》为各国政府采购立法提供了范本，其对正在进行政府采购立法和使其政府采购立法完善的国家具有很好的示范作用，各国可以在此法律框架的指导下制定适合本国国情的具体条例。《示范法》的通过加速了发展中国家制定和完善政府采购立法的步伐。例如，波兰、俄罗斯、拉脱维亚、阿尔巴尼亚等国家对本国政府采购法律制度的改革均以《示范法》为蓝本。① 一些原先未制定政府采购法的国家也开始在《示范法》的基础上，结合本国的具体情况制定相关的法律，例如，巴基斯坦、厄瓜多尔、坦桑尼亚等国家。② 值得一提的是，我国《政府采购法》的制定也参考了《示范法》。

值得注意的是，《示范法》也被认为是执行 GPA 的一个范例。它的条款集中反映政府采购法律框架服务于 GPA 的总目标。此外，《示范法》和 GPA 对有关标准技术规范和评估投标商资格的规则以及招投标内容的规定是一致的，术语和定义的界定也是相似的（姚艳霞，2006，p. 68）。

4.3.4 亚太经济合作组织的《政府采购非约束性原则》

政府采购纳入亚太经济合作组织（以下简称为 APEC）的历史并不长，始于1995 年底。为了促进 APEC 各成员之间贸易的进一步开放，并与 WTO 的 GPA 接轨，1995 年 12 月，APEC 部长级会议和领导人非正式会议在日本的大阪举行。这次会议通过的《大阪行动议程》中，政府采购被列为 APEC 贸易投资自由化与便利化的 15 个具体领域之一。会后，APEC 投资贸易委员会成立了由各成员参加的政府采购专家组，负责具体落实《大阪行动议程》中有关政府采购要求的相关工作。

根据 1994 年《茂物宣言》确定的 APEC 贸易自由化时间表，政府采购的总目标是要求 APEC 各成员最迟于 2020 年相互开放政府采购市场。③ 阶段性目标之一是，在 2000 年以前，制定 APEC 的《政府采购非约束原则》，发达成员于2010 年开始执行非约束性原则，到 2020 年，政府采购非约束性原则将成为约束性原则，各成员必须统一执行。

所谓非约束性原则（Non-Binding Principles），就是非强制性原则，类似于指

---

① Sue Arrowsmith，Arwed Davies. Public Procurement，Global Revolution. Kluwer Law International，1998：107 – 108.

② Sue Arrowsmith，Arwed Davies. Public Procurement，Global Revolution. Kluwer Law International，1998：108.

③ 1996 年，我国政府向 APEC 提交的单边行动计划书中，明确了我国最迟于 2020 年与 APEC 成员对等开放政府采购市场。

导办法，指导对象可以执行，也可以不执行。首先制定非约束性原则，与发展中成员据理力争是分不开的。发展中成员市场经济还不发达，各项制度也不完善，就政府采购而言，发达成员都有非常长的历史，市场规范，制度健全，而发展中成员大都作为一种新制度在尝试，有些成员甚至还没有建立政府采购制度。在差异如此之大的情况下，不可能实行“一刀切”，在一夜之间，统一按发达成员的规则运作。鉴于发达成员与发展中成员的这些现实的差异以及发展中成员的强烈要求，APEC 先开展成员情况调查，并举办一些培训活动，促进交流和理解，同时制定非约束性原则。通过非约束性原则的制定，让发展中成员进一步理解政府采购制度；找出本成员现行制度与非约束原则之间的差异，并迅速采取措施，消除差异，尽快将 APEC 各成员的政府采购制度统一起来。

APEC 政府采购专家组制定的政府采购非约束性原则，实际上是 APEC 的政府采购准则，它是许多具体原则和要求的总称，具体原则包括：透明度原则、公开和有效竞争原则、物有所值原则、公平交易原则、国民待遇原则等。

尽管 APEC 的《政府采购非约束性原则》对各国的政府采购活动没有约束力，但却促进了各成员政府采购的立法与改革。同时，《政府采购非约束性原则》中规定的一些规则[①]也对其他政府采购国际规则带来了重要影响。

---

① 例如，《政府采购非约束性原则》中对透明度的要求。

第5章

我国政府采购制度发展历程

5.1 我国政府采购制度的萌芽

不同时期政府采购制度的特征，与其所处政治、经济、社会及意识形态等密切相关。

我国古代社会的政府实物性财政支出需要，虽然主要通过贡纳和赋税来满足，但仍有一部分支出所需的物资，是通过政府在市场上采购来满足。这可以说是我国政府采购的原始形态，但它还没有形成一个较为完整的体系。

在奴隶社会中，政府采购的主要目的是用于调控经济，其采购特征是调控性采购。在西周时期，我国工商业发展已达到一定规模，政府为了稳定经济，在市场上收购一些多余的物资，既可以用于财政支出，又可以用于调节物价。《周礼》有载："凡珍异之有滞者，敛而入于膳府"。"敛"指管理市场的官员大量低价收购积压的珍禽异兽，集中到膳府，既解决了商品积压的问题，又降低了膳食成本。另据《周礼 · 地官 · 泉府》载："泉府，掌以市之征布（币），敛市之不售、货之滞于民用者，以其贾买之，物而书之，以待不时而买者，买者各从其抵"，也是讲的同样道理。在封建社会中，政府采购的目的主要是调控经济，稳定物价，同时也带有一定的消费性，其主要特征是以调控性采购为主，消费性采购开始出现。

早自两千多年前封建体制下的汉武帝时期，均输平准、五均六管、交易法、和籴和买（聂常虹、曹建海，1998）制度就已经开始长期存在。无论是均输平准、五均六管、交易法，还是和籴和买，其本质都是封建政府力图运用中央集权的行政力量干预或控制商品流通，平抑物价，节省财政资金，增加政府财政收入。因此，从这个角度而言，这些制度被视为我国政府采购制度的萌芽（李淑宁，2005）。尽管由于当时封建社会生产力的落后以及阶级矛盾的激化，它们未能得到有效执行，但其追求财政资金效用最大化和物有所值的原则，已与现代政府采购的原则十分接近。

5.1.1 和籴和买制度

春秋战国时代，政府购买行为已开始日益影响到社会的方方面面（李淑宁，2005）。战国初年卫国所实行的和籴和买制度就是很好的体现。和籴是指政府为保证国家粮食需求或粮食储备而平价购买民众粮食的一项征购政策，和买（又称和市）则是指粮食以外其他物资的购买。因多数情况下和籴和买是只买不卖，故其属于政府消费行为，而并非商业行为。

和籴制度最初是建立在买卖双方自愿基础之上，但从中唐开始，价格公平、买卖自愿这一原则被完全破坏，政府常常强行和籴。到了宋朝时期，和籴仍被广泛采用，和籴的名目也不断增多，博籴、便籴、结籴、寄籴等多达几十种。元朝政府为保证军需或赈济灾荒，也常常"官为和籴"，然而这时的和籴，尤其是除边境外的内地的和籴，大多是强制性的。到明清时期，随着商品经济的发展，和籴的强制性逐渐减弱，但官吏克扣、给价不足等弊端仍无法根除。

和买的情况与和籴大致相同，但和买的物资非常广泛，诸如牲畜、丝织品、建筑材料、柴草菜蔬等均列在和买之列。北宋初年的和买主要是预买丝麻制品，到了北宋后期，由于国家财力日益匮乏，和买逐渐成为定额税赋。元代的和买，依然十分普遍，凡是税赋不能满足政府需要的物资，大都通过和买来获取。

5.1.2 均输平准制度

虽然政府购买行为早在春秋战国时代就已经出现，但真正的政府大量采购，即均输平准制度的实施，则始于汉武帝时期。[①] 均输平准制度是封建制度下国家政权为增加财政收入、保证中央物资供应而运用行政力量平衡物价、调剂运输的政策手段。在传统贡纳制度中，各地官府纷纷抢购货物，一些富商巨贾趁机囤积居奇，从而导致物价昂贵，各郡国向中央输送的贡物，或物劣质差，或因长途运输导致售价不抵运费。均输平准制度实行以后，各地均输官将本郡国所征租赋贡物加以区别，或上交中央政府，或在高价地区出售贡物，再在低价地区购入，继而运往京城。而运至京城的物资，均由平准官掌握，除存留官府所必需外，其余

① 《汉书》记载："诸官各自市相争，物以故腾跃，而天下赋输或不偿其僦费，乃请置大农部丞数十人，分布主郡国，各往往置均输盐铁官，令远方各以其物以异时商贾所转者为赋，而相灌输。"

均根据“贱买贵卖”原则予以处置。

5.1.3　五均六管制度

五均六管政策始于王莽新朝时期。所谓五均，是指在都城长安及其他几大城市设立五均官，负责均平物价。五均官根据各类商品质量定出其标准价格，称为“市平”。如果市场价格高于市平，则政府以平价出售库存物资，以利市价回落；相反，如果市场价格低于市平，则任其自由交易。六管是指政府对盐、铁、酒实行专卖，对国家铸钱、对山泽产品收税以及对五均赊贷。五均六管实际上是汉武帝时代均输平准政策的延续，但后汉时，均输平准的对象已由粮食扩大到所有货物，采购的时间、对象相当复杂。①

5.1.4　均输和市易制度

均输和市易制度是北宋王安石变法时期广泛推行的两项重要变法内容。均输制度是指政府尽量在距京师较近的低价产区征收、调运物资，而在较远的非产区或高价区，则仅征税款而不征实物。市易制度则是指中央政府专设交易务，受理商贩赊购货物，并收购滞销货物。在京各商贩可以产业为抵押，由五人以上联保向交易务赊购货物，半年或一年后加 10% ~20% 的利息向交易务归还贷款。逾期不还，将加收罚息。交易务还平价收购百姓的滞销货物，议价收购外地商人难以脱手的货物，待市场需要时再平价售出。

民国时期，我国政府采购有了新的发展，出现了现代政府采购的萌芽，消费性采购逐步增多，但由于当时经济发展的局限性，政府采购仍局限在大城市。虽然当时政府采购的商品种类增多，但是仍以军用品为主要采购对象，仍然不是现代意义的市场经济的政府采购制度。

5.2　我国政府采购制度建立及完善的背景

建立和完善政府采购制度，是我国社会主义市场经济的必然要求，同时也是我国融入全球化经济的必然选择。与西方发达国家实行政府采购市场化和国际化

---

① 《后汉书》记载：“开委府于京师，以笼货物，贱则买，贵则卖，是以县官不失实，商贾无所利，故曰平准。”此时，还设立“常平仓”进行实物周转。

的初衷[①]相比，我国20世纪90年代引入市场原则主导的政府采购制度的出发点有很大不同。首先，我国不是因为政府财政支出困难，而主要是要改革传统计划经济的财政支出制度，建立公共财政制度，而作为建立公共财政制度三项改革措施[②]重要组成部分的政府采购，自然在改革之列。其次，我国政府当时非但没有缩减财政开支，而是实行积极的财政政策扩大财政支出刺激国内需求，以解决亚洲金融危机带来的外贸市场萎缩问题。此外，我国无论是当时还是现在，一直强调经济发展战略要建立在国内市场需求基础之上。更何况我国贸易大国的地位进一步巩固，[③] 对外贸易依存度达到非常高的世界水平，[④] 对国外政府采购市场的需求并不像西方国家那么迫切。由此看来，我国实行政府采购制度的原因，建立市场经济体制比节省财政开支和提高使用效率的目的更为重要。

我国政府采购制度建立和完善的经济和社会背景（康绍康，2004），可以主要概括为以下几个方面。

5.2.1 由计划经济到市场经济的转变

建国以后的很长一段时间，我国实行计划经济体制。在这种体制下，整个经济的运行特征是计划大包大揽，生产政府调度，物资集中分配，财政统收统支，严重束缚了生产经营组织和预算单位的自主性。从1978年底党的十一届三中全会以后，经过十余年的改革和探索，到1992年，党的十四大正式确立经济体制改革的目标是建立社会主义市场经济体制，并在随后的宪法修正案中将其纳入宪法。市场经济体制的一个基本点就是市场在社会资源配置中起基础性作用，它根本改变了计划经济体制下形成的经济运行模式，使企业成为独立的市场主体，政府真正作为社会管理机器发挥作用，财政也按政府事权的要求，划分为各自独立

---

① 西方发达国家推行当代政府采购制度始于20世纪70年代后期。其主要原因是，20世纪70年代中期这些国家在健康、教育和养老方面的政府预算受到日益增长的压力，因而面临财政支出困难。在随后进行的行政改革中，它们通过扩大市场作用减少政府职能节省财政开支，将一部分政府服务乃至管理职能对外承包，扩张服务性政府采购，以提高政府活动效率。政府采购开支是影响经济增长的重要资源，因此必须在国内乃至全球广泛实行政府采购的市场化并纳入经济全球化范畴，形成政府采购商业化的世界性趋势。与此同时，国内企业发现对外国政府的供应有利可图，于是对本国政府施加压力迫使政府就进入海外采购市场进行谈判，因而进一步推进了世界性政府采购的进程。

② 其他两项是部门预算和国库直接支付。

③ 2010年我国对外贸易实现大幅恢复性增长并创历史新高；贸易增长方式加快转型，我国贸易大国的地位进一步巩固，取得了不俗的成绩。韩秀申．2010年中国对外贸易回顾与展望．［2011－8－27］. http：//www. caitec. org. cn/c/cn/news/2011－03/10/news_ 2430. html.

④ 参见第7章7.2.3。

的中央与地方财政。各种不同的经济主体都有了自己独立或相对独立的地位和经济利益，能够完全根据自己的生存和发展需要从事相应的经济和社会活动，使整个经济和社会的发展充满活力。

5.2.2　政府财政收支体制发生重大改革

在计划经济体制下，我国的预算收支实行的是统收统支体制，中央与地方的财政收支主要由国家预算统一安排，各单位履行职务支出只要纳入预算，资金拨付到位，即可根据计划进行自行采购，各级地方财政没有太多的自主决定权。在体制改革过程中，国家首先实行“财政包干”，“分灶吃饭”的体制，继而普遍推行分税制，在划分中央与地方事权的基础上，辅以必要的财权，并在实施过程中不断完善。这种改革虽然也在一定程度上产生了地方财政分散过多，中央财政集中程度相对较低的问题，但从根本上使各级地方政府有了自己独立的财政，能够根据本级政府的事权划分，充分组织和安排使用财政资源。

5.2.3　试行政府采购制度取得重大进展

在统收统支的预算体制下，财政部门对各预算单位的支出实行的是预算控制，各单位每年根据本单位政府履行职能的需要提出支出计划，纳入预算后即按照预算支出，一般货物、工程和服务的采购由有关机关事务管理局或各单位自行负责，只是对于一些高档消费物品，如汽车、空调等，才由财政按照控制集团购买力的制度加以控制。这种支出管理体制是与计划经济体制相适应的。在此条件下，物资极度匮乏，供应企业比较单一，生产与交易活动相对简单，通过这样的体制也能够控制乱支出等情况。

但随着改革开放与搞活经济政策的实施，一方面经济的发展，使各单位的支出规模迅速扩大；另一方面企业实行自主经营后，供应渠道五花八门，价格千差万别，从而使各单位的采购活动出现了一些不经济的现象。加之伴随自主权扩大和一些单位不正当竞争手段的使用，在政府采购活动中也出现了一些以权谋私、权钱交易等腐败现象。这些问题的出现，导致财政资金使用效益不高，败坏了社会风气，影响了政府的形象。实行统一的政府采购制度，变单位自由分散的购买为按规定统一采购，使财政管理职能从分配环节延伸到使用环节，并从制度上明确了公共资金管理使用的要求，有利于提高公共资金使用效益，节省开支，避免浪费。根据这种情况变化和政府采购活动发展的需要，我国从 1996 年开始试行新的政府采购制度。这种采购制度是在不完全改变过去采购体制的情况下，将一些大宗的、通用的物资集中由某一个部门统一采购，以形成较大的批量，既保证采购货物的质量，降低采购成本，同时防止在此过程中可能产生的腐败等问题。虽然我国新的政府采购制度起步较晚，采购规模不大，但这项工作得到各级政府和有关方面的高度重视，试点工作有效推进，规章制度逐步完善，用于政府采购的资金每年大幅度增长，发展势头良好。实际政府采购规模逐年增加，由 1998 年的 31 亿元人民币，增加到 2010 年的 8 422 亿元人民币，增长了 200 多倍，政府采购规模占 GDP 和财政支出的比重也逐年增加，分别从 1998 年的 0. 04% 和 0. 29%，增加到 2010 年的 2. 10% 和 9. 37%，分别增长了 50 多倍和 30 多倍。[①] 政府采购在我国政治、经济、社会生活中发挥着越来越大的作用。

5.2.4 招标投标制度的普遍推行

经验证明，招标是通过市场竞争提高采购质量、降低采购成本的重要采购方式。我国自 20 世纪 80 年代中期开始推行招标制度，首先在建筑领域试行，以后逐步扩大到机电设备，科研课题和政府采购等方面。目前在建筑领域大部分限额以上的建设项目都实行了招标投标制，一般货物采购的招标大面积推开，科技发展计划中的“863”计划，攻关课题、国家自然科学基金课题等都开始实行招标，在出口商品配额方面，1994 年以来招标范围逐年扩大。以上各个领域招标投标的实践，基本上实现了经济效益的最佳化，促进了政府职能的转变，增强了企业的竞争意识，推动了企业经营机制的转换，维护了市场经济秩序。

5.2.5 反腐倡廉的需要

在改革开放、经济搞活过程中，由于企业自主权的扩大，市场竞争的日益激烈，一些生产经营单位为了获取竞争优势，不惜采用不正当的竞争手段，请客送礼；一些掌握某种权力的人也乐此不疲，大搞权钱交易，政府购买中的行贿受贿问题更是屡见不鲜，不仅严重败坏党风，损害国家利益，而且造成分配不公，破坏社会风气，引起人民群众的严重不满。根据这种情况，党和国家积极倡导廉政建设，加大力度，抑制和打击各种形式的贪污腐败现象，并通过一系列制度建设铲除滋生腐败的土壤，这种反腐倡廉政策日益深入人心。

5.2.6 国际化进程的需要

从国际方面来讲，利用政府采购市场，增加谈判的砝码，有效参与国际市场竞争，积极开展对外贸易，是我国建立政府采购制度的另一个原因。

---

① 详见第 7 章 7. 2. 2 和第 10 章 10. 1. 3。

经济全球化促进政府采购市场开放，逐渐形成政府采购的多边化和国际化。1979 年，在关贸总协定东京回合的多边贸易谈判中签订的《政府采购协定》，标志着政府采购市场由封闭走向开放。在此前后，各区域经济组织也相继制定了政府采购协定或市场准入的条款。

1995 年 11 月，APEC 在日本大阪召开领导人会议，会上通过了《大阪行动议程》。在这个议程中，政府采购被列入了 APEC 贸易和投资自由领域，我国向 APEC 提供的单边行动计划中已明确最迟于 2020 年与其他各成员对等开放政府采购市场。当时在 APEC 的 18 个成员中，除我国外，其他都建立了政府采购制度。为了尽快缩小与 APEC 成员之间的差距，国务院领导指示有关部门要将建立我国政府采购制度提上议事日程。自此，政府采购制度改革研究成为财政支出改革领域的一项重大课题。正是在这种背景下，建立我国政府采购制度就显得极为迫切，也正是在这种背景下，从 1995 年开始，我国一些地方开始试行政府采购工作，探索财政支出管理的新路子。

此外，我国在 2001 年加入 WTO 谈判时承诺，中国有意成为 GPA 的缔约方，自加入 WTO 时起即成为 GPA 观察员，并将尽快通过提交政府采购市场开放清单，本着透明和最惠国待遇原则开始加入该协定的谈判。尽管中国面临着很多的困难，但作为一个负责任的国家，我国于 2007 年 12 月 28 日如期启动了加入 GPA 的谈判程序，向 WTO 秘书处提交了加入 GPA 的申请和初步出价清单，并与 GPA 成员展开了加入谈判。

5.3　我国政府采购制度建立及完善的阶段划分

20 世纪 80 年代，我国开始开展以招标投标为主要方式的具有政府采购性质的工作。随着党的十一届三中全会决定在广东、福建两省及深圳等地设立经济特区，伴随着国际资本、国际先进的生产技术、设备和管理经验的大举引进，以国际招标投标为主要代表的世界先进贸易及交易方式也随之涌现。为适应形式需要，1980 年 10 月 17 日，国务院在《关于开展和保护社会主义竞赛的暂行规定》中首次提出，为了改革现行经济管理体制，进一步开展社会主义竞争，“对一些适于承包的生产建设项目和经营项目，可以试行招标投标的办法”。[①] 之后，我国先后在公共工程建设、机电设备、科研课题等领域实行了招标采购制度。世界银行贷款项目鲁布格引水系统工程，是我国在工程采购中第一个实行国际招标和

---

① 见国务院于 1980 年 10 月 17 日颁布的《关于开展和保护社会主义竞赛的暂行规定》。

按国际惯例运行的试点项目。鲁布格引水系统工程的招标投标活动发生在1982年，采购人为原水利电力部，投标人多数为国外大型建筑企业，最终日本大成建设株式会社以低于标底价44% 的最低报价中标，节约资金6 495万元。由参与国际招标投标开始，招标投标制度逐渐走入了我国的建筑业历史舞台。在物资采购招标投标领域中，机电设备的招标是至关重要的领域之一。1985年，中国机电设备招标中心正式成立，之后在全国除台湾、西藏外的省区、直辖市以及计划单列市设立了招标机构，从组织上为我国政府采购事业的发展，奠定了良好的基础。尽管1995年以前以招标为特征的采购还不是完整意义上的政府采购，但对我国政府改变过去传统的购买方式，建立规范的政府采购制度进行了有益的探索（张得让，2004，p. 104－105）。

我国最早试行较为规范意义政府采购活动的城市是上海市。1995年，上海市财政局和卫生局联合下发了《关于市级卫生医疗单位加强财政专项修购经费管理的若干规定》，要求对市、区（县）两级财政安排的维修和设备购置，采用政府采购的办法（王亚兴，2002，p. 231－232）。自上海市实行政府采购试点开始至今，经过十多年的发展，我国政府采购事业取得了令人瞩目的成绩，我国政府采购的内容，已开始从单纯的货物类扩大到工程类和服务类；政府采购工作开始逐步向系统化、制度化和规范化的方向发展；政府采购由以往的以调控性采购为主，逐渐向调控性采购和消费性采购并重的方向发展。

从1996年开始至今，我国的政府采购制度建立及完善大致可以分为四个阶段：第一阶段是1996年至2002年我国《政府采购法》出台，这一阶段是我国政府采购制度起步阶段。第二阶段是从2003年我国《政府采购法》的实施至2005年底，这个阶段是我国政府采购制度全面实施阶段。第三阶段是自“十一五”时期第一年的2006年开始的阶段，这个阶段是我国政府采购制度的完善阶段。第四阶段是自2007年12月28日开始，这个阶段是我国启动加入GPA谈判程序阶段。

5.3.1 起步阶段（1996年—2002年）

第一阶段我国政府采购事业从无到有，各级政府部门都在探索，因此是我国政府采购制度起步阶段。这一阶段又可分为研究探索、试点创新和试点转向全面推行三个阶段。

1. 研究探索阶段（1996年—1998年6月）[①]

1996年财政部开始研究国际上通行的支出管理制度——政府采购制度。在

---

① 王卫星，朱龙杰，吴小明．政府采购基础知识．北京：中国财政经济出版社，2006：32－35.

广泛深入研究西方国家公共财政支出管理以及国际政府采购规则的基础上，财政部于1996年10月完成了第一阶段的研究任务，在政府采购领域取得重大研究成果。研究结果表明，政府采购是加强财政支出管理的一种有效手段，我国推行这一制度将涉及预算编制、预算会计、财政资金拨付、财政监督等方面的改革内容。通过前期研究，财政部提出推行政府采购制度要作为我国财政支出改革的方向。

1997年，财政部正式向国务院法制办提出制定政府采购条例的建议，与此同时，初步完成了政府采购条例的草拟稿。

1998年4月，财政部首次在国内组织召开了政府采购制度国际研讨会，请有关国家的政府采购官员介绍美国、英国和新加坡的政府采购制度，为我国政府采购制度的研究和试点提供指导和借鉴。与此同时，上海市受世行和欧盟实践的启发，对用财政资金安排的一批医疗设备实行招标采购方式，效果显著，社会反响非常好。财政部对上海经验及时加以总结，并在借鉴国际惯例的基础上开始制定我国实施政府采购的思路和框架。

2. 试点创新阶段（1998年7月—2000年5月）

1998年，国务院实行机构改革。同年7月，国务院赋予财政部“拟定和执行政府采购政策”的职能。为此，财政部在预算司设立了专门机构，负责履行政府采购管理职责。政府采购管理职能的确立以及专门机构的建立，拉开了政府采购制度改革工作的序幕。

试点初创阶段的主要改革工作有：

一是通过各种途径广泛开展宣传。1998年8月，财政部指定《中国财经报》作为发布政府采购信息的媒体，通过这一媒体全面介绍政府采购知识、政策制度和试点效果，指导全国的政府采购宣传和实践活动。1998年10月，财政部项怀诚部长接受《半月谈》记者专访，介绍我国实行政府采购制度的意义及设想。1998年12月，由楼继伟副部长主编的《政府采购》一书出版发行，这是我国第一部关于政府采购的专著，首次系统地阐述了政府采购理论，提出了建立我国政府采购制度的框架体系。财政部还协助中央电视台制作了一期专栏节目“新闻调查——政府采购”，以案例为基础，通俗地介绍政府采购的一般做法及其积极效果，在社会上引起了强烈反响。

二是加强法制建设。为进一步规范政府采购活动，为采购活动提供政策和理论支撑，1999年4月，财政部颁布了《政府采购管理暂行办法》，这是我国第一部有关政府采购的全国性部门规章，从而改变了我国政府采购长期以来无法可依、无章可循的局面。该办法明确了我国政府采购试点的框架体系，从制度上为政府采购改革工作“正了名，顺了言”，也为日后制定《政府采购法》作了有益探索。同年6月财政部还发布了对上述《办法》的配套规定，即《政府采购合同监督暂行办法》和《政府采购招标投标管理暂行办法》。在此之前，深圳市人大常委会于1998年10月颁布了《深圳经济特区政府采购条例》，成为我国第一部政府采购的地方性法规。1999年4月22日，北京市人民政府第26号令发布了《北京市政府采购办法》。1999年4月上海市发布了《上海市政府采购管理办法》和作为配套措施的六个办法。截至2000年5月，全国绝大部分地区都颁布了地区性的政府采购管理办法。

在与政府采购有关的法律方面，1999年8月30日第九届全国人大常委会第11次会议通过了《中华人民共和国招标投标法》，该法自2000年1月1日生效。为执行《招标投标法》，国家计划发展委员会发布或者经过国务院批准发布了一些有关的行政规章。2000年4月4日，经国务院批准发布了《工程建设项目招标范围和规模标准规定》。7月1日，发布了《招标公告发布暂行办法》、《工程建设项目自行招标试行办法》。此前1999年3月15日九届人大二次会议通过的《中华人民共和国合同法》，1994年3月八届人大常委会二次会议通过的《中华人民共和国预算法》，也是政府采购活动的重要依据。

三是抓组织建设。实行政府采购制度改革，必须有专门机构负责推动和指导。1998年下半年，已有部分地区在财政部门建立了管理机构。到2000年，各地区一致明确政府采购的管理职能由财政部门承担，并相应设立或明确了行政管理的职能机构。其中，在财政部门独立设置政府采购管理机构的地区有19个（王卫星、朱龙杰、吴小明，2006，p. 33）。与此同时，全国绝大部分地区继上海、深圳设立集中采购机构后，纷纷建立了负责集中采购事务的机构。除河北、重庆等少数地区的集中采购机构设置在机关事务管理部门外，其他地区的这一机构都设在财政部门。

四是大力推动政府采购试点工作。1998年，中央选择河北、安徽等地进行政府采购改革试点，从此，政府采购改革由试行进入试点阶段。试点经验得到中央肯定后，政府采购的范围迅速扩大。1999年6月，国务院办公厅印发了《关于在国务院各部门机关试行政府采购的意见》，推动国务院各部门的政府采购试点工作。1999年10月，财政部组织召开了首次全国政府采购工作会议，确立了我国政府采购制度改革的方向和阶段性目标，有力地促进了政府采购试点工作。2000年1月，中央纪委决定将推行政府采购制度纳入2000年从源头上反腐败的重要措施，协同中央经委和监察部做好有关准备工作。2000年5月，财政部会同监察部和审计署联合颁布了《关于2000年推行政府采购制度工作的意见》，政府采购试点工作掀起了新的高潮。在这些措施的推动下，以 1998 年普遍开展政府采购试点工作为标志，我国政府采购的范围迅速扩大，由简单的标准商品扩大到部分复杂品目；采购规模迅速增长，由 1998 年的 31 亿元人民币扩大到 1999 年的 131 亿元人民币和 2002 年的 1 009.6 亿元。①

在试点初期，政府采购已经初步展现出了其优越性，推行政府采购制度引起了全国人大和中央纪委的高度重视。1999 年 4 月，全国人大将《政府采购法》列入了九届全国人大常委会立法规划，计划在 2002 年颁布。在 1999 年底中央纪委召开的第四次全会上，把推行政府采购制度列入了反腐倡廉的一项治本措施。

3. 试点转向全面推行阶段（2000 年 6 月—2002 年 12 月）

2000 年 6 月中央国家机关政府采购工作会议在北京召开，要求加快推进政府采购工作，严格中央国家机关经费支出管理，要求各部门对于事业经费中安排的采购项目要积极实行政府采购。同月，财政部对内部机构进行改革，政府采购的管理职能由预算司调整到新组建的国库司，在国库司内设立了政府采购处，负责全国政府采购的管理事务。

新机构组建以来，在继续扩大政府采购范围和规模的同时，加强规范化建设，确立采购模式，硬化采购规程，从制度上、管理上和操作上规范采购作为，此外，重点抓了以下几个方面的工作。

一是加大推行政府采购制度的力度，2000 年 6 月，财政部研究建立了中央单位政府采购预算编制办法，从 2001 年开始编制政府采购预算并制定政府采购计划，凡是列入政府采购预算的采购项目，都必须按照政府采购计划的要求实行政府采购。财政部还组织研究草拟了《政府采购资金实行财政直接拨付管理暂行办法》，建立政府采购资金财政直接拨付制度，规定政府采购资金财政直接拨付的方式和程序，开设了政府采购资金专户。通过改变资金管理方式，促进政府采购制度的推行。

二是进一步明确政府采购信息发布内容及程序，加强透明度建设，规范了政府采购信息发布行为。2000 年 7 月，财政部印发了《关于加强政府采购信息统计报表编报工作的通知》，9 月，颁布了《政府采购信息公告管理办法》、《政府采购品目分类表》。10 月，印发了《关于进一步加强地方政府采购管理工作的通知》和《政府采购运行规程暂行办法》。12 月，财政部组织开发的“中国政府采购网”投入试运行，颁布《关于中国政府采购网管理问题的通知》，改进了政府采购统计体系，开发了统计软件，扩大了统计范围，增加了统计内容，统计结

---

① 数据来源于财政部国库司《2005 年全国政府采购信息统计分析》。

果在指定媒体上向社会公告，此外还创办了《中国政府采购》杂志，从而丰富了政府采购信息指定发布媒体。

三是会同有关部门研究拟定中央国家机关全面推行政府采购制度的方案。2002年10月，国务院办公厅印发了《中央国家机关全面推行政府采购制度的实施方案》，对中央国家机关全面推行政府采购制度作出部署，提出要求。

四是探索适合政府采购要求的招标方法，确立并推广了政府采购协定供货制度。

五是参加政府采购立法活动。在《政府采购法》出台前，参与立法的各项活动，提出立法意见和建议；2002年6月《政府采购法》出台后，财政部门全面开展了《政府采购法》的宣传和贯彻实施工作，从制度上、舆论上和组织上为《政府采购法》的全面贯彻实施做准备。另外，2002年，国务院要求所有中央单位都要正式编制政府采购预算，使采购改革工作从操作环节延伸到了财政预算的编制环节。

此外，解放军总后勤部还在2000年发布《总后勤部军用物资采购招标管理暂行办法》。

5.3.2 全面实施阶段（2003年1月—2005年底）

这一时期的主要特点是有关政府采购的法律、制度逐步建立，采购规模开始大幅度增长，我国政府采购制度开始确立。

这一阶段以《政府采购法》的颁布为标志。2002年6月29日，第九届全国人民代表大会常务委员会第二十八次会议通过了《政府采购法》，从而在法律上保障了政府采购制度的实施，进一步规范了我国的政府采购工作，使我国的政府采购工作走上了规范化、法治化的轨道。2003年1月1日，《政府采购法》正式实施，该法的颁布实施，充分体现了党中央、国务院和全国人大对推行政府采购制度改革的决心和高度重视，也是对几年来政府采购试点工作的肯定，标志着我国政府采购制度改革至此结束试点工作，进入了全面推行阶段，这个阶段的典型特征是随着我国《政府采购法》出台和相关配套措施的制定，特别是《政府采购法》的贯彻与实施，我国政府采购事业有了明确的法律依据，全面政府采购工作开始步入新的发展时期。随着《政府采购法》的实施，政府采购在管理体制改革上也取得了突破性进展，逐步形成了具有中国特色的政府采购的制度框架，即统一政策分级管理；集中采购和分散采购相结合；公开招标为主、其他采购方式为辅；管采分离、职能分设。

5.3.3　逐步完善阶段（2006 年—2007 年底）

2006 年是“十一五”时期的第一年，笔者之所以将 2006 年作为起点划分为一个新的阶段，主要是因为以下几个原因。

其一，自《政府采购法》实施至 2005 年底以来，《政府采购法》在法律与实际工作结合中出现的新情况、新问题，经过不长时间已基本显现出来。因此，自 2006 年开始，应对《政府采购法》在政府采购实践中出现的问题和取得的成绩进行反思和归纳、总结，并根据客观情况的需要，进一步修改和完善法律制度，以健全和深化我国政府采购制度。

其二，支持自主创新成为该阶段政府采购的工作重心。实行支持自主创新的政府采购政策，是《中共中央关于制定国民经济和社会发展第十一个五年规划的建议》中提出的重大政策之一。中共中央第一次将政府采购单独列入国家经济社会发展规划的重大政策系列，极大地提高了政府采购在国家经济社会发展中的地位，为政府采购事业的发展提供了前所未有的历史机遇。2006 年是“十一五”时期的第一年，这一阶段我国政府采购应从以货物和服务的购买为主，进入采购与实现政策功能并行的状态。在笔者看来，实行支持自主创新政策应当成为“十一五”期间政府采购工作的重心，政府采购工作的重心应当从单纯节约采购资金转移到执行公共政策上来。如何更好地发挥政府采购政策功能，进一步推动经济社会的发展，是我们政府采购领域迫切需要研究的一个重要课题。

经济有效和政策工具是决定政府采购工作的两个基本因素。虽然我国《政府采购法》规定，政府采购要贯彻社会经济政策，但是以目前情况看，政府采购真正实现政策目标的作用却有限。过去我们对经济有效性更为重视并取得一定效果，但是政府采购的政策工具作用还没有充分发挥出来，至少在执行《政府采购法》第九条和第十条所提到的公共政策功能还没有到位。[①] 因此，在新的形势下，我们应当构建执行公共政策的政府采购制度机制和管理体制，例如，构建如何扶持不发达地区和少数民族地区的制度机制和管理体制，更加注重诸如发挥环境保护、促进自主创新、照顾中小企业发展等政策功能作用。

其三，该阶段是我国政府采购走向国际化的起步阶段。过去政府采购制度的制定，可能更多地考虑国内情况，但现在情况有所不同。按照我国与世界贸易组织达成的协定，2006 年商务部副部长于广洲表示，尽管中国面临很多的困难，但是作为一个负责任的国家，中国会在 2007 年 12 月底前提交政府采购市场开放

---

① 参见第 11 章和第 12 章 12.2.1 相关内容。

清单，开始加入 WTO《政府采购协定》的谈判。

5.3.4 启动加入 GPA 谈判程序阶段（2007 年底以后）

尽管面临着很多困难，但作为一个负责任的国家，我国如期启动了加入 GPA 的谈判程序。2007 年 12 月 28 日，为履行我国对 WTO 的承诺，经国务院批准，财政部部长谢旭人代表我国政府签署了中国加入 GPA 申请书。当日，我国常驻 WTO 代表团将申请书和中国加入 GPA 初步出价清单递交给 WTO 秘书处，标志着我国正式启动加入 WTO 的 GPA 谈判，这是我国继加入 WTO 后在对外经贸领域开展的又一项重大谈判，对我国经济社会发展将产生广泛和深远的影响。其后，我国先后与 GPA 成员展开了多轮加入谈判。①

① 参见第 7 章。

第6章

我国政府采购发展现状

自1996年进行政府采购试点以来，特别是1998年以后，我国政府采购事业蓬勃发展，2003年1月1日《中华人民共和国政府采购法》施行以来，我国政府采购更是走上了法制规范的轨道。尤其是“十一五”期间，我国政府采购制度改革取得重大进展，例如，政府采购规模持续扩大，采购范围及构成逐步趋于合理，经济效益显著提高；政府采购监管工作不断加强，集中采购管理逐步强化，采购活动规范化水平明显提升；政府采购政策功能不断拓展，宏观调控能力逐步增强。当前和今后一段时期，我国深化政府采购制度改革应围绕“十二五”改革发展目标，积极构建符合国际惯例、具有中国特色的政府采购制度。

6.1 2001—2009年全国和地方政府采购状况分析[①]

6.1.1 采购规模持续快速增长

自1998年扩大实施政府采购改革试点工作以来，我国政府采购规模持续快速增长，节资率不断提高，占当年财政支出和国内生产总值的比重逐年增加。

2001年我国政府采购规模还很小，全国政府采购预算731.6亿元，实际采购金额653.2亿元，比预算节约资金78.5亿元，资金节约率为10.7%。

2002年全国政府采购预算1 135.4亿元，实际执行采购金额1 009.6亿元，节约资金125.8亿元。其中，地方采购金额788亿元，比上年增长58%；中央单位采购金额221.6亿元，比上年增长43.4%。

2003年全国实施采购的预算为1 856亿元，实际支付（采购规模）1 659.4

---

① 该部分数据及资料根据财政部《全国政府采购信息统计分析》中的相关数据整理而得。因保留小数点后一位，小数点位存在误差。

亿元，节约预算资金 196.6 亿元，资金节约率为 10.6%，采购规模比上年同期增长 64.4%，分别占当年财政支出和 GDP 的 6.7% 和 1.4%，比上年同期分别增长 2 个百分点和 0.4 个百分点。中央单位和地方分别为 262.8 亿元和 1 396.6 亿元，分别占全国采购规模的 15.8% 和 84.2%。

2004 年全国实施政府采购预算 2 406.9 亿元，实际支付（采购规模）2 135.7 亿元，采购规模比上年增长 29%，节约资金 271.2 亿元。采购规模占当年财政支出的 8%，比上年同比增长 1.3 个百分点；占当年 GDP 的 2%，比上年同比增长 0.6 个百分点，自 1998 年实施政府采购改革 6 年来，采购规模平均增长率达到 88.8%。

2005 年全国政府采购规模持续快速增长。2005 年全国实施政府采购预算 3 307.7 亿元，实际采购规模 2 927.6 亿元，相当于 1998 年改革试点时期采购规模 31 亿元的 94.4 倍，采购规模比上年增长 37.1%，节约资金 380.2 亿元。地方采购规模 2 519.8 亿元，中央单位采购规模 407.8 亿元，分别比上年增长 36.8% 和 39.2%。2005 年政府采购规模占当年财政支出的 8.7%，比上年同期增长 0.7 个百分点，占全国 GDP 的比重为 1.6%，与上年同期的 2% 基本持平。实施政府采购改革 7 年来，全国政府采购规模年平均增长 77.9%。

2006 年全国实际政府采购规模 3 681.6 亿元，比上年增长 25.8%，节约资金 440.6 亿元，节约率为 10.7%。地方采购规模 3 211 亿元，中央单位采购规模 470.6 亿元，分别比上年增长 27.4% 和 15.4%。全年政府采购规模占当年财政支出的 14.9%，比上年同期增长 6.2 个百分点，占全国 GDP 的比重为 1.7%，比上年增长 0.2 个百分点。

2007 年全国政府采购规模持续增长，全国政府采购规模为 4 660.9 亿元，比上年同期增长 26.6%。其中，地方采购规模为 4 187.3 亿元，比上年同期增长 30.4%；中央单位采购规模为 473.5 亿元，与上年同期基本持平。2007 年政府采购规模占当年财政支出的 9.4%，占全国 GDP 的 1.8%。[①] 实施政府采购改革十年来，全国政府采购规模年平均增长 61.2%。2007 年全国政府采购规模增长幅度较大，反映了财政收支规模增大和政府采购制度改革工作进一步深入发展。

2008 年，面对罕见的自然灾害和复杂多变的经济环境，全国政府采购工作以科学发展观为指导，以全国政府采购执行情况专项检查为重点，创新机制、扎实工作，在强化监管、规范操作、提高工作质量和效率等方面取得了新成效。

---

① 该数值系根据《中国统计年鉴 2011》公布的 GDP 数据计算得出，《2008 年中国政府采购年鉴》公布的该数据为 1.9%。本书其他部分出现的该数据不再另加脚注赘述。

2008 年全国实施政府采购预算 6 749.4 亿元，实际规模 5 990.9 亿元，占当年财政支出的 9.6%，占全国 GDP 的 1.9%，① 节约资金 758.6 亿元，节约率为 11.2%，实施政府采购规模平均增长 56.8%。

2009 年全国实施政府采购预算 8 377.4 亿元，实际规模 7 413.2 亿元，增长 23.7%，节约资金 964.2 亿元，平均节资率为 11.5%。政府采购占当年财政支出和 GDP 的比重分别为 9.8% 和 2.2%，较上年有小幅提高。自 1998 年全面实施政府采购制度改革以来，政府采购规模保持 53% 的年平均增长率。

2001 年—2009 年我国政府采购的发展情况得见，一方面我国政府采购规模持续增长，市场发展还不成熟；另一方面则说明我国的政府采购市场的发展前景和空间都无限巨大，我国企业在政府采购市场上大有可为，同时巨大的市场潜力也吸引了国外供应商的目光。②

图 6.1 和表 6.1 分别对 2001 年—2010 年全国和地方政府采购总规模以及占当年财政支出和 GDP 比重、节约资金等情况进行了归纳和比较。

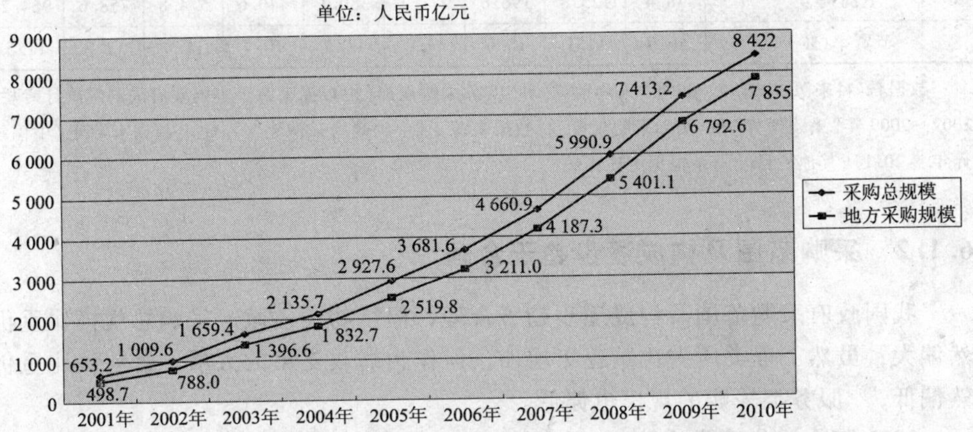

图 6.1　2001 年—2010 年全国政府采购总规模和地方采购规模图

数据来源：2001—2006 年数据来源于中国政府采购网统计专栏；2007—2009 年数据来源于《中国政府采购年鉴》。2010 年采购总规模数据来源于：王保安．立足国内改革和对外开放 推动政府采购工作再上新台阶——在全国 GPA 谈判应对工作及政府采购工作会议上的讲话．[2001－11－7]．http://gks.mof.gov.cn/redianzhuanti/zhengfucaigouguanli/201007/t20100721_329079.htm；地方采购规模数据来源于：王坤．“十一五”中央单位政府采购改革成效显著．[2001－9－6]．http://finance.people.com.cn/h/2011/0905/c227865－1470673643.html.

---

① 该数值系根据《中国统计年鉴 2011》公布的 GDP 数据计算得出，《2008 年中国政府采购年鉴》公布的该数据为 2%。本书其他部分出现的该数据不再另加脚注赘述。

② 参见第 7 章 7.2.2 和第 10 章 10.1.3。

表 6.1　2001—2009 年全国及地方政府采购规模及节约资金情况对比表①

（单位：人民币亿元）

年份			2001	2002	2003	2004	2005	2006	2007	2008	2009
采购预算			731.6	1 135.4	1 856.0	2 406.9	3 307.7	4 122.2	5 211.4	6 749.4	8 377.4
实际采购	合计	金额	653.2	1 009.6	1 659.4	2 135.7	2 927.6	3 681.6	4 660.9	5 990.9	7 413.2
		比上年同期增长（%）	99.1	54.6	64.4	28.7	37.1	25.8	26.6	28.5	23.7
	占当年财政支出比重（%）		3.5	4.6	6.7	7.5	8.6	9.1	9.4	9.6	9.8
	占当年 GDP 比重（%）②		0.6	0.8	1.2	1.3	1.6	1.7	1.8	1.9	2.2
	中央单位采购规模	金额	154.5	211.6	262.8	293.0	407.8	470.6	473.5	589.8	620.6
		比重（%）	23.7	21.9	15.8	13.7	13.9	12.8	10.2	9.8	8.4
	地方采购规模	金额	498.7	788.0	1 396.6	1 832.7	2 519.8	3 211.0	4 187.3	5 401.1	6 792.6
		比重（%）	76.3	78.1	84.2	86.3	86.1	87.2	89.8	90.2	91.6
节约资金			78.4	125.8	196.6	271.2	380.1	440.6	574.8	758.6	964.2
节资率（%）			10.7	11.1	10.6	11.3	11.5	10.7	11.0	11.2	11.5

数据/资料来源：2001—2006 年“采购预算”和“实际采购规模”栏数据来源于中国政府采购网统计专栏；2007—2009 年“采购预算”和“实际采购规模”栏数据来源于《中国政府采购年鉴》；GDP 数据来源于《中国统计年鉴 2011》；其他栏目数据系根据上述相关栏目数据计算而得。

6.1.2　采购范围及构成逐步趋于合理

我国政府采购范围及构成逐步趋于合理，但货物类占政府采购总规模比重仍然偏大，虽然工程类所占比重逐年增加，但作为财政支出的大项，目前该比重仍然偏低，③ 服务类采购的规模也偏低。

2001 年全国货物类采购 413 亿元，工程类采购 188 亿元，服务类采购 52 亿元，占政府采购总规模的比重分别为 63%、29% 和 8%，其中：货物类采购比重比上年下降 4 个百分点，工程类采购比重比上年上升 6 个百分点，服务类采购比重比上年下降 2 个百分点。说明工程政府采购工作正在逐步加强。

2002 年货物、工程和服务分别占采购总金额的 62.1%、30.3% 和 7.7%，其

① 因保留小数点后一位，比重数据小数点位存在误差。

② 因中国统计年鉴统计口径改变和数据调整，根据《中国统计年鉴 2011》计算的该列数据与财政部《全国政府采购信息统计分析》公布的数据存在差异。本书其他部分涉及的相同问题不再另加脚注赘述。

③ 在政府采购制度完善的国家，政府工程采购占政府采购份额约为 80%。

中工程所占比重比上年增长 2 个百分点。货物实现采购金额 626.2 亿元，比上年增长 51.6%；工程实现采购金额 306.2 亿元，比上年增长 62.8%；服务实现采购金额 77.3 亿元，比上年增长 48.1%。从采购项目构成看，货物类所占比重较大，工程作为政府采购和财政支出的大项，所占比重仍然偏低。

2003 年货物、工程和服务项目明显增加，采购规模分别为 897.3 亿元、658.3 亿元和 103.8 亿元，占全国政府采购规模的比重分别为 54.4%、39.3% 和 6.3%，分别比上年增长 43.3%、115% 和 34.3 %。由于政府采购法将工程纳入了政府采购范围，2003 年工程政府采购项目增幅最快，成为全国政府采购规模扩大的主要因素之一。

2004 年全国政府采购货物类规模为 1 048.7 亿元，占采购总规模的 49%，比上年增长了 17%。工程类采购规模为 948.3 亿元，占采购总规模的 44%，增长了 44%。服务类采购规模为 138.4 亿元，占采购总规模的 7%，增长了 33%。

2005 年工程类、服务类采购增长迅速。全国工程类采购 1 323.2 亿元，比上年同期增长 39.5%，占采购总规模的 45.2%。在我国现有工程管理体制下，部分地区在工程实施政府采购方面取得突破性进展，其主要原因一是通过制定制度办法对财政投资工程实施政府采购做出规定。二是通过对社会关注程度高、群众关心的公益工程实施政府采购的途径。2005 年全国服务类采购 195.8 亿元，比上年同期增长 41.4%，占采购总规模的 6.7%。

2006 年全国工程类、服务类采购的增长比较迅速。工程类采购 1 763.9 亿元，比上年同期增长 33.3%，占采购总规模的 47.9%。服务类采购达 270.3 亿元，比上年同期增长 38.1%，占采购总规模的 7.3%。除汽车定点加油、定点维修、统一购置保险、会议定点等已实行了协议供货采购形式外，许多地区将公务机票购买、信息网络开发和咨询、银行代理、法律咨询、施工监控、物业管理、交通车租赁、卫生保洁、企业职工素质培训、公共场所绿化养护等服务类采购项目也都纳入了政府采购。

2007 年全国工程类、服务类采购增长迅速。工程类采购规模为 2 330.6 亿元，比上年同期增长 32.1%，占采购总规模的 50%。为扩大政府采购实施范围和规模，许多地区在工程实施政府采购方面取得突破性进展，一方面通过制定办法对财政投资工程项目实施政府采购做出规定；另一方面对社会关注度提高、群众关心的公益性工程项目实施政府采购。从项目构成看，建筑物采购为 592.3 亿元，修缮、装饰工程采购为 1 077.5 亿元。2007 年全国服务类采购规模为 356.9 亿元，比上年同期增长 32%，占采购总规模的 7.7% 亿元。服务类采购增长迅速的主要原因一是中央和地区都采取措施进一步扩大服务类采购项目范围，许多地区对汽车定点加油、定点维修、统一购置保险、会议场所等都实施政府采购定点，部分地区将公务机票购买等也纳入了政府采购范围；二是将信息网络开发和咨询、银行代理、法律咨询、施工监控、物业管理、交通车租赁、种牛采购、卫生保洁、企业职工素质培训、公共场所绿化养护等服务类采购项目也都实行了政府采购。从项目构成看，印刷出版采购为 32. 9 亿元，维修采购为 30. 3 亿元，保险采购为 30. 1 亿元。

2008 年全国货物、工程和服务采购全面增长。货物类采购规模为 2 559. 2 亿元，比去年同期增长 29. 7%，占采购总规模的 42. 7%。工程类采购 2 978. 4 亿元，比上年同期增长 27%，占采购总规模的 7. 6%。2008 年货物类采购中，规模较大的项目有：专用设备 741. 9 亿元、一般设备 454. 6 亿元以及交通工具 301. 2 亿元。工程类采购中规模较大的项目有：建筑物 854. 2 亿元、市政建设工程 766. 3 亿元以及交通运输工程 252. 5 亿元。服务类采购中规模较大的项目有：信息技术、信息管理软件的开发设计 36. 7 亿元、维修 33. 6 亿元以及会议 32. 7 亿元。

2009 年全国货物、工程和服务采购规模分别为 3 010. 6 亿元、3 858. 4 亿元和 544. 2 亿元，占采购总规模的比重分别为 40. 6%、52. 1% 和 7. 3%。比上年同期分别增长 17. 6%、29. 5% 和 20%。工程类采购额所占比重超过货物类和服务类所占比重的总和，且增长速度最快，这是因为在积极财政政策的作用下，以及国务院为应对金融危机，出台 4 万亿的经济刺激计划拉动内需，其中大部分投向基础建设项目。2009 年货物类采购规模前三位的仍然是专用设备、一般设备和交通工具，采购规模分别为 780. 7 亿元、497. 6 亿元和 287. 2 亿元。其中，交通工具采购规模较上年减少了 14 亿元，严格控制公务购车经费零增长目标全面实现。工程类采购规模前三位的是建筑物、市政建设工程和修缮装饰工程，采购规模分别是 1 177. 3 亿元、943. 8 亿元和 283. 3 亿元。服务类采购规模前三位的是专业咨询工程监理工程设计、印刷出版和车辆定点维修，采购规模分别为 66. 7 亿元、52. 2 亿元和 39. 1 亿元。

图 6. 2 和表 6. 2 分别对 2007 年、2008 年和 2009 年全国货物、工程、服务采购规模以及 2001—2009 年全国政府采购范围及构成进行了归纳和比较。

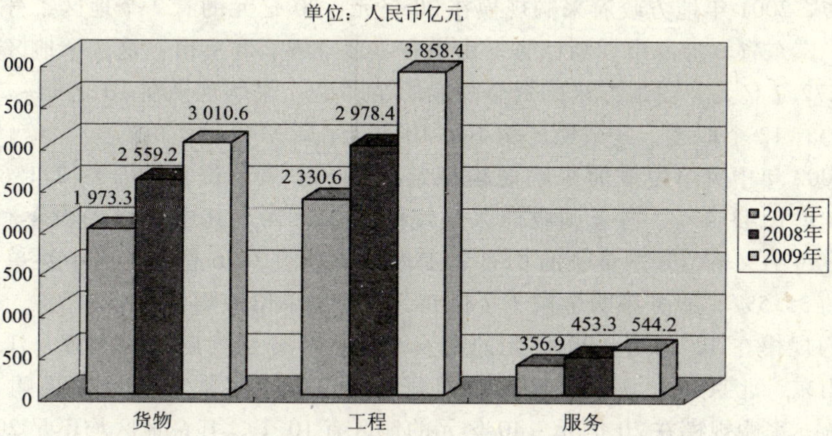

图 6.2　2007 年、2008 年和 2009 年全国货物、工程、服务采购规模对比图

数据来源：《中国政府采购年鉴 2008》、《中国政府采购年鉴 2009》和《中国政府采购年鉴 2010》，中国财政经济出版社出版。

表 6.2　　2001—2009 年全国政府采购范围及构成对比表

（单位：人民币亿元）

年　份		2001	2002	2003	2004	2005	2006	2007	2008	2009
实际采购金额		653.2	1 009.6	1 659.4	2 135.7	2 927.6	3 681.6	4 660.9	5 990.9	7 413.2
货物类采购	金额	413.0	626.2	897.3	1 048.7	1 408.6	1 647.4	1 973.3	2 559.2	3 010.6
	比重（%）	63.0	62.1	54.4	49.0	48.1	44.7	42.3	42.7	40.6
工程类采购	金额	188.0	306.2	658.3	948.3	1 323.2	1 763.9	2 330.6	2 978.4	3 858.4
	比重（%）	29.0	30.3	39.3	44.0	45.2	47.9	50.0	49.7	52.1
服务类采购	金额	52.0	77.3	103.8	138.4	195.8	270.3	356.9	453.3	544.2
	比重（%）	8.0	7.7	6.3	7.0	6.7	7.3	7.7	7.6	7.3

数据/资料来源：2001—2006 年“金额”栏数据来源于中国政府采购网统计专栏；2007—2009 年“金额”栏数据来源于《中国政府采购年鉴》；“比重”栏数据系根据上述相关栏目数据计算而得。

6.1.3　地方政府采购规模超过中央政府采购规模，采购规模分布逐步趋于均衡

2001 年中央单位政府采购工作全面启动。中央单位实现政府采购规模为 154.6 亿元，比上年的 29.8 亿元增长 4.2 倍，占全国政府采购规模的比重从上年的不足 10% 上升到 24%。中央单位政府采购开展工作相对滞后的状况得到初

步扭转。2001 年地方政府采购规模在 20 亿元 ~50 亿元的有 7 个地区，分别为江苏省、广东省、上海市、浙江省、山东省、辽宁省、北京市，这 7 个地区采购规模为 272.7 亿元，占地方采购资金总额的 54.7%。采购规模在 10 亿元 ~20 亿元之间的有 12 个地区，其余地区均不足 10 亿元。

2002 年中央单位政府采购规模稳定增长。中央单位采购金额 211.6 亿元，比上年增长 43.4%，占全国政府采购规模的 21.9%。其中货物采购金额 135.3 亿元，占中央单位采购金额的 61%；工程采购金额 78.6 亿元，占中央单位采购金额的 35.5%，服务采购金额 7.7 亿元，占中央单位采购金额的 3.5%。地方政府采购规模在 40 亿元 ~90 亿元的有 6 个地区，分别为广东、上海、江苏、浙江、山东、北京，这 6 个地区采购总规模为 376.1 亿元，占地方采购总额的 47.7%。采购规模在 20 亿元 ~40 亿元的地区有 10 个，其余地区均不足 20 亿元。

2003 年中央单位政府采购规模为 262.8 亿元，① 比上年同期增长 18.6%，占全国政府采购规模比重 15.8%。国务院系统政府采购规模为 248.6 亿元，② 中直系统政府采购规模为 13.4 亿元，人大系统政府采购规模为 0.8 亿元。2003 年地方政府采购规模达到 100 亿元以上的有 2 个地区，分别为广东和江苏，采购规模达到 50 亿元 ~100 亿元的有 8 个，采购规模在 30 亿元 ~50 亿之间的有 3 个。采购规模增长幅度在一倍以上的地区有 7 个，增幅超过 50% 的地区有 15 个。采购规模占全年财政支出比重达到 10% 以上的地区或城市是福建、宁波、宁夏、陕西和大连。

2004 年中央单位的采购规模为 293 亿元，比上年增长了 11%，占全国政府采购规模的 13.7%。中央采购规模在 10 亿元以上的单位有 6 个，分别为教育部、国家税务总局、水利部、中国科学院、国防科工委和中国人民银行。地方政府采购规模在 100 亿元以上的地区有 5 个；采购规模在 50 亿元 ~100 亿元之间的地区有 8 个，采购规模占地方采购总规模的 32%；30 亿元 ~50 亿元之间的地区有 9 个，采购规模占地方采购总规模的 18%；30 亿元以下的地区有 14 个，采购规模占地方采购总规模的 8%。地方政府采购排在前 5 名的是广东、江苏、山东、浙江和上海。

2005 年中央单位政府采购规模呈现快速增长势头。中央单位政府采购规模增长较快，采购规模达到 407.8 亿元，占全国政府采购规模的 13.9%，比上年增长了 39.2%，大大高于以前年度 11.5% 的增长幅度。中央单位集中采购规模

---

① 不包括军队和武警系统。

② 含政协、高检和高法参加的供货。

比上年同期增长44.9%，其中，集中采购机构采购和部门集中采购分别比上年同期增长79%和37.4%。中央单位分散采购比上年同期增长71.1%。2005年地方政府采购规模分布逐步趋于均衡，采购规模达到100亿元以上的省份有9个，比上年增加了4个。采购规模在50亿元~100亿元之间的地区有5个，比上年减少了3个。30亿元~50亿元的地区有10个，比上年增加了1个。30亿元以下的地区有7个。

2006年中央单位政府采购规模达到470.6亿元，占全国政府采购规模的12.8%，比上年增长了15.4%。2006年地方政府采购规模增长较快，采购规模达到100亿元以上的省市达到10个，其采购规模为2 051.2亿元，占地方采购总规模的63.9%，采购规模在50亿元~100亿元之间的省市有13个，比上年增加了8个。

2007年地方政府采购规模增长较快。地方政府采购总规模为4 187.3亿元，占全国政府采购规模的89.8%，比上年同期增长30.4%。采购规模达到100亿元以上的地区达到15个，比上年增加了5个，其采购规模为3 295.2亿元，占地方采购规模最高达525.5亿元，占地方采购总规模的12.6%。采购规模在50亿元~100亿元之间的地区有10个，比上年减少了2个，其采购规模为743.7亿元，占地方采购总规模的17.8%。50亿元以下的地区只有6个，比上年减少了3个，其采购规模为148.4亿元，占地方采购总规模的3.5%。

2008年地方和中央政府采购再创新高。地方政府采购规模5 401.1亿元，比上年同期增长29%，占全国政府采购规模的90.2%。其中，采购规模突破600亿元的有2个省，江苏省采购规模最高，达602.3亿元，占地方采购总规模的11.2%；广东省采购规模次之，达600.3亿元，占地方采购总规模的11.1%。采购规模在100亿元~500亿元之间的地区有15个，其采购规模为3 299亿元，占地方采购总规模的61.1%。采购规模在50亿元~100亿元之间的地区有10个，其采购规模为803.2亿元，50亿元以下的地区只有4个，其采购规模为96.3亿元。2008年中央单位政府采购规模589.8亿元，比上年同期增长24.6%。其中，采购规模超过10亿元的中央单位有16个，其采购规模为500.2亿元，占中央单位采购规模的84.8%。采购规模较大的中央单位有：教育部113.2亿元、国家税务总局78.3亿元，卫生部43.1亿元、中国人民银行41.6亿元、质检总局35.7亿元以及水利部25.4亿元。

2008年政府采购规模持续增长的主要原因一是采购人依法采购意识增强，纳入政府采购法范围的项目基本实施了政府采购。二是由于财政法范围的项目不断增加，促进了政府采购规模的增长。三是政府采购范围不断扩大，在工程类方面，许多地区对财政投资工程项目实行政府采购在制度上予以规定，将社会关注度高、群众关心的公益性工程项目和涉及民生项目的基础设施建设等逐步纳入政府采购实施范围和统计范围；在服务类方面，许多地区将信息网络开发和咨询、银行代理、法律咨询、施工监控、物业管理、交通车租赁、卫生保洁、企业职工素质培训、公共场所绿化养护等服务类采购项目也都实行了政府采购。此外，无论在货物、工程、服务项目中，与信息化建设相关的网络设备、系统集成、网络工程、信息技术、信息管理软件的开发设计等都占较大比重，政府采购为信息化建设提供了有力支持。

2009 年地方政府采购规模连续 12 年再超中央，成为推动全国政府采购规模扩大的主要力量。地方政府采购规模和中央政府采购规模分别为 6 792.6 亿元和 620.6 亿元，比上年同期分别增长 25.8% 和 5.2%，占全国政府采购规模的比重分别为 91.6% 和 8.4%。地方政府采购规模增幅较大的省有：广西增长 74.5%，云南增长 49.5%，河北增长 48.8%，天津增长 48.3%，贵州增长 45.3%。从地方政府采购情况看，政府采购规模超过 400 亿元的有：广东省 803.2 亿元、江苏省 756.3 亿元、山东省 491.5 亿元、浙江省 483.4 亿元和上海市 400.3 亿元。这 5 个省份和城市的政府采购规模达到 2 934.7 亿元，占地方政府采购规模的 43.2%。采购规模超过 40 亿元的中央单位有 5 个，其采购规模为 312.3 亿元，占中央单位采购规模的 50.3%。采购规模较大的中央单位有：教育部 119.46 亿元、国家税务总局 57.42 亿元，中国科学院 50.73 亿元、中国人民银行 42.76 亿元、质检总局 41.89 亿元。

2009 年政府采购规模持续扩大的原因主要有：一是随着国家积极财政政策的全面实施，2009 年全国财政支出比上年增长 21.2%。二是采购人依法采购意识不断增强，政府采购制度在各部门和地区得到进一步贯彻落实。三是各级财政部门加强监管，积极拓展政府采购范围，例如，黑龙江省加大对财政性资金投资的市政道路、绿化、公共设施等工程项目实施政府采购的力度。云南省将服务类采购作为政府采购的亮点加以推进，先后将展会设计和会计、造价、资产评估中介机构聘用等服务类项目纳入政府采购，对“政府购买公共服务”与政府采购相结合进行积极尝试。

图 6.3 对 2001 年—2010 年中央政府采购规模和地方政府采购规模进行了对比。

6.1.4 公开招标作为主要采购方式的格局进一步巩固

随着政府采购法制建设的积极推进，我国政府采购活动规范化水平显著提升，目前已形成了以公开招标方式为主，邀请招标、竞争性谈判、询价和单一来

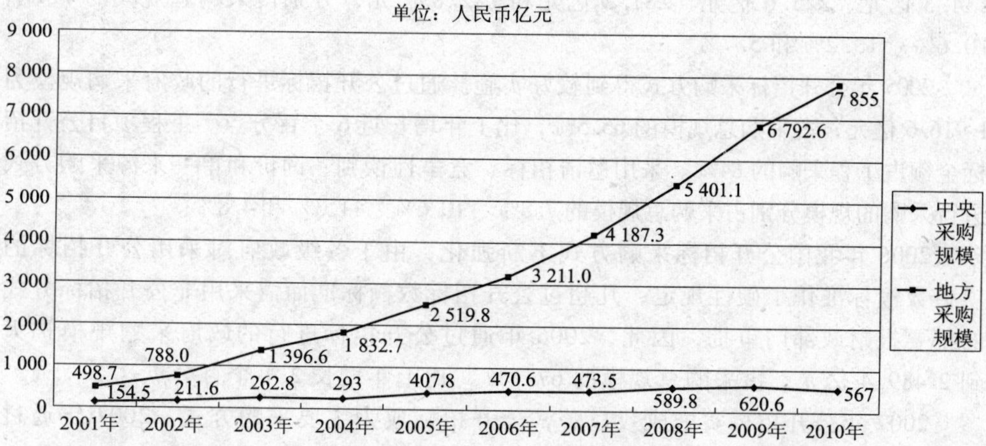

图 6.3　2001 年—2010 年中央政府采购规模和地方政府采购规模图

数据来源：2001—2006 年数据来源于中国政府采购网统计专栏；2007—2009 年数据来源于《中国政府采购年鉴》；2010 年数据来源于：王坤．“十一五”中央单位政府采购改革成效显著．［2011－9－6］．http：//finance. people. com. cn/h/2011/0905/c227865－1470673643. html.

源采购方式为补充的格局。

2001 年集中采购和公开招标已成为政府采购的主要组织方式。在 653. 2 亿元采购规模中，采用公开招标方式的采购为 346. 2 亿元，占采购资金总额的 53%。

2002 年公开招标采购比例偏低，在 1 009. 6 亿元的采购规模中，实行公开招标方式的采购有 485 亿元，占采购金额的 48%，比上年下降 5 个百分点。主要原因是：第一，公开透明的意识不强。不论是采购人还是招投标代理机构，甚至某些集中采购机构公开透明的意识不强，对公开招标有抵触，规避公开招标的现象时有发生。第二，服务采购本身的无形性、多样性使得集中采购工作难度较大。第三，有些地方缺乏货物、服务公开招标采购的数额标准，采购单位还存在指定货物品牌或供应商的现象。

2003 年基本确立了公开招标采购方式的主导地位。2003 年全国采用公开招标方式的采购规模为 949. 7 亿元，占全国政府采购规模的 57. 2%，比上年提高了 9 个百分点。采用邀请招标、竞争性谈判、询价和单一来源方式的采购规模分别为 223 亿元、154 亿元、238. 9 亿元和 93. 8 亿元，分别占全国政府采购规模的 13. 4%、9. 3%、14. 4% 和 5. 7%。

2004 年采用公开招标的采购规模为 1 271. 8 亿元，占采购总规模的 59. 5%，采用邀请招标、竞争性谈判、询价和单一来源采购方式进行采购的规模分别为

234.3 亿元、225.6 亿元、281.2 亿元和 122.8 亿元，分别占采购总规模的 11%、10.6%、13.2% 和 5.7%。

2005 年公开招标采购方式得到较好实施。通过公开招标进行的政府采购规模为 1 916.6 亿元，占采购总规模的 65.5%，比上年增长近 6 个百分点。工程项目公开招标金额占工程采购的 84%。采用邀请招标、竞争性谈判、询价和单一来源采购方式进行采购的规模分别占采购总规模的 7.8%、10.6%、11.3% 和 4.8%。

2006 年我国公开招标采购方式不断强化，由于各级政府对采用公开招标的项目数额标准作了硬性规定，凡超过公开招标数额标准而需采用非公开招标方式的都要报财政部门审批，因此，2006 年通过公开招标进行的政府采购规模扩大到 2 489.4 亿元，占采购总规模的 67.6%，比上年增长 2.1 个百分点。

2007 年公开招标实施成效显著，公开招标成为主要采购方式。2007 年通过公开招标方式进行的政府采购规模为 3 269.1 亿元，占采购总规模的 70.1%，比上年增长 2.5 个百分点。其主要原因有：一是各级政府对采用公开招标的项目数额标准做了明确规定，凡超过公开招标数额标准而需采用非公开招标方式的都要报财政部门审批；二是工程类项目主要采用公开招标方式进行采购，2007 年工程项目公开招标金额为 1 944.1 亿元，占工程采购的 83.4%；三是办公通用项目和服务类项目采购多采用协议供货方式进行采购，协议供货的入围产品全部通过公开招标方式确定。

2008 年公开招标采购比例不断提高。通过公开招标采购方式进行的政府采购规模为 4 289 亿元，占总规模的 71.6%，比上年增长 1.5 个百分点。2008 年公开招标采购比例不断提高的主要原因一是各级政府进一步明确公开招标的项目数额标准，大力推行以公开招标的项目数额为准，大力推行以公开招标为主要方式的采购活动，财政部门对超过公开招标数额标准而采用非公开招标方式的项目审批严格把关；二是工程类项目主要采用公开招标方式进行采购，2008 年工程项目公开招标金额 2 526.9 亿元，占工程采购的 84.8%；三是办公通用项目和服务项目的采购多采用协议供货的入围产品和定点采购方式进行采购，协议供货的入围产品和定点采购的入围服务商全部通过公开招标方式确定。随着采购人规范采购程序、提高资金使用率意识的增强，许多采购人主动要求采取公开招标方式提高采购透明度、实现充分竞争和采购结果物有所值。

2009 年公开招标、邀请招标、竞争性招标、询价来源采购、单一来源采购的规模分别为 5 576.4 亿元、317.1 亿元、637.7 亿元、549.9 亿元和 331 亿元，分别占采购总规模的 75.2%、4.3%、8.6%、7.4% 和 4.5%，公开招标比重比上年提高 3.6%，单一来源比重则下降了 1%，说明政府采购行为和程序进一步规范，公开、公平、公正原则得到充分体现。究其原因，主要是财政部 2009 年下发了《中央单位变更政府采购方式审批管理暂行办法》，进一步规范了采购行为，严格控制非公开招标采购方式的选择，降低了非公开招标采购方式的采购规模，2009 年中央单位单一来源采购规模 64.1 亿元，比上年同期下降了 24.9%。各级财政部门也加强了监管，例如上海、浙江等地实行单一来源公开制度，单一来源采购接受社会监督，有效地减少了单一来源采购的数量。

表 6.3 对 2001 年—2009 年全国公开招标政府采购方式进行了归纳和比较。

表 6.3　　2001—2009 年全国公开招标政府采购方式对比表

（单位：人民币亿元）

年 份		2001	2002	2003	2004	2005	2006	2007	2008	2009
实际采购金额		653.2	1 009.6	1 659.4	2 135.7	2 927.6	3 681.6	4 660.9	5 990.9	7 413.2
公开招标	金额	346.2	485.0	949.7	1 271.8	1 916.6	2 489.4	3 269.1	4 289.0	5 576.4
	比重（%）	53.0	48.0	57.2	59.5	65.5	67.6	70.1	71.6	75.2

数据/资料来源：2001—2006 年“实际采购规模”和“公开招标”栏数据来源于中国政府采购网统计专栏；2007—2009 年“实际采购规模”和“公开招标”栏数据来源于《中国政府采购年鉴》；“比重”栏数据系根据上述相关栏目数据计算而得。

6.1.5　分散采购管理逐步加强的同时，集中采购的主导地位进一步突出

目前，我国分散采购管理得到逐步加强，与此同时，集中采购作为政府采购的重要组织形式，其主导地位进一步突出。

2001 年集中采购和公开招标已成为政府采购的主要组织方式。在 653.2 亿元采购规模中，集中采购为 430.6 亿元，占采购资金总额的 66%。其中，采购中心组织采购 336 亿元，占集中采购的 78%。

2002 年集中采购仍为采购主要组织形式。在 1 009.6 亿元采购规模中，政府集中采购为 735.3 亿元，占采购金额的 73%，比上年增加 7 个百分点，其中，地方集中采购金额占采购金额的 82.6%，中央单位集中采购规模相对偏低。单位分散采购为 274.3 亿元，占采购金额的 27%。

2003 年出现了部门集中采购形式，初步形成了多种采购组织形式相结合的局面。政府集中采购、部门集中采购和分散采购分别为 1 024.9 亿元、283.2 亿元和 351.2 亿元，占全国政府采购规模的比重依次为 61.8%、17.1% 和 21.1%。2003 年政府集中采购占采购总规模的比重比 2002 年下降了 11 个百分点，主要

是一部分集中采购转为了部门集中采购。

2004 年全国集中采购规模为 1 727.5 亿元，占采购总规模的 80.9%，比上年增长 32.1%。集中采购机构采购规模为 1 270.3 亿元，占采购总规模的 59.5%，部门集中采购规模为 457.2 亿元，占采购总规模的 21.4%，分散采购规模为 408.2 亿元，占采购总规模的 19.1%。其中，中央集中采购机构采购规模为 29.5 亿元。

2005 年集中采购规模占采购总规模的 80.6%，比上年增长 36.8%，与上年的 81% 相比，集中采购占采购总规模的比重有所下降。2005 年分散采购管理进一步得到加强，全国分散采购规模比上年增长 39.2%，占采购总规模的 19.4%。分散采购规模增加表明预算单位参与政府采购的自觉性有所提高，在做好集中采购工作的同时，开始注重对分散采购的管理，促进了对政府采购制度改革的全面发展。

2006 年采购行为进一步规范，基本形成了集中采购机构采购、部门集中采购和分散采购相结合的框架，全国集中采购机构采购额达 2 187.5 亿元，占采购总规模的 59.4%，其中，地方集中采购机构采购 2 083.3 亿元，中央单位集中采购机构采购 104.2 亿元。

2007 年集中采购实施成效显著，集中采购成为政府采购的主要组织形式。全国集中采购机构采购规模为 3 053.7 亿元，比上年同期增长 39.6%，占采购总规模的 65.5%。其中，地方集中采购机构采购为 2 927.9 亿元，比上年同期增长 40.5%；中央单位集中采购机构采购为 125.8 亿元，比上年同期增长 20.7%。全国部门集中采购为 909.5 亿元，比上年同期增长 13.9%，占采购总规模的 19.5%，其中，地方部门集中采购为 744.5 亿元，中央单位部门集中采购为 165 亿元。

2008 年采购方式选择日渐规范，集中采购实施成效显著，集中采购的主导地位继续保持。全国集中采购机构采购为 4 050.7 亿元，比上年同期增长 32.6%，占采购总规模的 67.6%，其中，地方集中采购机构 3 915.5 亿元，比上年同期增长 33.7%；中央单位集中采购机构采购 135.2 亿元，比上年同期增长 7.5%。全国部门集中采购 1 098.4 亿元，比上年同期增长 20.8%，占采购总规模的 18.3%，其中，地方部门集中采购 851.2 亿元，中央单位部门集中采购 247.2 亿元。全国分散采购 841.8 亿元，比上年同期增长 20.7%，占采购总规模的 14.1%。

2009 年政府集中采购、部门集中采购和分散采购规模分别为 5 106.4 亿元、1 340.5 亿元和 966.2 亿元，占采购总规模的 68.9%、18.1% 和 13%，其中，政府集中采购规模较上年增长了 26.1%。集中采购作为政府采购的重要组织形式，其主导地位进一步突出。

6.1.6　供应商投诉处理机制逐步完善

2005 年中央和地方各级政府采购监督管理部门共接到供应商投诉 736 起，受理 590 起，其中，做出处理决定的 517 起，撤诉 73 起。受理的投诉中，从被投诉人角度看，采购人被投诉的有 146 起，招标代理机构被投诉的有 165 起，集中采购机构被投诉的有 293 起。从行业角度看，医疗卫生和教育行业被投诉的数量较多，分别为 123 和 127 起。

2006 年，我国政府采购供应商投诉处理机制逐步完善。

2007 年财政部下发《财政部关于加强政府采购供应商投诉受理审查工作的通知》，供应商投诉处理机制进一步规范，投诉处理工作效率进一步提高。2007 年中央和地方各级政府采购监督管理部门共接到供应商投诉 685 起，比上年同期减少 75 起。其中，受理 578 起。在受理案件中，做出处理决定的 349 起，驳回 121 起，撤诉 108 起。从被投诉人的角度看，采购人被投诉的有 155 起，招标代理机构被投诉的有 125 起，集中采购机构被投诉的有 298 起。

2008 年监管机制进一步完善，中央和地方各级政府采购监管部门共接到供应商投诉 781 起，比上年同期增加 96 起。其中，受理 702 起。在受理案件中，做出处理决定的 431 起，驳回 142 起，撤诉 128 起。从被投诉人的角度看，采购人被投诉的有 149 起，招标代理机构被投诉的有 276 起，集中采购机构被投诉的有 277 起。

2009 年供应商投诉处理进一步规范，各级财政部门共收到供应商投诉 746 起，较上年减少 35 起。在受理的 669 起投诉中，撤诉 127 起，驳回 164 起，进行处理的有 378 起。从 2003 年开始，供应商投诉一直呈现上升趋势，2009 年投诉数量首次出现减少。投诉数量减少的主要原因是加强监管、招标行为进一步规范，主要体现在：一是加强招标前的沟通；二是招标过程更规范透明；三是对未中标供应商的质疑认真组织相关人员进行调查核实，给供应商合理的解释和答复，使一些质疑未能发展为投诉。

6.1.7　专家库建设和专家管理工作不断完善，采购信息透明度进一步提高

为确保政府采购改革健康快速发展，自 2005 年开始财政部将规范政府采购行为作为工作要点之一，重点对信息公告环节、专家抽取环节进行规范。目前财政部和地方各级财政部门都建立了政府采购专家库，对专家实行集中管理，统一使用。

2005 年在全国政府采购信息网发布的采购信息达 34 610 条，其中中央单位

1 433 条，地方 33 177 条。在专家管理方面，目前各地区财政部门建立了政府采购专家库，对专家实行统一管理，统一使用。财政部也建立了中央单位政府采购评审专家库。2005 年中央单位通过专家库抽取评审专家的项目共 1 807 个，抽取专家 21 377 人次，参加评审活动的共 3 225 人次。

2006 年，我国政府采购信息公告、评审专家管理工作进一步规范。全国信息公告数量为 181 198 条，通过专家库抽取评审专家的项目共 67 893 个，抽取专家 166 793 人次。

2007 年信息公告、评审专家管理工作进一步加强，全国信息公告数量为 197 841 条。2007 年通过专家库抽取评审专家的项目共 81 973 个，抽取专家 248 627 人次。

2008 年全国专家库数量为 1 426 个，专家人数达 189 366 人，通过专家库抽取评审专家的项目共 121 376 个，抽取专家 420 254 人次。2008 年全国信息公告数量为 349 806 条，其中采购需求信息公告数量为 181 415 条，中标、成交结果公告数量为 161 436 条。

2009 年各级财政部门进一步加强对专家的管理，扩大了专家库的库容，优化了专家结构。2009 年全国专家库建成数量达 3 393 个，比上年增长了 1. 4 倍，专家人数为 22 万，比上年增加 3 万多人。河北、浙江等省开展了对专家的培训考核，建立健全了评审专家的工作机制；重庆市实现了专家抽取、通知和名单传递的自动化，提高了专家抽取环节的保密性和公正性。专家库建设和专家管理工作的推进确保了政府采购关键环节的规范运作。此外，2009 年政府采购信息透明度进一步提高，全国共发布采购信息公告 361 232 条，其中采购信息公告 188 673 条，中标、成交结果公告 165 639 条，政策法规公告 5 747 条，处理决定公告 1 173 条。政府采购信息的公开，为社会监督政府采购行为创造了必要条件，促进了公平竞争，预防了腐败行为的发生。

6. 1. 8 政府采购政策功能作用日益显现

特别值得关注的是，我国政府采购政策功能作用日益显现、政府采购政策功能不断拓展。

2006 年，各级政府在政府采购活动中优先采购节能政府采购产品目录中规定的产品，取得了初步成效。2006 年全国节能、节水产品政府采购金额为 672. 5 亿元，占同类产品采购总金额 1 008. 6 亿元的 66. 7%。节能、节水产品中采购规模较大的计算机采购规模为 613. 6 亿元，打印机为 46. 5 亿元，空调机为 10. 59 亿元。

为落实政府采购政策功能，充分发挥政府采购的宏观调控功能和市场导向作用，2007 年继续推行优先采购环境标志产品和强调采购节能产品政策，全国节能、节水产品政府采购金额为 108.2 亿元，其中节能产品采购金额为 107.7 亿元，节能产品采购规模较大的有：计算机为 75.3 亿元、空调机为 18.6 亿元、打印机为 11.4 亿元。另外，政府采购制度的综合效益日益呈现，许多地区对中小学免费教材、农村中小学危房改造、财政补贴农民购置机具等公益性强、关系民生的采购项目也实行了政府采购。

2008 年民生项目投诉比例增大，政府采购政策功能作用日益显现。许多地区将中小学免费教材、农村中小学危房改造、财政补贴农民购置机具等公益性强、关系民生的采购项目也实行了政府采购。2008 年全国中小学免费教材采购金额为 78.1 亿元，农村中小学危房改造采购金额为 20.6 亿元，财政补贴农民购置机具采购金额为 18.1 亿元，共计 116.9① 亿元，占全国采购总规模的 2%。继续推行优先采购环境标志产品和强制采购节能产品政策，全国节能、节水产品政府采购金额为 131.9 亿元，比上年同期增长了 21.9%，占同类产品采购金额的 64%，其中节能产品采购金额为 131.4 亿元，节水产品采购金额为 0.5 亿元。节能、节水产品中采购规模较大的有：计算机 95.7 亿元、空调机 17.5 亿元，打印机 13.5 亿元。全国环保产品采购金额为 171.2 亿元，占同类产品采购总金额的 69%，其中环保产品采购规模较大的有：轻型汽车 62.6 亿元，微型计算机、显示器 60.8 亿元，家具 20.9 亿元。

2009 年政府采购政策功能作用继续显现。首先，加大“三农”投入和民生领域支出。为大力支持农村改革发展，切实保障和改善民生，2009 年涉及“三农”投入和民生的政府采购规模显著增加。例如，中小学免费教材、农村中小学危房改造、财政补贴农民购置机具的采购规模，分别达到 62.5 亿元、13.8 亿元和 53.7 亿元，共计 130 亿元，比上年增长 11.2%。其中，财政补贴农民购置机具采购规模增长幅度较大，比上年增长了 196.7%。其次，强制和优先政府采购节能环保产品。在政府采购活动中，严格执行国家印发的“节能产品政府采购清单”和“环境标志产品政府采购清单”，节能、环保产品政府采购规模分别达到 157.2 亿元和 144.9 亿元，占同类产品的 64.6% 和 73.8%，较上年分别提高了 0.6% 和 4.8%，节能减排政策进一步得到落实。再次，购买国货扶持本国企业。从政府采购合同授予情况看，授予国内企业产品采购额为 7 181 亿元，授予进口产品的采购额为 232.2 亿元，分别占 96.9% 和 3.1%。从政府采购重要品目统计来看，台式计算机、便携式计算机中，国产的联想品牌远远超过其他品

① 因保留小数点后一位，小数点位存在误差。

牌，处于领先地位，台式计算机的采购金额为205.4万台，占台式计算机采购数量的32.5%，采购金额为60.1亿元，为同类产品采购总金额的48.1%；便携式计算机的采购金额为150.3万台，占便携式计算机采购数量的70.4%，占同类产品采购总金额的45.1%，表明本国企业在高新技术领域占有了一定的市场份额。

表6.4对2001—2009年政府采购相关信息进行了归纳和对比。

表6.4　　2001—2009年政府采购相关信息对比表①

（单位：人民币亿元）

年份			2001	2002	2003	2004	2005	2006	2007	2008	2009
采购预算			731.6	1 135.4	1 856.0	2 406.9	3 307.7	4 122.2	5 211.4	6 749.4	8 377.4
实际采购金额	合计	金额	653.2	1 009.6	1 659.4	2 135.7	2 927.6	3 681.6	4 660.9	5 990.9	7 413.2
		比上年同期增长(%)	99.1	54.6	64.4	28.7	37.1	25.8	26.6	28.5	23.7
	占当年财政支出比重(%)		3.5	4.6	6.7	7.5	8.6	9.1	9.4	9.6	9.8
	占当年GDP比重(%)②		0.6	0.8	1.2	1.3	1.6	1.7	1.8	1.9	2.2
	中央单位采购规模	金额	154.5	211.6	262.8	293.0	407.8	470.6	473.5	589.8	620.6
		比重（%）	23.7	21.9	15.8	13.7	13.9	12.8	10.2	9.8	8.4
	地方采购规模	金额	498.7	788.0	1 396.6	1 832.7	2 519.8	3 211.0	4 187.3	5 401.1	6 792.6
		比重（%）	76.3	78.1	84.2	86.3	86.1	87.2	89.8	90.2	91.6
节约资金			78.4	125.8	196.6	271.2	380.1	440.6	574.8	758.6	964.2
节资率（%）			10.7	11.1	10.6	11.3	11.5	10.7	11.0	11.2	11.5
货物类采购		金额	413.0	626.2	897.3	1 048.7	1 408.6	1 647.4	1 973.3	2 559.2	3 010.6
		比重（%）	63.0	62.1	54.4	49.0	48.1	44.7	42.3	42.7	40.6
工程类采购		金额	188.0	306.2	658.3	948.3	1 323.2	1 763.9	2 330.6	2 978.4	3 858.4
		比重（%）	29.0	30.3	39.3	44.0	45.2	47.9	50.0	49.7	52.1
服务类采购		金额	52.0	77.3	103.8	138.4	195.8	270.3	356.9	453.3	544.2
		比重（%）	8.0	7.7	6.3	7.0	6.7	7.3	7.7	7.6	7.3
公开招标		金额	346.2	485.0	949.7	1 271.8	1 916.6	2 489.4	3 269.1	4 289.0	5 576.4
		比重（%）	53.0	48.0	57.2	59.5	65.5	67.6	70.1	71.6	75.2

数据/资料来源：GDP数据来源于《中国统计年鉴2011》；2001—2006年“采购预算”和“金额”栏数据来源于中国政府采购网统计专栏；2007—2009年“采购预算”和“金额”栏数据来源于《中国政府采购年鉴》；其他栏目数据系根据上述相关栏目数据计算而得。

---

① 因保留小数点后一位，比重数据小数点位存在误差。

② 因中国统计年鉴统计口径改变和数据调整，根据《中国统计年鉴2011》计算的该列数据与财政部《全国政府采购信息统计分析》公布的数据存在差异。

6.2 "十一五"时期我国政府采购制度改革的主要成绩及存在的主要问题

《政府采购法》颁布实施以来，特别是"十一五"期间，我国政府采购制度改革取得重大进展，依法管理、依法采购水平迅速提高，政府采购制度改革由初创进入全面发展，实现了新的突破和跨越，政府采购在发挥财政政策功能、规范财政支出行为、提高财政资金使用效益，以及促进国家经济社会发展目标实现等方面取得突出成效，制度的先进性和优越性日益显现。

6.2.1 "十一五"时期我国政府采购制度改革取得的主要成绩

归纳起来，"十一五"时期我国政府采购制度改革取得的成绩主要体现在如下几方面。[①]

第一，政府采购规模持续扩大，经济效益显著提高。"十一五"时期全国政府采购规模持续扩大，实施范围从传统的货物类采购向工程类、服务类采购扩展。货物类采购从通用类货物向专用类延伸，服务类采购从传统的专业服务快速扩展到公共服务、服务外包等新型服务领域，工程类采购逐步纳入政府采购管理范围。政府采购资金构成从财政性资金逐步向单位自筹资金、银行贷款、BOT项目市场融资等方面扩展。与财政支出结构调整相适应，采购活动也逐步涵盖一些公益性强、关系民生的支出项目，成为采购规模不断增长的亮点。

第二，政府采购法制建设取得重大进展，采购活动规范化水平明显提升。目前，我国以《政府采购法》为统领、以部门法规为依托的政府采购法律制度框架基本形成。《政府采购法实施条例》历经多次修改和面向社会公开征求意见，被国务院列为重点立法项目，与《招标投标法实施条例》的衔接工作取得了实质性进展，《政府采购代理机构资格认定办法》修订发布，其他有关配套办法的制定也取得了积极进展。此外，广东省、海南省和深圳经济特区先后颁布了实施《政府采购法》办法和修订的《政府采购法条例》，大多数地方都制定了专项管理办法和具体操作规程，增强了法律法规的可操作性。采购活动也更加公开透明和公平公正，以公开招标为主要采购方式的格局进一步巩固，评审专家管理更趋

① 王保安．立足国内改革和对外开放 推动政府采购工作再上新台阶——在全国 GPA 谈判应对工作及政府采购工作会议上的讲话．[2011－11－7]．http：//www.ccgp.gov.cn/zycg/ldzx/201112/t20111222_1942071.shtml；另参见本书相关章节。

完善，信息公开力度不断加大，电子化政府采购系统建设步伐加快。此外，四川、甘肃、青海、云南等地建立了抗震救灾应急采购机制，规范了紧急采购行为，促进了灾后恢复生产和重建工作。

第三，政府采购政策功能不断拓展，宏观调控能力逐步增强。“十一五”规划明确将政府采购列为宏观调控的重要手段，政府采购政策功能实施取得重大突破，促进节能减排的采购政策更加完善，强制采购节能产品制度基本建立，节能环保清单管理不断优化，有力支持了国内相关产业和行业发展。另外，政府采购政策功能落实与进口产品审核管理相结合，增强了政策功能效果。此外，政府采购在实施信息安全产品认证、保护知识产权及推进正版软件使用等方面也取得了积极成效。

第四，集中采购管理逐步强化，采购工作质量和效率不断提高。中央和各地积极完善集中采购目录管理，纳入目录的采购品目和采购项目不断增加。集中采购机构不断加强自身建设，强化采购效率和服务意识，有效发挥了集中采购的规模优势，主导地位进一步突出。各地积极完善集中采购工作机制，优化业务管理流程，规范化管理迈出新的步伐，在完善协议供货和定点采购的基础上，不断创新采购组织形式，积极贯彻落实厉行节约要求，提高了财政资金使用效益和政府工作效率。

第五，政府采购监管工作得到加强，源头治腐作用有效发挥。各级财政部门密切加强与监察、审计等部门的协作配合，不断创新监管方式，在促进廉政建设方面取得了新成效。目前，全国政府采购管理机构与操作机构分离工作基本完成，“管采分离、机构分设、政事分开、相互制约”的工作机制进一步完善，专项检查工作深入开展，对代理机构的监督管理不断加强，独立的法律救济机制业已形成。

第六，GPA 谈判稳步推进，应对国际化能力不断增强。为了履行入世承诺，2007 年底我国启动了加入 GPA 谈判，我国为加入 GPA 所作的努力得到了 WTO 秘书处和 GPA 参加方的肯定。同时，进行中美战略与经济对话、中欧政府采购对话有关政府采购议题谈判，就美欧关注问题提出了我国立场建议，开展了中美商贸联委会、中美创新对话高官会、中国与有关国家和地区自贸区协定、亚太经济合作组织等双边和多边机制下的政府采购议题的磋商和交流，在上述多项谈判和磋商机制并存的格局下，较好地处理了 GPA 谈判和其他机制下政府采购谈判的关系。

6.2.2　当前我国政府采购制度实施过程中存在的主要问题

欧美国家政府采购制度已有 200 多年历史，而我国有法律作为保障的政府采购制度仅有 9 年多，因此，我们的工作与建立完善的政府采购制度的要求相比还有不小差距，政府采购无论从规模上还是行为的规范上，都尚未达到制度设计的预期目标，政府采购制度改革与发展中还存在一些不可忽视的问题，特别是一些深层次的体制机制性问题进一步凸现，主要表现在如下方面。

第一，与 GPA 参加方相比，我国政府采购规模小、实施范围过窄，目前主要限于货物类和少量服务类采购，不少购买性资金仍游离于政府采购监管之外，采购规模占 GDP 的比重还很低。

第二，制度建设滞后与缺失并存，许多制度不够细化，操作性不强，现行制度与 GPA 规则差异较大，政府采购的法律制度体系亟需完善。

第三，操作执行尚不规范，采购人规避政府采购的现象时有发生，采购需求管理较为薄弱，部分项目采购结果价格高、效率低等问题仍然突出。

第四，政府采购的政策功能体系还不完备，执行机制尚不健全，发挥政府宏观调控作用还有很大的提升空间。

第五，政府采购与部门预算、资产管理以及绩效评价等财政改革尚未有机融合，财政支出管理的综合效应亟待增强。

第六，政府采购组织机构和队伍建设相对滞后，从业人员专业化程度不高，难以适应政府采购制度不断发展的需要。上述问题须引起我们高度重视，在今后工作中积极采取措施加以解决（王保安，2011）。

6.3　“十二五”时期我国政府采购制度改革的主要任务及重点工作[①]

6.3.1　“十二五”时期我国政府采购制度改革的指导思想和主要目标

当前和今后一段时期，深化政府采购制度改革的指导思想是深入贯彻落实科学发展观，围绕“十二五”改革发展目标，积极构建符合国际惯例、具有中国

① 王保安．立足国内改革和对外开放 推动政府采购工作再上新台阶——在全国 GPA 谈判应对工作及政府采购工作会议上的讲话．［2011－11－7］．http：//www.ccgp.gov.cn/zycg/ldzx/201112/t20111222_1942071.shtml；另参见本书相关章节。

特色的政府采购制度，全面加强政府采购科学化精细化管理，大力推进节约型社会和服务型政府建设，充分发挥政府采购在经济社会发展中的职能作用，努力实现政府采购事业全面协调发展。

深化政府采购制度改革的主要目标是结合 GPA 谈判进程，逐步建立涵盖各类预算体系资金、各类政府采购主体（含军事采购、有关国有企业采购）和各类采购对象，符合公共管理要求和 GPA 规则的政府采购管理制度。

6.3.2 “十二五”时期我国政府采购制度改革的主要任务

根据上述指导思想和主要目标，我国深化政府采购制度改革的主要任务体现在以下四个方面：

第一，积极构建配套衔接的政府采购法律法规体系。继续完善以政府采购法为统领、以部门规章为依托的政府采购法律制度体系，并针对政府采购的管理领域和管理链条，完善相关配套制度，细化操作执行规定，做到体系完备、结构合理、配套齐全，使各项采购活动有法可依、有章可循。

第二，积极构建调控有力的政府采购政策体系。围绕推动科学发展与和谐社会建设，科学设计政府采购政策的调控目标、实施办法和配套措施，建立健全政策执行机制，努力将政策功能要求落实到所有货物、工程和服务项目，加强政府采购政策与其他财税政策的协同配合，推动政策功能逐步涵盖到经济、社会、政治、文化等领域，不断增强政府采购促进经济社会发展的宏观调控职能。

第三，积极构建分工制衡的政府采购监管体系。进一步巩固“管采分离”体制，建立健全以财政部门全流程监管为主导、以审计部门审计监督和监察部门党风政风纪律监督为支撑的监管机制，构建程序严密、方法科学、过程透明、监管有效的运行机制，完善有利于反腐倡廉和实现政府采购职能的全过程、全方位监管体系。

第四，积极构建规范完善的政府采购基础工作体系。全面落实科学化精细化管理要求，加强政府采购信息化建设，推动政府采购与部门预算、国库集中支付、资产管理的衔接，加强采购流程和采购文件标准化建设，建立从业人员职业资格管理制度，健全供应商诚信体系，以制度规范评审专家行为。加强代理机构资质管理和内控机制建设，完善信息统计制度，保障和促进政府采购制度改革与发展。

6.3.3 深化我国政府采购制度改革须妥善处理的关系

目前，我国已进入政府采购制度改革的深化期和政策的拓展期，同时也进入了GPA谈判的敏感期和摩擦的多发期，推进政府采购制度改革发展的任务艰巨而繁重。为做好政府采购工作，须妥善处理好五个关系，即国内改革与对外开放的关系、政府采购与财政整体改革的关系、数量规模与质量效益的关系、节约财政资金与落实采购政策的关系、集中采购与分散采购的关系。

6.3.4 深化我国政府采购制度改革的重点工作

当前和今后一段时期政府采购制度改革须重点推进的几项工作如下：

第一，以推进服务项目采购和完善工程管理制度为重点，着力扩大政府采购管理范围，努力提高政府采购规模占国内生产总值的比重。继续推动货物类采购规模稳步增长，逐步将高技术服务、商务服务、社会工作服务等专业服务、公共服务项目以及采用非招标方式的工程项目纳入政府采购管理范围，将适用招标投标法的工程采购项目纳入政府采购执行统计、政策功能和信息发布监管范围。此外，按照应采尽采的原则，将财政预算覆盖范围内的各类资金采购货物、工程和服务项目纳入政府采购管理范围。积极开展保障性安居工程、水利设施建设、强农惠农项目、公共文化服务项目等民生项目的政府采购工作，更好地服务经济社会发展大局。

第二，以填补空白和完善细则为重点，着力加强政府采购法律法规体系建设。重点做好填补空白和完善细则工作，解决目前法律规定上存在的不协调、不明确、不细化问题，提升可操作性。在法律层面，力推《政府采购法实施条例》尽快出台，有效解决政府采购工程项目的法律适用问题；在配套规章层面，重点完善操作执行的规章制度，规范供应商、评审专家、代理机构等管理，解决制度缺失问题；在操作执行层面，按照纵向到底、横向到边的要求，制定完善政府采购预算执行管理、政府采购政策和执行监管、从业人员职业资格、采购流程标准化规范、行业自律、社会监督等方面的制度办法，解决制度规定不严格、操作性差等问题。

第三，以规范行为和提高效率为重点，着力推动政府采购操作执行标准化管理。进一步巩固和完善“管采分离”体制，落实政府采购各方当事人的职责。加大政府采购标准化建设力度，促进政府采购操作执行与管理监督各环节既紧密衔接又相互制衡。进一步加强集中采购管理，积极探索改进政府集中采购目录制定方式，强化目录的执行效果。大力推行批量采购，完善协议供货管理制度，建立集中采购机构激励约束和风险防控机制，鼓励和发展电子询价、电子订购、电子反拍等电子化政府采购手段，尽快解决社会反映强烈的一些价格高、效率低等问题。

第四，以加强预算执行管理和监督检查为重点，着力推动政府采购监管方式创新。构建分工制衡的政府采购监管体系，不断完善工作机制，推动监管方式创新。加强政府采购预算执行管理，进一步完善财政、审计、监察部门协作配合的监管机制。建立健全监督与处罚并重的政府采购动态监控体系，把供应商、评审专家和社会代理机构纳入监管范围，促进政府采购诚信体系建设。

第五，以完善政策体系和执行机制为重点，着力发挥政府采购政策功能。学习借鉴国际经验，加快构建功能完备的政府采购的政策体系，更好地服务经济社会发展。进一步完善促进节能减排的政府采购政策，加大绿色采购力度，提高节能节水产品和再生利用产品比重。完善政府采购强化信息安全的政策措施，建立采购信息安全产品的审查机制。推动政府采购支持中小企业发展办法尽快出台，加快制定本国产品的认定办法，研究制定支持少数民族地区发展、保护弱势群体等方面的政策措施。同时，研究完善政府采购政策功能的实施办法和实现方式，采取预留采购份额、强化供应商资格审查、实行评审优惠、附加合同约束、采用不同采购方式等手段，统筹协调各项政策目标。加强对采购人的审计监督，强化政策执行监督检查，建立完善的绩效评价机制，努力提高政策执行效果。

第六，以建设全国管理交易系统和改造中国政府采购网为重点，着力推进政府采购信息化建设。按照“统一规划、统一标准、分级建设”的要求，加快建设全国管理交易一体化系统。各地区须按照统一的技术标准和流程规范，加快建设和改造地方系统，做好与现有各种系统的整合衔接，努力形成政府采购业务流程规范化、文本格式化、数据交换标准化的有机整体，实现政府采购业务全流程电子化操作。同时，大力推动中国政府采购网的改造工作，逐步将中国政府采购网建设成为全国最具影响力和权威性的政府采购信息网络发布媒体。

第七，以推动政府采购有序开放和提高企业国际竞争力为重点，着力构建我国政府采购市场开放新格局。按照我国坚持实施互利共赢开放战略的原则，积极稳妥地开展政府采购市场开放谈判。将加入 GPA 谈判放在突出位置，统筹安排多边谈判与双边谈判，统筹考虑对外谈判和国内准备工作，统筹开展出价与法律调整研究，积极推进谈判进程。与此同时，要不断完善国内政府采购制度，着力发挥政府采购在扩大内需、促进产业升级、支持国内企业发展等方面的积极作用，提高企业国际竞争力，为今后国内企业参与国际政府采购合作和竞争创造条件。

第八，以建立职业资格管理制度和培训长效机制为重点，着力建设专业化的政府采购从业人员队伍。加快建立全国统一的职业资格管理制度，逐步做到政府采购执行人员持证上岗。建立和完善培训及考核制度，推动政府采购从业人员职业化进程。加强对市、县等基层人员的培训，夯实政府采购制度发展的基础。加快研究全国性政府采购行业管理方式，积极推动政府采购行业协会建设，建立行业自律机制，推动制定从业人员行为规范和行为准则，完善采购代理机构内部控制机制。

第7章 我国加入 GPA 的进程

全球经济一体化和国际贸易自由化已经成为历史发展的潮流，政府采购市场也正在由封闭逐步走向开放。在全球化深入发展的条件下，开放我国政府采购市场是我国深化改革开放的必然选择，也是应对政府采购国际化趋势、共享全球发展机遇的需要。早在1996年，我国政府向 APEC 提交的单边行动计划书中，就明确了我国最迟于2020年与 APEC 成员对等开放政府采购市场。2001年，我国在入世提交的《中国加入工作组报告书》中就尽快加入 GPA 作出承诺。为履行承诺，十年来我国政府一直在做积极不懈的努力。

7.1 我国有关加入 GPA 的承诺

如前所述，[①] 由于 GPA 是诸边协定，它不属于一揽子协定范畴，申请加入 WTO 的国家或者地区可以自由选择是否加入该协定。虽然从表面上看，GPA 对我国入世是非约束性的，我国可以自主决定是否加入 GPA，但实际上，我国却面临着巨大的国际压力。GPA 各成员认为该协定是国际贸易自由化过程中非常重要的一项措施，因而迫切希望扩大政府采购市场范围，加之受中国潜力巨大的政府采购市场的吸引，因此在当初我国入世谈判过程中，我国是否签署 GPA 就成为有关国家所关心的重要问题。GPA 一些主要签署国曾要求我国将入世与加入 GPA 进行捆绑式谈判，即将我国签署 GPA 作为支持我国入世的一个重要条件。美国曾将我国加入 GPA 列为重点谈判问题。欧盟甚至为了鼓励我国加入 GPA 而提出，我国可以先加入 GPA，先享受协定的权利后承担义务，即我国的供应商可以先进入其他成员的政府采购市场获取采购合同，到一定时间以后，再让其他成员的供应商进入我国政府采购市场。

---

① 详见第4章。

在2001年的入世谈判中，我国政府代表就加入GPA问题做了两方面[①]正式承诺：第一是关于中国加入的原则立场的规定，“中国有意成为GPA的参加方(China intended to become a Party to the GPA)，在此之前，中央和地方各级政府所有政府实体，以及专门从事商业活动以外的公共实体，将以透明的方式从事其采购，并按照最惠国待遇的原则，向所有外国供应商提供参与采购的平等机会。即：如一项采购向外国供应商开放，则将向所有外国供应商提供参加该项采购的平等机会（例如，通过招标程序）。”[②] 第二是关于开始谈判时间和方式的规定，“中国将自加入WTO之日起成为《政府采购协定》的观察员，并将尽快通过提交附录一出价，开始加入该协定的谈判。”[③]

7.2 我国承诺加入GPA的背景和原因

我国承诺加入GPA有其理论基础和特定的时代背景，究其原因，主要有如下几方面。

7.2.1 贸易自由化理论为政府采购市场由封闭走向开放提供了理论基础

贸易自由化理论起源于亚当·斯密的《国民财富的性质与原因的研究》(1776，简称《国富论》)，亚当·斯密在该书中提出“绝对优势”理论，他解释了国际分工产生的原因、方式以及效果，主张各国应参与国际分工并生产和输出自己具有绝对优势的产品，使各国都享受到自由贸易所带来的利益。但是，绝对优势理论却不能解释当一国生产的所有产品都具有绝对优势时，是否还可以在国际分工中获得利益，而当时的英国恰恰就是几乎在所有产品的生产上都具有绝对优势。这一问题后来在大卫·李嘉图的《政治经济学及赋税原理》(1817）一书中提出的“比较利益”理论得以解释，大卫·李嘉图认为，各国应集中生产优势较大或劣势较小的商品，通过国与国之间的贸易，最终使各国都获得比发生贸易前更大的利益。此后，许多经济学家对“比较优势”理论进行了补充，如：要素禀赋论、偏好差异学说、规模经济理论、技术创新理论。但整个国际贸易自

---

① 也有学者将我国入世时在加入GPA问题所做的承诺归纳为三方面，即将“中国将本着透明和最惠国待遇原则进行政府采购”单独作为一个方面的承诺。见刘慧．世界贸易组织《政府采购协定》导论．北京：中国社会科学出版社，2003：17.

② 详见《中国加入工作组报告》第339段。

③ 详见《中国加入工作组报告》第341段。

由化理论是以“比较优势”理论为基石。

政府采购市场由封闭走向开放，就是贸易自由化在世界政府采购领域的进一步发展。全球经济一体化和贸易自由化是世界经济发展的必然趋势，歧视性政府采购不仅扭曲了整个国际贸易额，而且不能发挥各国的比较优势。随着世界贸易自由化格局的形成和发展，政府采购制度已渐渐延伸到国际贸易领域，歧视性政府采购行为必然要被打破，政府采购市场必将像其他市场一样成为贸易自由化的一部分。各国通过相互之间开放政府采购市场，使各国供应商在国际政府采购市场中平等地竞争，使各国政府能采购到世界上最便宜的商品，从而使各国政府采购资金的使用效率得以提高。

由于政府采购市场占着世界贸易的一大块比例，据估计国际政府采购总额每年都达数千亿美元，占世界贸易总额的比重超过 10% 。[①] 在全球经济一体化和贸易自由化的进程中，任何一个国家如果在政府采购问题上继续坚持封闭和保护的政策，都将受到来自国际组织和外国政府的越来越大的压力，而且各国普遍奉行的歧视性购买政策也将受到更多的限制。这是因为政府采购支出的相当一部分是来自国际金融组织的资助，这种资金的比重在高收入国家中只占 6% ，在中等收入国家中占到 16% ，而在低收入国家中会占到 18% 。[②] 这种资助要求采购必须按照国际上规范方式向各国的供应商进行平等的开放，并进行公平竞争。

7.2.2　GPA 成员对我国政府采购市场前景充满了期待

我国作出加入 GPA 的承诺还有一个重要原因。当初在我国入世谈判过程中，国际社会迫切希望我国尽早加入 GPA，一些主要成员还将我国承诺加入 GPA 作为支持我国入世的重要条件。GPA 成员之所以希望我国尽快加入 GPA，表面上看是各成员认为 GPA 是国际贸易自由化过程中非常重要的措施，因而迫切希望扩大政府采购市场范围，通过最大的发展中国家的中国的带头作用，来带动更多的发展中国家和地区参与进来，其实最本质的原因还是对我国数额巨大且前景广阔的政府采购市场充满了期待。

如表 7.1 所示，我国政府采购规模增长迅速，2010 年政府采购规模是扩大实施政府采购改革试点工作的 1998 年的 200 多倍，[③] 政府采购规模占 GDP 和财

---

① 徐焕东．开放政府采购市场，你准备好了吗？中国政府采购，2006（4）；佚名．应对《政府采购协定》谈判 积极参与国际市场．[2007－4－5]．http：//www.ccgp.gov.cn.

② 张栋天．如何应对国际政府采购大市场．[2007－4－5]．http：//www.ccgp.gov.cn.

③ 这还不包括军队采购，也不包括各单位的分散采购，工程采购等还没列入政府采购范围。

政支出的比重分别从1998年的0.04%和0.29%，增加到2010年的2.10%和9.37%，分别增长了50多倍和30多倍。如果按照一国政府采购占该国当年财政支出的比重通常为30%左右、占GDP的比重通常为10%～15%的国际水平衡量，[①] 我国政府采购规模还有很大的发展空间。如果我国加入GPA和开放政府采购市场，将使我国由2001年入世时只开放了普通商业消费市场，变成我国采购市场全面对外开放。现在尚无法准确预计我国政府采购市场开放的程度，但如果按照《中国统计年鉴2011》公布的2010年GDP数据，以政府采购市场达到GDP的10%～15%计算，我国政府采购规模应达到40 120.2亿元人民币至60 180.31亿元人民币，即使按照非常保守的20%的比例对外开放的话，[②] 我国政府采购市场对外开放的规模就可以超过我国2009年全国政府采购的总规模。如果2020年实现人均GDP翻两番的目标，我国政府采购金额可能会突破10万亿元，加上近年来我国经济的快速发展，三峡工程、奥运工程、世博园等等动辄数千亿元的政府采购项目，及这些工程背后拉动的更大规模的城市建设，而且十多年来我国经济发展在不小程度上靠政府部门的公共投资和资金支持，如此广阔的政府采购市场，对那些市场趋于饱和、经济增长率放缓且产品和技术具有竞争力的发达国家来讲，有着巨大吸引力。

表7.1　1998—2010年我国政府采购规模及其占GDP和财政支出比重

（单位：人民币亿元）

	GDP	政府财政支出	政府采购规模	政府采购规模占GDP比重③（%）	政府采购规模占政府财政支出比重（%）
1998	84 402.30	10 798.18	31.00	0.04	0.29
1999	89 677.10	13 187.67	131.00	0.15	0.99
2000	99 214.60	15 886.50	328.00	0.33	2.06
2001	109 655.20	18 902.58	653.20	0.60	3.46

① 马海涛．政府采购政策功能探析．中国政府采购，2006（1）；于安．加入《政府采购协定》对我国国内制度的影响．法学，2005（6）．现在也有学者将政府采购占GDP比重的国际通常标准统计为10%～20%，参见马海涛，姜爱华．我国政府采购制度研究．北京：北京大学出版社，2007：175.

② 以20%为底线计算我国政府采购市场开放程度是因为，国际金融机构资助中低收入国家的资金占该国政府采购支出的比重约为16%～18%，也有学者预测，这一比例可达50%。于安．加入《政府采购协定》对我国国内制度的影响．法学，2005（6）．

③ 因中国统计年鉴统计口径改变和数据调整，根据《中国统计年鉴2011》计算的该列数据与财政部2006年前（含）《全国政府采购信息统计分析》公布的数据存在差异。

续表

	GDP	政府财政支出	政府采购规模	政府采购规模占 GDP 比重（%）	政府采购规模占政府财政支出比重（%）
2002	120 332.70	22 053.15	1 009.60	0.84	4.58
2003	135 822.80	24 649.95	1 659.40	1.22	6.73
2004	159 878.30	28 486.89	2 135.70	1.34	7.50①
2005	184 937.40	33 930.28	2 927.60	1.58	8.63
2006	216 314.40	40 422.73	3 681.60	1.70	9.11
2007	265 810.30	49 781.35	4 660.90	1.75	9.36
2008	314 045.40	62 592.66	5 990.90	1.91	9.57
2009	340 902.80	76 299.93	7 413.20	2.17	9.72
2010	401 202.00	89 874.16	8 422.00	2.10	9.37

数据/资料来源：GDP 栏数据来源于《中国统计年鉴 2011》。1998—2006 年“实际政府采购规模”栏数据来源于中国政府采购网统计专栏；2007—2009 年“实际政府采购规模”栏数据来源于《中国政府采购年鉴 2010》；2010 年“实际政府采购规模”栏数据来源于：王保安．立足国内改革和对外开放　推动政府采购工作再上新台阶——在全国 GPA 谈判应对工作及政府采购工作会议上的讲话．[2011 - 11 - 7]. http：//gks. mof. gov. cn/redianzhuanti/zhengfucaigouguanli/201007/t20100721_ 329079. htm；“比重”栏数据系根据上述相关栏目数据计算而得。

7.2.3　加入 GPA 符合我国自身利益

加入 GPA、开放政府采购市场是我国应对政府采购国际化趋势、共享全球发展机遇的需要，符合我国自身利益。

首先，虽然我国目前尚未加入 GPA，但事实上部分政府采购市场已经开放。我国正处在市场经济初期，政府的大量经济行为都涉及政府采购。目前我国货物出口总额位居世界第一，货物进口总额位居世界第二，贸易大国地位进一步确立。② 与此同时，我国国际竞争力在不断提高，世界经济论坛 2011 年 9 月 4 日公

① 财政部 2004 年《全国政府采购信息统计分析》公布的该数据为 8%。

② 参见《中国统计年鉴 2011》。

布的《2011—2012 年全球竞争力报告》显示，中国继续“领跑”金砖五国，[①]在评估的 142 个经济体中，我国由 2010 年 139 个评估经济体中的第 27 位上升为 2011 年的第 26 位。[②] 此外，我国对外贸易依存度也已达到非常高的世界水平。[③]由于国际金融组织贷款的采购必须按照国际规则，实行国际竞争招标，因此我国对利用世界银行、亚洲开发银行、国际货币基金组织、日本海外协力基金等国际金融组织或外国政府贷款的政府采购项目，按贷款方要求实行了全面规范的国际性招标投标；在国内工程建设、进口机电设备、机械成套设备、科研课题、出口商品配额等政府采购领域也都开展了国内或国际性招标投标。此外，我国已在银行、保险、邮电、通讯、海运、空运、公路运输、法律、会计、医疗，建筑、旅游、广告、教育、房地产、商业零售等专业服务领域实行有限制的对外开放，政府拨款的公共设施建设中所需要的一部分先进设备也是从国际市场上采购的。据统计，我国政府采购市场的实际开放度大约为 15%，但外国供应商已经基本垄断了我国的电梯、照明灯具、彩色胶卷、橡胶、轿车、洗涤用品、碳酸饮料和一部分家用电器行业。

截止到 2003 年，国际金融组织向我国贷款总额一直超过同期我国实际政府

---

① 在金融危机期间，尽管全球经济陷入低谷，但是新兴经济体复苏较快，这是世界经济一个重要的格局变化，历史上第一次出现了由金砖五国等新兴经济体成为世界经济增长主引擎的局面。张璐晶．《2011—2012 年全球竞争力报告》发布．[2011 - 9 - 14]．http://finance.qq.com/a/20110914/000212_1.htm.

② 自 2005 年以来，我国在世界经济论坛《全球竞争力报告》（以下简称《报告》）中的排名逐年上升。2011 年公布的《报告》给予我国宏观经济环境很高评价，在所有 142 个经济体中排名第 10 位。《报告》指出，中国是世界上负债最少的国家之一，拥有很高的储蓄率和温和的财政赤字，这些因素与良好的经济前景一起，使中国的主权债务质量的改善远远好于其他的金砖国家。此外，中国的健康与初等教育、商业成熟性和创新等指标也排名靠前。相对而言，中国在金融市场发展和技术就绪度方面的表现不尽如人意，排名靠后，也拉低了中国的整体竞争力排名。报告指出，中国仍处在效率趋动型发展阶段，而美国等一些发达国家已处在创新型发展阶段。参见陈梦阳，李克瑶．世界经济论坛发布《2011—2012 年全球竞争力报告》．[2011 - 9 - 7]．http://www.chinanews.com/cj/2011/09-07/3313819.shtml.

③ 笔者从海关总署获悉，2011 年我国进出口外贸依存度为 50.1%。其中出口依存度为 26.1%，进口依存度为 24%，这说明，外贸在我国经济活动中的地位举足轻重，同时从近年来外贸依存度回落态势来看，我国经济增长正由外需拉动向内需驱动转变。海关总署．我国外贸依存度平稳回落．[2012 - 2 - 15]．http://www.customs.gov.cn/publish/portal0/tab1/info355507.htm。对外贸易依存度（Foreign-trade Dependence，FTD）又称对外贸易系数，它是衡量一个国家国民经济对进出口贸易依赖程度的一个指标，一般以该国在一定时期内进出口贸易值占该国同期国民生产总值（或国内生产总值）的比重表示，即对外贸易依存度 = 对外贸易额/国民（内）生产总值，该比重越大，说明该国的对外贸易依存度越大，反之则小。改革开放以来，我国国民经济快速发展，GDP 年均增长 9% 以上，与此同时，对外贸易更是大幅增长。我国 30 多年的经济与贸易双双快速增长表明，对外贸易已成为我国经济增长的重要原因，我国经济发展已高度依赖对外贸易的发展。

采购金额。从 1999 年开始，随着我国政府采购规模逐年扩大，虽然国际金融组织向我国贷款总额与我国实际政府采购金额之比逐年缩小，但从 2003 年开始，我国每年因吸纳国际金融组织贷款而实行国际招标的金额均超过了同年的实际政府采购规模，上述数据说明了我国市场的开放规模和程度。

因此，尽管我国尚未签署 GPA 和正式开放政府采购市场，但事实上早已在一定程度上有所开放。与其不加入 GPA 而由国外供应商在我国单方获取利益，不如加入 GPA，由此我国供应商也可参与谈判方政府采购市场的竞争。

此外，主要 GPA 成员对我国施压敦促我国尽早加入 GPA，为我国争取市场经济地位提供了一个良好的机会。到目前为止，许多国家尚未承认我国市场经济地位，我国可利用 GPA 的诸边性质和互惠对等原则与 GPA 成员进行谈判，以政府采购市场的适度开放交换市场经济地位、获取我国所需要的利益。

7.2.4　开放政府采购市场是我国改革开放总体战略的一项具体措施

2005 年 10 月 11 日，中国共产党第十六届中央委员会第五次全体会议通过的《中共中央关于制定国民经济和社会发展第十一个五年规划的建议》指出，“继续深化部门预算、国库集中收付、政府采购和收支两条线管理制度改革。”2006 年 2 月 7 日，国务院《国家中长期科学和技术发展规划纲要（2006—2020 年）》若干配套政策的通知也将政府采购单独列出。这极大地提高了政府采购在国家经济社会发展中的地位，为政府采购事业的发展提供了前所未有的历史机遇。2007 年 10 月 15 日，胡锦涛在中国共产党第十七次全国代表大会上的报告指出，要“完善内外联动、互利共赢、高效安全的开放型经济体系”。由此可见，开放政府采购市场正是我国改革开放总体战略的一项具体措施，是我国深化改革开放的必然选择。

7.3　我国履行加入 GPA 承诺的进展

自 2001 年我国在入世谈判中就尽快加入 GPA 作出承诺，为履行承诺我国政府一直在做积极不懈的努力。一是我国于 2002 年 2 月已申请成为 GPA 观察员，并以观察员的身份参与 WTO 的相关活动。作为 GPA 的观察员，我国派出代表团列席 WTO 政府采购委员会每年定期和不定期召开的工作例会和非正式会议，旁听会议内容，在会议正式议程进行完毕之后发表自己的意见和见解，接受政府采购委员会以及政府采购透明化工作小组的质询。二是建立和完善我们的政府采购体制。2003 年 1 月 1 日，我国实施了《政府采购法》，此后又制订了一系列配套实施办法，目前我们已经初步形成了政府采购制度的框架体系。三是加强了政府采购透明度建设，制定了政府采购信息公告管理办法。此外，我们还积极开展与包括欧盟在内的GPA缔约方的交流，并成立了研究组对GPA进行研究。上述的这些努力得到了WTO成员的肯定。

但在2006年5月以前，我国一直未能迈出启动谈判的关键性步伐。究其原因，主要是因为作为最大的发展中国家，我国既有广阔的政府采购市场，同时又面临着很多现实困难。一是GPA目前的缔约方主要是发达国家和地区，这些国家和地区的政府采购制度已运行了200多年，而我国建立政府采购制度的时间只有9年多，[①] 还面临着诸如政府采购体制不完善、政府采购法制尚不健全、从事政府采购的专业人员缺乏等许多现实困难；二是政府采购的管理体制比较复杂，一些部门的职能存在交叉重叠的问题，部门之间协调困难；三是我国企业的整体竞争力还比较低，企业管理水平不高，缺乏国际竞争经验；四是对GPA和发达成员的政府采购实践以及GPA对国内制度的影响了解得不全面、不透彻等。

即使是在上述种种困难情况下，我国还是主动承担了与我国发展水平和能力相适应的国际责任，于2007年12月28日正式启动了加入GPA谈判程序，向WTO秘书处递交了加入GPA初步出价清单，并与GPA成员展开了加入谈判，这充分说明作为一个负责任的国家，我国建立开放的政府采购市场的决心和为国际间政府采购作出最大努力和贡献的诚意。

但GPA成员却普遍认为，我国出价过于保守，并希望我国对初步出价清单做出实质性改进。2008年，我国与主要GPA成员进行了两轮谈判，但都无果而终。2010年4月26日，中国美国商会发布了2010年《美国企业在中国》白皮书（以下简称《白皮书》），其中有关政府采购部分在对我国开展加入《政府采购协定》工作加以肯定的同时，对我国GPA出价清单表示了不满。综合美国和欧盟等GPA成员的观点，对我国加入GPA谈判，争议的焦点主要体现在：将中央政府实体（及其下级实体）范围扩大到《招标投标法》的适用实体；全面囊括各级地方政府采购实体，以达到美国和欧盟GPA市场准入覆盖范围的质量水平；列出政府采购中参与采购的所有其他实体，如国有企业或国家投资企业；降低出价清单各附件门槛，使之与现有GPA成员的门槛大体相当；修改例外清单与宽限期，使之与其他GPA成员的市场准入规定相当；废止现行的在政府采购

① 9年多是以我国政府采购制度基本确立的标志，即2002年6月29日我国《政府采购法》颁布的时间为起点计算得出的。

中优先购买国货或自主创新产品的政策。

虽然何时加入 GPA 取决于 GPA 各方谈判进程，我国加入 GPA 日期尚不确定，但我国一直在以建设性的态度参与谈判（王保安，2011）。2010 年 7 月，我国政府向 WTO 提交了修改的出价清单，美欧等 GPA 成员对我国该份清单中的地方政府、准入门槛和国有企业等出价仍表示不满。

2011 年 11 月 30 日，我国政府所承诺的第三批 GPA 出价清单提交至 WTO。新清单最显著的变化是北京市、上海市、天津市、江苏省和浙江省 5 个次中央级政府的 171 个实体首次被纳入其中，清单的另一改进是建筑业的准入门槛有所降低，但国有企业仍被排除在外。美欧在肯定我国新清单的同时，仍认为新清单中存在准入门槛过高、未包含国有企业和例外范围非常广泛等问题。我国驻 WTO 代表团认为，虽然新清单提出的次中央机构仅有 5 个，但含金量颇高，因为其采购总量占了地方采购总量的 30%；同时我国一些欠发达地区仍然对 WTO 的政府采购协议规则缺乏了解，这也是这些地区难以纳入清单的原因。另外，虽然准入门槛高于其他成员，但我国各地基础设施建设的需求和规模远远超过现有 GPA 成员，因此在市场准入金额和数量上与发达国家仍有对等空间。至于清单中未纳入国有企业，是因为国有企业并不适用于我国政府采购法，国有企业加入 GPA 存在法律障碍，而且国有企业采购是商业行为。[①]

7.4　我国 GPA 出价清单既不违背 GPA 规则和实践，又符合我国发展中国家的国情

第一，作为诸边协定，GPA 遵循互惠对等的原则，缔约方可根据各自具体情况谈判加入的具体承诺条件，按照对等原则开放政府采购市场，不同的谈判可以确定不同成员各自的政府采购待遇原则，且谈判结果仅在签字成员间发生效力。GPA 允许缔约方协商以排除非歧视原则的适用，在非歧视原则框架内，可以根据本国或本地区经济发展水平，并兼顾政府采购的社会性目标和经济性目标，自主地决定确立对相关缔约方开放政府采购市场的范围和程度，有选择地决定具有比较优势的产业领域。缔约方可通过谈判确定 GPA 适用的例外（例如，中央采购实体、次中央实体和其他实体的数量），并可注明例外的特定部门（例如国防、内务、能源、外交、农业、教育、宗教等部门），例外的

---

① 袁雪．中国 GPA 最新清单出炉：京津沪苏浙首次列入．21 世纪经济报道，2011 - 12 - 15. 另参见第 9 章 9.2.1 和第 12 章 12.2。

项目既可以是货物采购，也可以是服务、建筑服务采购。而且从 GPA 实践来看，无论发达国家成员还是发展中国家成员的政府采购市场开放都是渐进有序进行的。

第二，根据 GPA“发展中国家”条款的规定，发展中国家成员可以享有根据本国经济、财政、贸易情形决定非歧视适用例外的待遇，此类条款可作为具体条件，为发展中国家加入 GPA 的谈判提供了广泛的准入保护空间。因此，我国在加入 GPA 谈判时，完全可以根据发展中国家自身发展状况，依据该条款要求发达国家肯定我国所承诺的特殊适用范围和幅度，就贸易实体、产品、服务清单进行谈判，确立符合我国自身利益的政府采购结构。

第三，发达国家和地区的政府采购制度已运行了 200 多年，而作为发展中国家的我国，如果从 1996 年试点为起点计算，政府采购刚刚走过 15 年；如果以我国《政府采购法》颁布时间起算，我国政府采购制度的建立时间仅仅 9 年多。因此还面临着政府采购体制、市场竞争环境体系不完善、法律制度与 GPA 的衔接等诸多困难和问题，而且对 GPA 及其发达成员的政府采购实践以及 GPA 对国内制度的影响了解得也不全面、不透彻。

第四，我国地域辽阔，经济发展不平衡，东部、中部和西部经济和社会发展水平差距很大，不同地区财政收入相差悬殊。尽管部分沿海地区经济较发达，但绝大部分地区经济发展比较落后。加之我国地方政府机构众多，各地区人文、历史、地理状况不同，在全国范围内实施一致的政府采购制度将面临很大挑战。

第五，我国正处在经济转型期，原有政府采购市场也面临调整，加之我国企业整体竞争力还较低，缺乏国际竞争经验，因此如果按照与 GPA 成员相当的市场准入规定开放政府采购市场，不仅我国民族产业受到冲击，对政府、中介组织的监督、管理和服务能力以及企业投标竞标能力也提出了更高要求。而 GPA 成员中，除少数经济体外，大多数成员产业结构齐全，本土企业竞争能力强，故而我国企业很难在发达国家政府采购市场获取对等的经济利益。

上述因素决定了我国 GPA 出价清单的实体涵盖范围、门槛价、协定例外以及过渡期等承诺必然不同于其他国家，更不可能与市场化程度和经济发展水平远高于我国的发达国家市场准入条件相当。因此，欧美要求我国按照与 GPA 成员相当的市场准入规定开放政府采购市场的做法是不合理、没有依据的，但出价清单是否修改及修改的程度如何，还要最终取决于我国与 GPA 成员的谈判结果。

在加入 GPA 谈判中，我国应本着尊重主权、考虑国情差异原则，充分运用 GPA 例外条款和对发展中国家给予特别考虑条款，在借鉴国外政府采购市场开放的成功经验基础上，根据我国经济发展水平与各行业的发展状况，渐进、有序地开放我国政府采购市场，并尽快确定既不违背 GPA 基本原则又能保护和促进我国经济发展，同时又能被谈判对方接受的政府采购市场开放的良策。[①]

① 详见第 4 章、第 9 章和第 12 章。

第 8 章

开放政府采购市场对我国的影响

政府采购市场是一个比较特殊的消费市场，它的封闭是暂时的，开放是必然趋势。开放政府采购市场具有两面性，加入 GPA 可以享受他国开放市场的好处，同时也要承担开放本国市场的义务和责任，对像我们这样政府采购制度建立时间不长的发展中国家而言，可以说是机遇和挑战并存。加入 GPA “使中国市场对外开放完整化”。[①] 在短期内，我们不得不承认，国内企业还是会受到不小的冲击（马海涛，2001、2007；陈军华，2002；曹富国，2007；徐焕东，2007），而且，随着 GPA 的签署，与 GPA 相冲突的国内相关立法的适用范围因此将受到限制（任际，2002；于安，2005；曹富国，2007）。但“从长远发展来说，加入 GPA 对中国还是有利的，特别是对政府管理的开放、透明和防止腐败都有利。”[②] 因此，我们应以辩证和战略眼光来看待我国加入 GPA。

8.1 我国加入 GPA 和开放政府采购市场的现实意义

“我国目前需要有一个更开放的国际环境来促进国内经济的发展，这是中国的经验所在。中国加入世贸组织 GPA 是出于中国自己的利益，不是给别人看的。”[③] 从长远发展的角度看，加入 GPA、逐步开放我国政府采购市场，对我国政府采购市场的发育、采购主体的成熟、有关采购法规制度的健全，特别是对政府管理的开放、透明和防止腐败都有着积极的促进作用。加入 GPA 会在很多方面给我国带来积极效应，具体体现在以下几方面。

---

① 于安．加入《政府采购协定》对我国国内制度的影响．法学，2005（6）。

② 摘自刘慧接受《中国经济周刊》记者王红茹访谈时的讲话。王红茹．国货不敌洋货　政府采购应否眷顾国货？．中国经济周刊，2006（20）．

③ 摘自于安接受《中国经济周刊》记者王红茹访谈时的讲话。王红茹．国货不敌洋货　政府采购应否眷顾国货？．中国经济周刊，2006（20）．

8.1.1 有助于我国公共市场体系的建立和规范，促进政府廉政建设

加入 GPA 意味着我国的政府采购市场要按照 GPA 所要求的非歧视、透明化等原则来规范，这将有助于我国公开、公平、公正的公共市场体系的建立，使我国政府采购市场得到迅速发育和规范，市场经济体系更加健全，经济发展将呈现明显的开放性、互融性和法治性，[①] “社会主义市场经济最终将发展成为完全意义上的市场经济，”[②] 从根本上提高我国经济运行的质量。同时，政府采购市场的开放将促使我国政府采购法律更加完备，采购操作机制更加健全，并有助于防止公共采购市场腐败，促进政府廉政建设。

8.1.2 有助于提高我国行政管理效率和公共服务质量，合理利用国家财政资源

一方面，开放政府采购市场可以使国内采购人在很大程度上摆脱购买国货规则的限制，有权更为便利地获得更优质的包括外国产品和外国供应商提供的服务和工程，从而提高行政管理效率和公共服务与设施质量。另一方面，由于政府采购市场开放会引发国际供应商间的竞争，通过竞争可以提高我国技术引进的档次，从而提高政府采购的效率，合理利用国家财政资源。此外，开放政府采购市场还可以强化国内竞争环境，通过为企业提供均等的商业机会，促使企业提高效率，为企业发展提供良好的市场环境。

8.1.3 有助于开拓国际政府采购市场，为我国具有实力的企业进入国际政府采购市场创造条件

政府采购市场占着世界贸易的一大块比例，[③] 但政府采购市场的开放是对等的，要想进入其他国家的政府采购市场，必须以开放本国政府采购市场为前提。例如，以全球最大的政府采购市场美国为例，美国联邦政府每年采购总额高达 2 000 亿美元以上（国研，2007），但美国政府采购实行互惠对等的原则，而且是只有在其他国家允许美国企业参加其政府采购时才实施。《美国贸易法案》规定，不允许美国政府部门向没有和 WTO、GPA 组织签署协定的国家采

---

① GPA 中的透明度条款，要求各成员公开其政府采购市场情况，我们可以据此了解其他成员政府采购市场的情况，熟悉和掌握国外政府采购市场的有关法律制度和实际运作体系，为建立健全我国政府采购的法律体系和实际运作体系积累宝贵的经验。

② 张栋天．如何应对国际政府采购大市场．［2007－4－5］．http：//www.ccgp.gov.cn.

③ 参见第 7 章 7.2.1。

购商品和劳务，也就是说，没有参加 GPA 且没有对美国对等开放政府采购市场的国家或地区，均被排除在美国联邦采购的范围之外。以前，我们的政府采购可以采购外国产品，而我国的民族品牌却难以进入到外国的政府采购市场。

以我国某隧道股份有限公司为例。该公司是一家具有 40 年隧道施工历史的隧道施工专业公司，从 20 世纪 90 年代开始分别承建了我国香港地区和新加坡的地铁和排污隧道项目，尤其是从 2001 年到 2005 年，以总承包商的身份，一举中标了新加坡地铁环线的 3 个标段，合同金额达 9 亿新币，赢得了很好的声誉。在“走出去”的过程中，该公司还与法国的布依格公司、奥地利的阿尔波内、瑞典的 NCC 等公司建立了良好合作关系，从而积累了一定的进入欧盟市场的经验。

2005 年年初，该公司新加坡分公司通过奥地利阿尔波内公司获悉，希腊首都雅典将建造一个地铁延伸段工程，造价约为 3.5 亿欧元。阿尔波内公司是一家奥地利的知名建筑企业，与该公司有着多年良好的合作关系。由于该公司在新加坡隧道工程施工中的突出成绩，阿尔波内非常希望再次与该公司合作参与希腊工程，加入到一个由中国、奥地利、希腊和美国公司共同组成的联营体对该工程进行投标。该公司认为这是进入欧盟建筑市场的契机，于是立即着手投标准备。随后取得工程参与比例的 23%，份额名列第二。

然而，当该公司更为积极地与欧盟成员国的公司加大合作力度时，却遇到了难以逾越的障碍。因为上述雅典地铁延伸段工程招标文件中商务条款有一条规定，投标公司必须来自 WTO 正式成员，并签署过 WTO 的 GPA，由于我国政府还未签署该项协定，中国公司无法参与工程投标。这个结果不仅令中方公司颇为失望，奥地利阿尔波内公司也表示非常遗憾。在他们看来，由于欧盟关于政府采购协定的限制，使他们失去了一个具有很强技术能力的合作伙伴，也降低了他们的竞争实力。他们还认为，与中国公司的合作将大大提高中标的可能性，尽管如此，该公司没有放弃努力，而是通过其他渠道积极争取让该公司加入到联营体中，并与业主进行了协商，但是既定的条款始终成为中方公司加入的鸿沟。

该事件的发生，对中国公司进入欧盟市场的项目产生了很不利的影响。不久，上述隧道公司获悉爱尔兰也将建地铁项目，然而也由于同样的原因使其不得不放弃机会。对此，该公司副总经理曾痛心地表示：“这就像一道屏障挡在中国公司面前，迫使我们不得不调整进入欧盟市场的时间表。”①

由此可见，加入 GPA 有利于中国企业开拓海外政府市场。只有加入 GPA，在一定程度上开放我国的政府采购市场，他国才能对我国开放政府采购市场，我国有竞争实力的产业和企业才可以利用市场准入和国民待遇原则，在平等的基础上参与国际市场竞争，才能在国际政府采购市场中发挥自己的比较优势并占据一席之地。但我国发达的是劳动力密集的制造业，这些产业有较强的参与国际政府采购市场竞争的能力，而软件、电脑、汽车等高新技术产业的竞争力不强，很难在国外政府采购市场中立足。如此看来，加入 GPA 只会给中国企业一张海外政府采购市场的“准入证”，而“国货”是否能真正攻入国外政府采购市场还是一个需要具体分析的未知数。

8.1.4 有助于我国企业增强国际竞争力，开拓对外经济合作新渠道

政府采购市场的开放，必将对国内企业形成一定的压力和动力，促使其面向市场组织生产，这将有助于国内企业不断改进技术和加强管理，提高产品质量和服务水平，从而从整体上提高国内企业在国内外市场上的竞争力及抵抗风险的能力，有利于尽快打入国外政府采购市场，获取更多的中标机会，从而扩大产品出口，并不断开拓对外经济合作新渠道，在世界经济竞争中占据一席之地。同时，政府采购也对企业在一个国家或地区的发展产生巨大的影响力，因为如果一个企业中标政府采购项目，就意味着获得了政府的认可，无形中树立产品在质量和品质方面的正面形象，因而“是个非常利好的消息”（孙伟，2008）。

经过 30 多年的改革开放，我国企业的国际竞争力明显提高，如表 8.1 所示，对外经济技术合作取得喜人成绩，对外直接投资的规模和档次不断提高。2010 年我国全年非金融类对外直接投资额 590 亿美元，比 2009 年增长 36.3%，是 2004 年的 16 倍多。全年对外承包工程业务完成营业额 922 亿美元，比 2009 年增长 18.7%，是 2004 的 5 倍多；对外劳务合作完成营业额 89 亿美元，与 2009 年持平，是 2004 年的 2 倍多。

---

① 在线国际商报．政府采购：中国企业欲变鸿沟为通途．[2006－5－23]．http：//www.mofcom.gov.cn/aarticle/difang/henan/200605/20060502270264.html.

表 8.1　　2004 年—2010 年我国对外经济技术合作情况

（单位：亿美元）

年份	非金融部分对外直接投资		对外承包工程合同		对外劳务合作合同	
	金额	同比增长（%）	完成营业额	同比增长（%）	完成营业额	同比增长（%）
2004	36.2	73.2	175.0	26.0	38.0	13.4
2005	69.0	90.6	218.0	24.6	48.0	27.5
2006	161.0	31.6	300.0	37.9	53.7	12.3
2007	187.0	6.2	406.0	35.3	68.0	26.0
2008	407.0	63.6	566.0	39.4	81.0	19.1
2009	433.0	6.5	777.0	37.3	89.0	10.6
2010	590.0	36.3	922.0	18.7	89.0	0.0

资料来源：根据中华人民共和国国家统计局国民经济和社会发展统计公报中 2004 年—2010 年的资料整理绘制而得。〈http://www.stats.gov.cn/〉（访问日期：2011 年 8 月 28 日；2010 年 2 月 26 日；2009 年 2 月 27 日；2008 年 3 月 1 日；2007 年 2 月 28 日）。

8.1.5　有助于有理、有利地解决国际政府采购活动中的争端

GPA 争议处理制度的最大、同时也是 WTO 其他争议解决制度中绝无仅有的特点，是允许供应商在质疑程序中直接引用 GPA 的规定主张自己的利益，[①] 并对其他方因没有履行协定中的义务，或执行的措施同协定规定存在冲突而造成其利益受到了直接或间接的损害或诋毁，或者该协定目标的达成受到任何阻碍时，可以通过磋商和争端解决机制，求助于《关于争端解决规则和程序的谅解》中的条款以达成相互满意的解决方案。[②] GPA 还对质疑和争端解决的时限作了具体规定，这些规定将为我们合理地解决国际政府采购活动中的争端、保护自身利益提供有力的法律武器。

---

① 《GPA2006 修订本》第 18 条“供应商质疑的国内审查程序”规定：各缔约方必须具备及时、有效、透明和非歧视的行政和司法审查程序以便于供应商对以下事项进行质疑：（a）当违背时；或者（b）在缔约方国内法律下，当供应商无权直接对违背的行为或违背“缔约方为执行而制定的法规”的行为进行质疑时，这些事项可能由涉及利益的相关采购所引发。所有质疑的程序规则都必须有文字形式的表达且能够广泛获得。

② 详见 1994 年版 GPA 第 20、21、22 条和《GPA2006 修订本》第 18、20 条。

8.1.6 有助于提高我国在 WTO 的地位，加重我国政府双边和多边谈判的筹码

随着经济全球化、贸易自由化的不断深化和竞争的不断加剧，政府采购市场必将逐步由封闭走向开放，作为一个具有巨大潜力的特殊的消费市场，政府采购市场在对外经贸关系中的地位必将越来越重要。由于我国政府采购市场拥有巨大的发展空间，[①] 我国政府采购市场的开放政策也必将为世人所关注，因此，运用好政府采购市场开放政策，“将有助于加重我国政府与其他国家政府政治经济谈判的筹码，”[②] 并将有助于提高我国在 WTO 中的地位。

8.2 开放政府采购市场对我国的冲击

自我国 2001 年加入 WTO 至今，时间已经滑过 10 年。我国企业的整体竞争力还比较低，企业管理水平不高，缺乏国际竞争经验，我国之所以再三延迟加入 GPA，其中重要原因是出于保护国内产业的考虑。另外一个重要原因是，一旦加入 GPA，我国的国内制度将受到很大影响。

8.2.1 对国内制度的影响[③]

GPA 对国内制度的影响是以修订国内立法为主要途径，而 GPA 对国内法制的影响，主要表现在采购实体、采购行为和争议处理等方面。作为国际法的 GPA 与我国国内法的政策目标有一致之处，也有诸多差异。一旦我国签署 GPA，GPA 涵盖采购实体所从事的任何采购的法律、法规、程序或做法，都将受 GPA 支配（于安，2005）。与此同时，作为国内市场组成部分的政府采购，其市场规则的改变势必还将影响我国国内市场规则。

8.2.2 与目前水平相比，对民族产业的冲击变化不大

从理论上讲，加入 GPA 会对采购国货带来一定的冲击（马海涛，2001、2007；曹富国，2007），若彻底地开放政府采购市场，我国的软件、汽车等相对弱势的高新技术产业可能会受到一定冲击（徐焕东，2007）。但就实际情况而

① 详见第 7 章 7.2 和第 10 章 10.1。

② 马海涛，李燕，周新宇．政府采购市场开放：迫近的问题与对策．中国政府采购，2001（2）．

③ 详见第 12 章 12.2。

言，这种对民族产业冲击的影响可能会比学者担心的要小。如前所述，尽管我国目前尚未签署 GPA 和正式开放政府采购市场，但由于国货标准缺失，事实上不少领域的跨国巨头实际上已与国内企业站在同一条起跑线上，我国政府采购市场早已在一定程度上有所开放。[①] 目前在某些领域，本国企业实际上并没有受到政府采购政策的保护，例如，政府部门照样采购的是外国软件，有些地方政府采购外国软件的比例竟高达 90% 以上（倪光南，2006）。因此即使开放了，与目前情况相比对软件的影响也不是很大。曾经在 2006 年遭遇美国政府“安全门”[②] 的联想似乎也并不认为加入 GPA 会给他们带来更多的机会。联想政府事务部的相关人士表示，联想在国外进入政府采购更多的是商业行为。比如“安全门”中，美国政府是以“安全”为由拒绝采购联想，这种行为并不违反 GPA 有关成员有权保护本国国家安全的规定。而且，从 2001 年加入 WTO 至今，其实我国有很长一段时间的缓冲期，但我们并没有很好地利用这段时间切实地保护国货。因此，即使加入了 GPA，对国货的影响与目前情况相比变化不是很大。

如前所述，从发展中国家开放政府采购市场的实践看，我国自加入 GPA 谈判到正式加入 GPA 是一个长期过程，这意味着国产品牌在政府采购市场至少还有若干年的保护期，即使保护期后，我国的政府采购市场也不太可能完全开放，为保护国内产业，我国政府应采取逐步、有选择性的开放，比如采取较晚开放高新技术产业的措施。而且，即使签署了 GPA，根据《GPA2006 修订本》第 4 条“发展中国家”的第 4 款（b）的规定，[③] 在其他缔约方允许的前提下，发展中国家可最多推迟 3 年履行除第 5 条第 1 款（b）项外的所有义务。因此，加入 GPA 对我国民族产业的冲击至少在短期之内不会到来。我们应该利用开放前的这段时间，一方面借鉴他国经验，充分运用 GPA 对发展中国家特殊优惠条款及技术援助规定，为国内企业提供有效保护，同时，坚持自主创新的科学发展观，以全面

---

① 参见第 7 章 7.2.3。

② 2006 年 3 月 20 日，联想集团从美国国务院得到了 1 300 万美元的政府采购合同，将向其提供逾 1.6 万台台式机及相关设备，其中约 900 台 PC 将用于机密网络。消息一出，美国朝野一片哗然，一些议员对此表示了批评，认为美国国务院购买大批联想 PC，可能对美国国家安全造成威胁。5 月，美国国务院作出决定，维持与联想的合同，但调整了联想电脑的用途，将其只用于非保密系统，并表示将对今后采购的电脑进行更严格的审核。对这一遭遇，联想集团董事局主席杨元庆表达了愤怒。自收购 IBM PC 业务之后，联想在美国政府采购中一直严格遵守美国的相关协议和流程，也完全满足对生产地点和服务方式等方面的严格限制，但依然遭受了不公平的待遇。这一事件在国内媒体报道中，被称为“联想安全门事件”。

③ Committee on Government Procurement. Revision of the Agreement on Government Procurement as at 8 December 2006, Article IV Developing Countries4（b）.

提升企业核心竞争力。[①]

8.2.3 对我国经济消极影响的主要体现

加入 GPA、开放我国政府采购市场对我国经济的消极影响，主要体现在如下几方面：

1. 相关弱势产业受到冲击

加入 GPA、开放我国政府采购市场对我国经济的最大影响是对相关弱势产业的冲击，例如软件、汽车等高新技术产业可能会受到一定冲击。GPA 禁止使用抵偿办法，这对以前实行当地含量、技术转让、合作生产要求等规定的产业和相关企业参与竞标也十分不利。但我国在谈判加入 GPA 时，可充分运用 GPA 对发展中国家特殊与差别待遇的规定，在不违背 GPA 原则的前提下，合理保护国内产业，控制政府采购市场开放度。[②]

2. 整体上将影响我国在政府采购市场的外贸平衡

加入 GPA 只是给了我国企业一张国际政府采购市场的“准入证”，而“国货”能否攻入国外政府市场还是一个需要具体分析的未知数，关键要看是否有竞争力。总体而言，我国企业由于缺乏竞争力，打入国外政府采购市场的能力有限，因而很难在国外政府采购市场中立足。而我国占有优势的劳动密集型产品和服务领域的政府采购，其规模在我国政府采购总规模中所占的比重相对来说又很少。与此相反，发达国家和经济相对发达的发展中国家和地区的产品和服务，将凭借其良好的性能、完善的营销网络和售后服务占领我国市场。因而，一旦加入 GPA，从整体上将影响我国在政府采购市场的外贸平衡。

3. 国家信息安全和经济安全受到挑战

开放政府采购市场会带来安全问题，一是信息安全，我国当前的信息产品可能存在很大的安全隐患（王从虎，2008）；二是经济安全，核心技术如果在国内得不到扶持，将会永远受制于人。

4. 经济和社会不稳定性风险加大

我国加入 GPA 后，以往依靠政府定单生存的一些企业，如部分软件企业和汽车制造业，极有可能因此减少甚至失去原有定单，部分现有从业人员的失业风险加大，从而增加了经济的不稳定性。如果社会保障措施不能及时跟进，社会不稳定性的风险继而加大。

---

① 参见第 11 章 11.3。

② 详见第 4 章 4.2 以及第 9、11 和 12 章中有关国外政府采购市场开放经验部分。

8.2.4　就具体产业分析对我国经济的影响

加入 GPA 和开放政府采购市场无疑将会对我国经济产生影响，但由于不同产业的发展状况不同，因而对产业的影响程度存在差异。我国的制造业以及劳动密集型产业的货物类产品质优价廉，较国外相关产品具有价格优势，因此加入 GPA 更有利于其打入国际政府采购市场。发达国家的工程承包业由于竞争力强，我国加入 GPA 后，发达国家的工程承包业一定会大举涌入我国的政府采购市场，造成对我国工程承包业的冲击。我国的服务业起步晚，发展尚不完善，竞争力不强，加入 GPA 也将对我国一些相关服务业产生重大影响。以下以工程承包业为例，概要分析加入 GPA 和开放政府采购市场对我国经济的影响。

经过 30 多年来的时间，我国的工程承包业获得了突飞猛进的发展。过去我国国际工程承包企业的业务领域主要是承揽土建、施工等外国承包商认为是微利的劳动密集型项目。现在已开始涉足国际大型工程承包项目，如投资几亿美元的电站、石油开发建设、铁路、机场等工程，并且开始争夺总承包权，并采取利用国际融资、带资承包、参与 BOT 等多种方式。即使如此，与国际市场需求及我国发展潜力相比，这一行业还有广阔的发展空间。

我国制造业的发展水平比一般发展中国家水平稍高，尤其在成套设备的生产安装等方面技术优势比较明显。而以项目带动成套设备出口的国际工程承包方式带动了我国成套设备的出口，特别是在亚非市场上占据一定的市场份额。虽然如此，但由于我国对外工程承包业历史短，规模小，经营方式和管理体制上也相对落后，目前我国工程承包企业在国际市场上还无法与国际大承包商竞争，只能接受外国承包商的分包项目，或在美欧等大承包商实力较薄弱诸如中东和我国周边国家等区域拿到总包项目。在国内项目上，由于我国服务贸易市场和政府采购市场不开放，暂时能避免与国际大承包商的正面冲突与竞争。

按照我国加入 WTO 时所承诺的开放服务业的时间表，我国在 2006 年基本开放服务贸易领域。服务业开放后，国际承包商正千方百计地要挤进我国具有巨大潜力的工程承包市场，在一般商业市场我国工程承包行业面临着欧美大承包商的强大竞争。在我国未签署 GPA 之前，我国的工程承包业还剩下政府采购市场能够避免与国际承包巨头的正面冲突。而一旦开放我国工程承包市场，根据 GPA 对等开放的原则，GPA 成员也将向我国开放市场。但由于 GPA 的成员主要是发达国家，而我国国际工程承包业的主要市场却分布在亚非等发展中国家，我国的工程承包企业难以打入发达国家市场，而发达国家的工程承包企业却将大举进军我国政府采购市场。因此，在开放后的短期内，将出现不对等的市场互换。要想扭转这种不利局面，我国工程承包企业应利用加入 GPA 和开放我国政府采购市场之前的宝贵时间，在国内基础设施和基础产业市场上抢占行业制高点，占据更多的市场先机，并通过积累经验，快速扩充实力，从而不断提高参与国际市场、特别是发达国家市场的竞争能力。

第 9 章

实行渐进性策略，逐步、适度地开放我国政府采购市场

如前所述，政府采购市场的逐步开放和政府采购活动的国际化是未来我国经济改革与发展的一大趋势。由于我国政府采购制度建立时间与 GPA 成员相比尚短，还存在许多不完善之处，而且我国国内企业参与国际竞争的整体能力也很低，因此我国政府采购市场的开放将不可避免地给我国民族产业带来巨大的外部竞争压力。但 GPA 与 WTO 中一揽子协定不同，它给参加方安排了另行谈判的机会并规定了特殊的非歧视原则。《GPA2006 修订本》比较明确地对发展中成员的加入做了具体规定，而且对发展中成员给予特别的考虑，规定要求缔约方给予加入 GPA 的发展中国家最惠国待遇，同时在其他缔约方允许的前提下，按照时间表在过渡期内采取过渡性措施，① 这为我国的加入提供了法律依据，将有利于我国的加入谈判。因此，我们应加紧对 GPA 条款的研究，在借鉴国外政府采购市场开放的成功经验的基础上，根据我国经济发展水平与各行业的发展状况，科学地确定政府采购市场的开放次序和程度，逐步、适度地开放我国政府采购市场。渐进性开放我国政府采购市场策略包括三方面含义：一是开放时间的渐进；二是开放范围和程度的渐进；三是开放领域的渐进。

9.1 开放时间的渐进

9.1.1 开放时间渐进的国际经验

开放时间的渐进是指政府采购市场的开放要经过一个比较长的时期。从国际

① Committee on Government Procurement. Revision of the Agreement on Government Procurement as at 8 December 2006, Article IV 3 . 另参见第 4 章 4.2.2。

有关国家和地区的实践来看，政府采购市场的开放都讲究渐进性和次序性。加拿大、日本、韩国[①]、我国香港地区等基本上都是在本国或本地区成长为完全市场经济后才加入GPA，此前这些国家或地区根据本国或地区经济发展要求，都确立了较完善的国内或地区法控制准入的行为准则。

以日本为例，尽管日本是GPA的倡导者和最早签字国之一，但日本政府采购市场开放却经过了相当长一段时间，这与日本市场准入的进展密切相关。日本的政府采购市场开放以1988年为界，可分为两个阶段，1988年以前日本的市场处于相对封闭状态，1988年以后逐渐变得相对开放。1982年官方公布的该类政府采购数字占市场份额的90%以上，其国内4家主要计算机生产企业对官方依赖程度达30%左右（祁峰、杨宏，2001；任际，2005）。日本政府在政府采购中对本国企业的保护非常明显。20世纪80年代中后期，日本经济的国际化表现为，对外充分的国际化，对内则是完全封闭的保护。在政府采购政策上的体现，就是日本企业实体既在国外中标又在国内中标，而国外企业实体很少在日本政府采购中中标。日本采用的招标形式是“指名招标”，[②] 从其形式本身看是符合GPA要求的，但在具体入选条件上，日本不仅规定投标者要提供详细情报，而且更着重看投标者在日本的实际业绩。这一条件往往使国外企业实体在资格审查中即被淘汰，进而引起美欧等国家不满。在美国的压力下，1988年日本制定了“关于市场准入的实施办法”，该办法对政府采购的招标程序作了重大修改，规定外国企业实体不必先与日本国内企业合作投标，可以直接进入日本市场参加竞争。与此同时，日本加快了商业习惯、规则与国际惯例统一的步伐。至此，日本政府采购市场才逐步开放，政府采购行为逐渐趋于公开、透明化（易志坤，2003；亚非，2007）。

9.1.2 我国加入GPA的谈判可能会持续较长时间

2007年12月28日，我国按时启动了加入GPA的谈判程序，并与GPA成员展开了加入谈判。像入世一样，我国关于GPA的谈判可能会持续较长时间。从发展中国家和地区开放政府采购市场的实践看，从GPA谈判到在GPA上签字，比较快的也需要4至5年时间，而从GPA上签字到签字正式生效，之间还有一

---

① 韩国和新加坡是GPA的主要发展中国家。其中韩国未加入GPA以前，一直贯彻控制进口的政府采购政策，通常只要国内同类产品、建设能符合用户要求即不进口。韩国是在20世纪90年代的亚洲金融危机之后才参加了GPA。

② 即选择性招标。

段时间间隔，例如，韩国是 1994 年在 GPA 上签字的，但 1997 年该协定才在韩国生效。因此，我国自加入 GPA 谈判到正式加入 GPA 可能是一个长期的过程，而且，即使加入 GPA 后，我国的政府采购市场也不太可能完全开放。根据《GPA2006 修订本》第 4 条"发展中国家"的第 4 款（b）的规定，在其他缔约方允许的前提下，发展中国家可最多推迟 3 年履行除第 5 条第 1 款（b）① 项外的所有义务。我们应抓紧开放前的这段时间，组织专门机构和人员，加快研究进程。

9.2　开放范围和程度的渐进

开放范围和程度的渐进是指根据国际规则和本国实际情况，明确本国开放政府采购市场的范围及程度，按对等的原则开放政府采购市场。

根据 GPA 规定，只有成员方列入附录一的政府采购实体进行的政府采购才承担相应的市场开放义务。GPA 对附录一中的附件 1"中央实体"的规定比较明确，中央政府采购实体基本上都会涵盖，所以通常不是出价谈判的难点。

对于附件 2"次中央实体"的政府采购，缔约方可按照互惠原则协商确定彼此开放领域，不实行最惠国待遇，相应的对外开放领域只取决于缔约方政府间的谈判。从 GPA 实践来看，附件 2 谈判是难点，一是因为次中央实体可能存在区域经济发展不平衡，二是因为次中央实体的开放程度取决于其地方政府在国内或地区内的法律地位，即中央或联邦政府对外签署的协议和条约是否对地方政府具有约束力。

对于附件 3"依照 GPA 规定进行采购的所有其他实体"，也是谈判难点。因为由于贸易政策的不同，各缔约方对此争议很大，这部分实体本身具有很多不确定性，加之确定适用 GPA 实体时，特别是涉及其分支机构和地方机构时，除了依赖其中央政府实体的内在组织结构，更多地还依赖成员的国内或地区法律，而其他成员可能对此无法了解。GPA 对这部分实体的处理采取了开放的政策，既

---

① Article VGeneral Principles. *National Treatment and Non-Discrimination* 1. With respect to any measure regarding covered procurement, each Party, including its procuring entities, shall accord immediately and unconditionally to the goods and services of any other Party and to the suppliers of any other Party offering the goods or services of any Party, treatment no less favourable than the treatment the Party, including its procuring entities, accords to: (a) domestic goods, services, and suppliers; and (b) goods, services, and suppliers of any other Party. See Committee on Government Procurement. Revision of the Agreement on Government Procurement as at 8 December 2006, Article IV Developing Countries4 (b). [2006－12－9]. http://www.wto.org.

允许缔约方选择将适用主体列举在附件中，又允许在一定条件下将部分实体撤出。

因此，在非歧视原则框架内，GPA 成员方可以根据本国或本地区经济发展水平，并兼顾政府采购的社会性目标和经济性目标，自主地决定确立对相关国家开放政府采购市场的范围和程度，有选择地决定具有比较优势的产业领域。我国在递交加入 GPA 出价清单时，应充分借鉴发达国家控制开放范围和程度的成果经验，并从实际情况出发，决定哪些实体受协定约束，哪些不受约束，作出有利的选择。

9.2.1 在开放范围方面，有选择地开放具有优势的采购主体

具体而言就是先开放那些事实上已经开放的范围，对于次中央政府的采购，可选择先开放经济较发达的沿海地区，然后再根据情况逐渐选择适宜的内陆地区。GPA 诸多的例外适用设定表明实施非歧视原则存有相当大的选择空间，因而直接影响到成员方实施 GPA 的条约义务及国内政府采购市场准入控制。无论是成员或非成员，根据自身实际竞争能力规定政府采购范围是可行的。

以美国为例，虽然美国是政府采购竞争力强的国家，有着成熟的市场经济，美国完整的政府采购法制已很完善地设立了政府采购保护的规制模式，但美国加入 GPA 后也只将不到四分之三的州列在该协定开放的适用范围，而且也并没有将这些州的全部机构列进该协定的适用范围内。

关于适用协定的实体，特别是涉及其分支机构和地方机构时，依赖于其中央政府实体的内在组织结构，更多地依赖该成员的国内或地区法律来确定，其他成员可能无法了解。韩国仁川国际机场（The Korean Airport Case）即是 WTO 涉及政府采购的重要案件。2000 年，美国诉韩国影响政府采购的措施违反了政府采购协定的争端，便是围绕韩国机场公司是否属于承诺清单中所适用的实体，即是否属于受中央政府实体或地方政府实体直接控制的机构而展开的。[①]

如前所述，我国政府分别于 2007 年 12 月、2010 年 7 月和 2011 年 11 月三次向 WTO 提交 GPA 出价清单，但美国和欧盟等 GPA 成员对清单仍表示不满，例如，他们认为应将中央政府实体（及其下级实体）范围扩大到我国《招标投标法》的适用实体；全面囊括各级地方政府采购实体以达到美国和欧盟 GPA 市场准入覆盖范围的质量水平；列出政府采购中参与采购的所有“其他实体”，如国

---

① 案件详情见：THE INIERNATION LAWYER VOL. 35. NO. 2The Korean Airport Case ，p. 400 ；白光. WTO 壁垒漏洞与争端案例. 北京：中国物资出版社，2002.

有企业或国家投资企业。笔者认为上述要求是没有依据的，是不合理的。

首先，欧美上述扩大我国中央实体范围的要求是不合理的。因为我国《招标投标法》对采购实体未进行限制，它既适用于商业消费市场，也适用于我国《政府采购法》管辖的政府消费市场。如果将我国对外开放的政府采购适用实体扩大到《招标投标法》适用实体，势必将我国政府采购开放市场人为地扩大到商业消费市场，这既违背 GPA 原则，也不符合 GPA 实践。[①]

其次，我国 GPA 出价清单中未包括国有企业或国家投资企业，笔者认为是有其合理原因的。2001 年加入 WTO 时，我国国有和国家投资企业都被排除在政府采购之外，而且我国《政府采购法》规定的政府采购主体中不包括国有企业或国家投资企业。此外，目前我国国有企业或国家投资企业已基本完成市场化取向改革，政府不再直接管理国有企业或国家投资企业的生产经营活动。根据 GPA 采购实体的“政府目的”和“政府控制或影响”标准，如果我国不存在“政府目的”和受“政府控制或影响”的国有企业或国家投资企业，那么我国 GPA 出价清单中理应不包含国有企业或国家投资企业。

但国有企业或国家投资企业列入我国 GPA 出价清单问题成为中国与欧盟谈判的焦点之一。原因是欧盟在其 GPA 附件 3 中包含了公共管理局和公共企业，欧盟政府采购实体的定义标准是所谓“受公法支配”，不但国有企业或国家投资企业而且还将一部分执行公共职能的私有企业也纳入政府采购实体范围。如果在与欧盟的谈判中无法避免将部分国有企业或国家投资企业作为采购实体列入附录一，我国需要采取渐进、有序的方式进行。对涉及公共安全、国家安全、人类或动植物安全、环境安全、知识产权保护和特殊群体保护等方面的采购，通过谈判及例外等途径将其排除在开放范围；在选取其他领域国有企业或国家投资企业作为采购实体的同时，也要作出例外规定。对此，还要借鉴其他成员的经验，例如，韩国在其附录一中包括韩国电信公司，但同时注明公共电信商品和电信网络设备不适用；日本在其附录一中列明“日本东部电报电话公司”和“日本西部电报电话公司”，但同时注明公共电力电信设备以及电信安全服务采购除外。

即使国有企业或国家投资企业被列入了出价清单，随着我国国有企业市场化改革的不断推进，将来该企业性质一旦由国有企业或国家投资企业转变为非国有企业，还可以通过 GPA 的变更和修改程序，以“政府对其采购活动的控制或影响已经得到有效消除”为由申请将其从附录一中撤出。例如，2001 年日本以私

---

① 诚然，我国《政府采购法》与 GPA 之间还存在差异因而需要调整，《政府采购法》与《招标投标法》也亟需衔接，有关此方面问题，详见第 12 章 12.2 和 12.3。

有化为由通知政府采购委员会从中撤出东日本铁路公司。同年，美国同样以私有化为由通知政府采购委员会从中撤出铀矿产公司。此外，GPA 为解决修改 GPA 涵盖实体时出现的分歧，规定了解决争议的仲裁程序，当一成员的政府希望将其某采购实体从其附录一中撤出或修改，而其他成员对该实体所受的政府控制或影响是否已经消除存在分歧时，可由仲裁机构决定该成员能否撤出或修改 GPA 涵盖的实体。[①]

9.2.2 在对等开放方面，缔约方可通过总量平衡来实现权利和义务的平等

对等开放可体现政府采购权利义务在全球范围的公正分配，现实中许多国家国内法中都存在此类内容，英国政府采购的经济目标是“物有所值”，但英国政府的部门可以特别选择友好供应商的产品，拒绝不友好供应商的产品；《瑞士联邦官方购买条例》规定：外国供货人发出订单要根据瑞士供货人在其相应国家的对等权利得到保证时才被考虑。但在《瑞士联邦市场内部法》规定了便利瑞士经济、提高瑞士竞争能力、保护瑞士经济统一的内容；澳大利亚法律专门规定了政府从事采购的限制，从海外购买货物的部门必须证明，采购活动中本国供应商得到了平等竞争的机会；欧共体也有类似的允许，即政府各部门可以决定最符合合同价值及复杂情况下的竞争。特别是 1998 年以后，欧盟敦促其成员国利用采购权实现社会价值目标，只要其不违反限制性规定，表现出各国国内法律对本国政府采购存在“利己”的保护措施。[②]

在对等开放方面，缔约双方可通过总量平衡来实现权利和义务的平等。以美国和欧盟为例，由于美国州政府在立法上有较大的自主性和独立性，美国未能像欧盟一样将所有地方政府都列为协定适用的对象；而欧盟有统一的有关政府采购的法律，欧共体可以在 GPA 开放到地方政府部门时做到统一步调。因此，在地方政府部门开放这个层面上，欧盟和美国双方条件不对等。为此，欧盟对服务领域的政府采购市场开放出价做了保留，即仅承诺开放银行、金融及保险、卫生服务、道路运输、铁路运输、港口、机场、旅游、客货运输、住房服务，电讯政府采购市场开放时将在“适当的时候”援引制裁决定；相比之下，美国服务项目

---

① 至于欧美对我国 GPA 出价清单提出的“全面囊括各级地方政府采购实体”和“其他实体”要求的不合理性分析，详见第 7 章 7.5 及本章其他相关内容。

② Commission Communication. Public procurement in the European Union. XV/5500/98 - EU, Brussels, 1998 - 3 - 11.

的开放力度则比较大。最终欧盟和美国双方在开放的结果上基本做到了大致相当。

9.2.3　对于谈判结果，应与谈判方就谈判的出价问题签署排他性的互惠协议

GPA 与 WTO 中其他的一揽子协定不同，对参加方安排了另行谈判的机会并规定了特殊的非歧视原则，这种特殊性为我国政府提供了谈判的空间。仍以美国和欧盟为例，欧盟的前身欧共体和美国都是 GATT 中主张市场开放的活跃分子，而且也是最先加入 GPA 的成员，但双方对相互间的市场开放曾经做过很大的让步。1993 年 1 月欧共体出台了一部有关供水、能源、交通运输及电信等公共事业的政府采购法，即《关于协调有关水、能源、交通运输和电信部门采购程序的指令》(简称《公用事业指令》)，这部指令包含了两项歧视性条款，用来排除欧共体以外的第三国在欧洲市场开放后享受的权利。[①] 由于该法令不仅适用于那些开放市场方面没有给予欧盟国家以同等待遇的非 GPA 成员，也同样适用于 GPA 的成员，因而美国认为欧盟此举违反了 GPA 有关规定，于是 1992 年 2 月在其《1988 年贸易和竞争综合法案》中将欧盟指定为“对美国持续采用歧视性政府采购政策的国家”，[②] 并与欧盟协商谈判，要求欧盟修改上述规定。但欧盟认为自己的做法也有充分理由，如前所述，由于美国州政府在立法上有较大的自主性和独立性，各州的政府采购仍然按照 1933 年《购买美国货法》执行歧视性政府采购政策，其中也包括对欧盟企业的歧视，欧美双方谈判失败，欧盟《公用事业指令》于 1993 年如期出台。美国随即宣布从当年 3 月 22 日起对欧盟采取制裁措施，后经双方协商仍未达成一致意见，于是美国 5 月 28 日公布对欧盟制裁的决定，即每年对来自欧盟的 2 000 万美元的产品禁止进口。欧盟也针锋相对地于 6 月 8 日通过了对美国 1 500 万元产品的制裁报复措施。但随着 1994 年 4 月 15 日新的 GPA 签字最后期限的邻近，美国和欧盟最终还是走向相互妥协。1994 年 4 月 13 日，双方签订：美国《购买美国货法》中的进口限制对欧盟产品和企业不适用；欧盟《公用事业指令》中的供水、交通和能源服务开放的限制不适用于来自美国的产品和企业。欧美谈判达成的条件和管辖范围被纳入双方都加入

---

① 这两项歧视性条款是：如果来自第三国的产品价值超过投标产品总价值的一半（50%），采购机构则有权拒绝该项供应合同的投标；把第三国供应商的报价和高于该报价幅度不超过 3% 的国内供应商的比较视为相同投标的方式给予国内供应商优惠。即在政府采购采取国际招标时，给予欧共体内部供应商 3% 的价格优惠。

② 刘慧．世界贸易组织《政府采购协定》导论．北京：中国社会科学出版社，2003：37.

的 GPA 附录中（刘慧，2003，p. 121，141，142）。

由此可见，如果艰苦卓绝的市场开放谈判的结果一旦被其他缔约方分享，而且如果“搭便车”又不承担开放本国政府采购市场的义务的话，势必对谈判双方造成不公平和不平等，所以，我们在与 GPA 成员谈判时，应就双方谈判的出价问题签署“政府采购协定谈判备忘录”，作为排他性的互惠。

在控制开放范围和程度的问题上，除了借鉴发达成员的经验外，我们还应充分运用 GPA 对发展中国家特殊与差别待遇的规定。但值得关注的是，《GPA2006 修订本》对发展中国家特殊与差别待遇进行了较大的调整，规定缔约方应对发展中国家的“发展、财政、贸易需求和环境给予特别的考虑……”，同时要求“当一个发展中国家申请加入本协定时，所有缔约方应立即向其货物、服务和供应商提供最惠国待遇……”，但同时取消了发展中成员适用国民待遇原则例外的规定。至于新增加的最惠国待遇条款是否比原有的排除国民待遇原则适用条款对我国更为有利，还需在实践中予以关注和进一步研究。

《GPA2006 修订本》还规定，在其他缔约方允许的前提下，发展中国家可以按照时间表采取过渡性措施。需要注意的是，《GPA2006 修订本》明确了发展中国家享有的特殊措施，因此，发展中国家只能享有条款明示的措施，这预示着 GPA 规定的补偿范围在缩小，例如，GPA 逐渐会将一些采购实体或者行业引入清单或者覆盖范围。另需注意的是，发展中国家的过渡性措施条款不是自动适用，能否享受该项权利以及享受的程度如何还需要得到其他缔约方的允许，具体而言就是取决于与 GPA 现有成员分别谈判的结果。而且，过渡性措施条款是有期限的，根据 GPA 规定，在其他缔约方允许的前提下，在加入 GPA 谈判时，发展中国家可最多推迟 3 年履行除第 5 条第 1 款（b）项外的所有义务。

此外，《GPA2006 修订本》又规定，“缔约方对发展中国家技术合作、与加入相关的能力建设和协定执行的请求应给予充分考虑。”但没有写明如何执行，操作性和执行力都不强，而且也不是自动适用，需要与现有成员分别谈判。

根据上述规定，发展中国家加入 GPA 可以享有根据本国经济、财政、贸易情形决定非歧视适用例外的待遇，因此我国在加入 GPA 谈判时，完全可以根据自身发展状况，依据该条款要求发达国家肯定我国所承诺的特殊适用范围和幅度，就贸易实体、产品、服务清单进行谈判，确立符合我国自身利益的政府采购结构。

9.3 开放领域的渐进

9.3.1 开放领域渐进的国际经验

开放领域的渐进是指，在市场开放结构方面，根据我国政府采购市场的结构特点与各行业市场开放的风险系数，制定政府采购开放策略。①

GPA 的优惠和例外给了各国特殊的适用幅度，各国可以根据本国的经济现状确定其政府采购准入体系的具体次序、标准。如在政府采购结构开放方面，由于该协定没有确定政府采购结构开放的种类，参加方可以首先选择与外国产品或供应商有竞争优势的行业适度开放。例如，美国在加入 GPA 后，在电信领域仍长期不对欧盟供应商开放。欧盟《公用事业指令》中的供水、交通和能源服务，也是在欧盟与美国签署“政府采购协定谈判备忘录”之后才对美国供应商开放的。奥地利的供水领域不对加拿大和美国开放。又如，英国法规定，政府采购通讯设备、电子计算机等要向本国企业购买。有统计数据表明，外国供应商要进入欧美等发达国家或地区的政府采购市场并非易事，美、日、加、西欧 13 万 SDR 以上的政府采购中，外国产品所占的比重都不高，美国为 9%，日本为 16%，加拿大为 20%，西欧只有 1%（亚非，2007）。据专家研究，加拿大、欧盟、日本和美国，政府采购的 90% 是由国内供应商提供的，而其他成员自身内部采购约占 60%（王金秀、汪博兴、吴胜泽，2006），一些小的成员的购买反而更加国际化，如我国香港政府采购市场的境外产品比例超过了 90%。②

9.3.2 我国开放领域的渐进性原则

从开放领域来看，GPA 成员在货物项目和工程项目基本上都开放，但服务项目开放差异很大，而且研发、分销、邮政、教育、医疗等服务等项目基本不开放（屈丽丽，2008）。我们应加强研究，在借鉴 GPA 成员经验的基础上，充分运用 GPA 对发展中国家特殊与差别待遇的规定，在其他缔约方允许的前提下，按

---

① 马海涛主张“实行结构性开放策略”，但对于何为结构性开放并未予以解释。马海涛，姜爱华．我国政府采购制度研究．北京：北京大学出版社，2007：150－151.

② 黄恒学．公共经济学．北京：北京大学出版社，2002：521；王习武，臧发臻，王黎．WTO《政府采购协定》及我国政府采购市场的开放．中国政府采购，2002（2）；徐焕东．开放政府采购市场，你准备好了吗？中国政府采购，2006（4）；佚名．应对《政府采购协定》谈判 积极参与国际市场．［2007－4－5］．http：//www.ccgp.gov.cn.

照时间表在过渡期内的过渡性措施，依据我国的经济发展水平、各行业的发展水平和产业政策的需要，确定我国政府采购市场开放的产业。具体而言，就是先开放那些事实上已经开放的领域；我国有一定竞争优势、能与跨国公司相抗衡并能抵御外资入侵的行业和部门，如计算机硬件、办公设备、纺织及其他劳动密集型产业，可适度开放；对我国比较重要而又比较落后的一些产业和领域，如机电、化工、信息产业、汽车等资本、技术密集型产品及其服务以及高新技术产业，则禁止或限制外国供应商进入，以提供政策上的缓冲期，待条件成熟后再逐步与国际政府采购市场接轨。而对于有关国计民生、涉及国家安全和公共利益的产业或部门，则可运用GPA中的相关条款和国际经验合法规避不予开放。[①]

以工程建筑业为例，目前稳健的财政政策刺激着我国国民经济高速增长，我国每年都有巨额资金投入经济建设支出，我国巨大的工程建设市场，为建筑行业的发展提供了广阔空间，对近年来我国建筑行业的迅速发展起到重要作用。但如前所述，[②] 虽然根据我国《政府采购法》的规定，所有财政投资工程都应该实行政府采购，可由于部门之间职能的交叉或其他经济利益，我国各地财政投资工程采购做法混乱，多数不能依法纳入政府采购范围。这种做法的后果不仅造成国家财政资金的大量浪费，更为严重的是，如果把工程采购排除在政府采购之外，就意味着我国巨大的建筑市场完全对外开放，国内建筑业就只能按照WTO原则与国外同行展开公平竞争。而我国建筑行业，无论是工程技术、材料质量、工程监理，还是市场营销和工程维护都无法与发达国家的建筑业相提并论。近年来日本、欧美和新加坡等国外建筑企业纷纷盯准我国建筑市场，这给我国建筑业造成了极大压力。

将工程采购纳入政府采购范围的做法符合国际惯例。在国外，许多国家的桥梁、电站等建设都属于政府采购的范畴。如果将我国巨额的工程建设项目采购排除在《政府采购法》的适用范围之外，工程采购就只能适用于WTO的一般贸易规则，而不能受到《政府采购法》的有效保护，一旦失去政府采购这张保护伞，国内薄弱的建筑企业势必会被国际竞争的浪潮淹没。因此，应将我国财政资金安排的工程建设项目采购全部纳入政府采购范围，这样既可以节省大量的财政资金，又可以达到保护国内建筑产业的目的。而建筑企业也可以借助政府采购，避免与国外同行直接冲突，扩大业务范围。当然，运用政府采购保护建筑产业并非长久之计，我国建筑业的健康有序发展，从根本上讲，关键还在于企业竞争力的不断提高。

---

① 参见第12章12.4。

② 参见第8章8.2.4和第10章10.4.2。

第 10 章

扩大政府采购规模和范围，提高政府采购规模效益

虽然自 1996 年进行政府采购试点以来，特别是 1998 年以后，我国的政府采购事业蓬勃发展，尤其是 2003 年 1 月 1 日施行《中华人民共和国政府采购法》，我国的政府采购更是走上了法制规范的轨道，全国政府采购制度的各项改革逐步推进。但与国际水平相比，我国政府采购规模小、规模效益低、结构不合理、采购范围狭窄等问题依然很突出。因此，我们应采取科学制定集中采购目录和限额标准、工程采购纳入政府采购范围、中央专项资金纳入政府采购范围和合理编制采购预算等多种方式，进一步扩大政府采购规模，发挥政府采购的规模效应，为我国政府采购制度的完善奠定基础。

10.1 我国政府采购规模小、规模效益低

10.1.1 政府采购规模及政府采购规模效益的含义

政府采购规模是指用货币表示的政府性购买支出的数量，是政府用于购买货物、服务和工程方面花费货币的数量之和。政府采购规模以绝对指标和相对指标表示，前者通常以政府预算支出指标为基础来计算政府采购支出数量，后者是指政府采购支出占财政支出或 GDP 的比重。政府采购规模是衡量一国政府采购制度是否完善和健全的重要指标，它直接反映该国政府采购制度发展的广度和深度。规模是实现效率的基础，有规模才能发挥更大效益，节约更多资金。

政府采购规模效益是指政府用于采购的资金规模适度合理时带来的经济效益。衡量某一时期政府采购是否具有规模效益的基本原则有如下几点：第一，能否满足政府的消费需求、经济社会对公共工程的投资需求，以及政府为实现特定

的经济政策目标而利用采购这一手段调控宏观经济等方面需求的政府采购规模，是否是根据量入为出原则确定的政府采购支出的规模。第二，政府采购支出与转移支出分配比例，以及政府购买性支出占 GDP 的比例是否适当。第三，政府采购资金的机会成本是否与私人部门用这笔资金从事经济活动的机会成本相当。

10.1.2 国外政府采购规模及效益水平

综观国际政府采购实践，早期的政府采购仅限于政府部门使用政府预算购买货物、工程和服务项目。随着政府职能转变和实施公共政策需要，各国不断扩大政府采购范围，通过采购规模的增减调节经济运行，利用规模优势对经济进行调控，促进产业结构调整。如美国联邦政府为了摆脱 20 世纪 30 年代经济危机的影响，大幅度增加采购支出，主要用于兴办公共工程，拉动了经济增长，增加了就业机会，提高了居民收入水平，扭转了经济萧条的局面。目前许多发达国家政府采购规模占该国当年 GDP 的比重通常为 10% ~20%、占财政支出的比重通常为 30% 左右，[①] 有的经济转型期的国家，政府采购规模占该国当年 GDP 的比重更大。[②] 目前中国经济所处的发展阶段决定了政府采购规模应高于发达国家。由于发展中国家多处在经济发展的“起飞阶段”，更注重于对经济和社会发展的调控，而发达国家经济发展基本上达到了“成熟阶段”，政府更注重于对社会收入分配的调节，因此，发展中国家的政府采购支出比重普遍高于发达国家，而转移性支出低于发达国家。而且，发展中国家政府采购支出占总支出的比重是转移性支出占总支出的比重的近 3 倍，而发达国家的上述两个数据相对均衡。因此，我国现阶段的公共支出还不能从基础设施支出转向增加对教育、保健和福利服务的支出，政府购买性支出即政府采购支出占财政支出的比重应为转移支付占总支出比重的 3 倍左右，即我国政府采购支出占总支出的比重应高于发达国家，即应为 60% 左右。

10.1.3 我国政府采购规模及效益现状

与国际水平相比，我国政府采购仍存在规模小、效益低的问题。推行政府采

① Dr. Gray J. Zenz , Dr. George H. Thompson. Purchasing and Management of Material, AEI, 1994：345；马海涛，姜爱华．我国政府采购制度研究．北京：北京大学出版社，2007：175. 早期也有学者将政府采购占 GDP 比重的国际通常标准统计为 10% ~15%．参见：马海涛．政府采购政策功能探析．中国政府采购，2006（1）；于安．加入《政府采购协定》对我国国内制度的影响．法学，2005（6）．

② 例如，处于经济转轨的俄罗斯的政府采购范围更广泛，政府采购范围包括政府所需的所有货物、工程和服务，政府采购规模占财政购买性支出的比重高达 80%。参见：马海涛．政府采购政策功能探析．中国政府采购，2006（1）．

购制度改革以来，我国政府采购规模增长迅速。由表 10.1 中可见，从绝对量上看，我国政府采购规模由扩大实施政府采购改革试点工作的 1998 年的 31 亿元人民币，增加到 2010 年的 8 422 亿元人民币，[①] 增长了 200 多倍。从相对规模和规模效益看，我国政府采购规模效率也在逐年递增，政府采购规模占 GDP 和财政支出的比重分别从 1998 年的 0.04% 和 0.29%，增加到 2010 年的 2.10% 和 9.37%，分别增长了 50 多倍和 30 多倍。但与上述国际水平相比，我国政府采购规模效率相距甚远，我国实际政府采购节约额与合理的政府采购规模效益之间还存在很大差距。

表 10.1　　1998—2010 年我国政府采购规模及其效益

（单位：人民币亿元）

	GDP	政府财政支出	应达到的政府采购规模②	实际政府采购规模	合理的政府采购规模效益（底线）③	实际政府采购节约额④	实际政府采购规模占 GDP 比重（%）⑤	实际政府采购规模占政府财政支出比重（%）
1998	84 402.30	10 798.18	8 440.23	31.00	844.02	4.16	0.04	0.29
1999	89 677.10	13 187.67	8 967.71	131.00	896.77	17.33	0.15	0.99
2000	99 214.60	15 886.50	9 921.46	328.00	992.15	52.50	0.33	2.06
2001	109 655.20	18902.58	10 965.52	653.20	1 096.55	78.40	0.60	3.46
2002	120 332.70	22 053.15	12 033.27	1 009.60	1203.33	125.80	0.84	4.58
2003	135 822.80	24 649.95	13 582.28	1 659.40	1 358.23	196.60	1.22	6.73
2004	159 878.30	28 486.89	15 987.83	2 135.70	1 598.78	271.20	1.34	7.50⑥

① 王保安．立足国内改革和对外开放　推动政府采购工作再上新台阶——在全国 GPA 谈判应对工作及政府采购工作会议上的讲话．[2011-11-7]．http://gks.mof.gov.cn/redianzhuanti/zhengfucaigouguanli/201007/t20100721_329079.htm.

② “应达到的政府采购规模”栏数据是根据政府采购应占 GDP 比重的国际通常标准的最低限度 10% 计算而得。

③ “合理的规模效益”栏数据是根据国际上实行规范的政府采购制度可节约采购资金 10% 以上的观点（张栋天，2007），按照最低限度 10% 计算而得。

④ “实际政府采购节约额”栏数据是根据相应年份的采购预算和采购规模数据计算而得。2010 年我国实际政府采购节约额数据尚未公布。

⑤ 因中国统计年鉴统计口径改变和数据调整，根据《中国统计年鉴 2011》计算的该列数据与财政部 2006 年前（含）《全国政府采购信息统计分析》公布的数据存在差异。

⑥ 财政部 2004 年《全国政府采购信息统计分析》公布的该数据为 8%。

续表

	GDP	政府财政支出	应达到的政府采购规模	实际政府采购规模	合理的政府采购规模效益（底线）	实际政府采购节约额	实际政府采购规模占 GDP 比重（%）	实际政府采购规模占政府财政支出比重（%）
2005	184 937.40	33 930.28	18 493.74	2 927.60	1 849.37	380.20	1.58	8.63
2006	216 314.40	40 422.73	21 631.44	3 681.60	2 163.14	440.60	1.70	9.11
2007	265 810.30	49 781.35	26 581.03	4 660.90	2 658.10	560.50	1.75	9.36
2008	314 045.40	62 592.66	31 404.54	5 990.90	3 140.45	758.50	1.91	9.57
2009	340 902.80	76 299.93	34 090.28	7 413.20	3 409.03	964.20	2.17	9.72
2010	401 202.00	89 874.16	40 120.20	8 422.00	4 012.02	—	2.10	9.37

数据/资料来源：GDP 栏数据来源于《中国统计年鉴 2011》；1998—2006 年“实际政府采购规模”栏数据来源于中国政府采购网统计专栏；2007—2009 年“实际政府采购规模”栏数据来源于《中国政府采购年鉴 2010》；2010 年“实际政府采购规模”栏数据来源于：王保安．立足国内改革和对外开放　推动政府采购工作再上新台阶——在全国 GPA 谈判应对工作及政府采购工作会议上的讲话．[2011 - 11 - 7]. http：//gks. mof. gov. cn/redianzhuanti/zhengfucaigouguanli/201007/t20100721_ 329079. htm. “比重”栏数据系根据上述相关栏目数据计算而得。

此外，我国政府采购实践中，许多地方政府采购片面地以政府采购资金节约率来衡量某一时期某一级政府采购效益的做法还很普遍。虽然近年来我国政府采购在降低采购费用、节约财政资金、提高资金使用效益上成绩显著，如表 10.2 所示，2001 年—2009 年我国政府采购的资金节约率均在 10% 以上。但数据的背后也反映出许多问题。以政府采购预算资金节约率来衡量政府采购效益，会导致政府采购中许多不良的发展势头的出现。首先会导致政府采购预算规模和财政资金严重浪费等问题；其次是预算编制不科学、资金节约率不真实；第三，造成了一些地方政府把政府采购行为当成了一种单纯的压价行为，片面追求中标价格的降低，而忽视了采购货物、工程和服务的内在品质，从而导致表面上节约了财政资金，而事实上财政资金使用效益低下。随着预算方法的改进，国库集中支付制度的完善，预算编制准确度必将提高，政府采购资金节约率应该不断下降。因此，从长远来讲，考察政府采购经济效益的科学指标应该是政府采购的市场价格节约率。

表 10.2　　2001－2009 年全国政府采购规模及节约资金情况对比表

（单位：人民币亿元）

	2001	2002	2003	2004	2005	2006	2007	2008	2009
采购预算	731.6	1 135.4	1 856.0	2 406.9	3 307.7	4 122.2	5 211.4	6 749.4	8 377.4
采购金额	653.2	1 009.6	1 659.4	2 135.7	2 927.6	3 681.6	4 660.9	5 990.9	7 413.2
节约资金	78.4	125.8	196.6	271.2	380.1	440.6	550.5	758.5	964.2
节资率（%）	10.7	11.1	10.6	11.3	11.5	10.7	10.1	11.2	11.5

数据/资料来源：根据 2007—2010 年《中国政府采购年鉴》、财政部 2001—2006 年《全国政府采购信息统计分析》中的相关数据整理计算绘制而得。

10.2　我国政府采购结构不合理，采购范围狭窄

10.2.1　政府采购结构不合理

政府采购结构通常是指在货物、服务和工程采购的支出额以及分别占政府采购支出总额的比重。政府采购结构效益是指在政府采购支出总额一定的条件下，调整货物、服务和工程采购的支出额，以增加政府采购的效益、优化财政支出结构和财政资源配置效益。通常来讲，当既定的政府采购资金在货物、服务和工程之间的配置满足三者边际效用与其边际成本之比相等时，此时的组合即可实现政府采购结构效益最佳（幸宇，2005）。

在国外，早期的政府采购仅限于政府部门使用政府预算购买货物、工程和服务项目。随着政府职能转变和实施公共政策需要，不少国家的政府采购范围不断扩大，逐步将涉及国计民生的铁路、市政工程、电力、通讯、机场、港口等公共基础设施项目纳入政府采购，几乎涵盖了公共机构和部门所有的采购活动。在欧盟国家，凡是属于政府事务范围内的采购事项都要实行政府采购（马海涛，2006）。

如前所述，近年来我国政府采购范围及构成逐步趋于合理，政府采购的范围由单纯的货物类扩大到工程类和服务类。不少地区货物类采购由原来的办公设备、公务用车、医疗设备等通用设备的购置，逐步扩大到电梯、取暖用煤、建材等非标准商品；服务类采购项目也由公务用车定点维修、公务用车统一保险、定点会议、定点加油等，扩大到网络开发、项目设计等技术含量较高的领域。工程类采购项目则由办公楼建造、房屋装修维修，扩大到社会关注度高、群众关心的

公益性工程项目和涉及民生项目的基础设施建设项目。我国政府采购范围及构成逐步趋于合理，但货物类占政府采购总规模比重仍然偏大，虽然工程类所占比重逐年增加，但作为财政支出的大项，目前该比重仍然偏低，而且大量公共工程采购游离于政府采购制度管辖范围之外，服务类采购的规模也偏低。①

10.2.2 政府采购范围狭窄

我国政府采购范围狭窄的现象也十分普遍。虽然如上所述我国政府采购范围及构成逐步趋于合理，但普遍而言，目前我国大部分省市实施政府采购的领域主要还是集中在财政专项拨款的一些大众通用设备的购置、各类定点服务以及少数工程及房屋修缮，主要包括办公设备、公务用车、医疗设备等的购置，以及公务用车定点维修、公务用车统一保险、定点会议、定点加油等。从各地制定的政府采购目录看，许多地方实行政府采购的工程还局限于修缮、装饰等市政工程，各地采购预算中的工程项目占应该实行政府工程采购的比例还不高。

10.3 我国政府购买性支出相关项目对 GDP 增长贡献的实证分析

为验证我国政府购买性支出相关项目与 GDP 间是否存在如凯恩斯经济理论所阐明的一定的正向关系，政府采购规模的增长是否带来了国民收入总量的上升，笔者拟建立计量经济学时间序列自回归动态分布滞后模型，对 1978—2010 年我国政府购买性支出相关项目对 GDP 增长的贡献进行分析。

10.3.1 实证分析思路

第一，选取现有已发表的最新原始数据。本计量经济学模型中所涉及的原始数据包括：1978 年至 2010 年国内生产总值、政府消费、政府投资、转移支出。

第二，将国内生产总值 GDP 作为因变量，研究 1978 至 2010 年政府消费、政府投资、转移支出对国内生产总值增长的影响。笔者对原始数据应用计量经济学常用的时间序列自回归动态分布滞后模型，并使用最小二乘法进行回归分析，通过 EViews 3.1 系统得出回归结论。

第三，对回归统计结果进行分析。分析步骤主要分为以下几项：

（1）T 值：查 t 分布表确定解释变量的 T 值是否落入拒绝域，说明解释变量

① 参见第 6 章 6.1.2 及 6.1.3。

的 t 值是否显著。

（2）拟合优度 R 平方值 R-squared 及经过调整的 R-squared 检验说明方程拟合程度是否良好。

（3）F 检验：查 F 分布表，确定方程的 F 值是否显著。

（4）Durbin-Watson 检验确定方程数据是否存在自相关情况。

第四，对回归模型进行经济意义分析。对于回归模型 F 检验证明模型在整体上是显著的情况，可以得到模型成功地对 1978 至 2010 年政府消费、政府投资、转移支出对国内生产总值的影响做出了分析结论。DLOG（GC）和 DLOG（GC_{t-1}）的系数分别揭示在 1978 至 2010 年间，我国当期和滞后一期的政府消费与当期国内生产总值的关系；而 DLOG（GI）和 DLOG（GI_{t-1}）的系数分别说明当期和滞后一期政府投资与当期国内生产总值的发展关系；DLOG（TE）和 DLOG（TE_{t-1}）的系数分别说明当期和滞后一期转移支出与当期国内生产总值的关系；DLOG（GDP_{t-1}）和 DLOG（GDP_{t-2}）的系数分别说明滞后一期和滞后二期的国民生产总值与当期国内生产总值的发展关系。对于常数项，由于其含义比较复杂，对其解释一般情况下是不能过于相信。

10.3.2　研究样本和数据

1. 政府购买性支出及其相关项目的含义

通常，按照政府财政支出的经济性质，即是否能在经济上直接得到相应等价补偿，西方经济学家把政府财政支出（Federal Expenditure，简称 FE）分为购买性支出（Purchase Expenditure，简称 PE）和转移性支出（Transferring Expenditure，简称 TE）两大类。区分的标准在于财政支出是否在经济上直接获得相等的代价，直接获得相等代价的支出为购买性支出，不直接获得相等代价的支出为转移性支出。

购买性支出，也即政府采购支出，它直接表现为政府购买物品或劳务的活动，其特点是政府在付出资金的同时，相应地得到了商品和劳务，并运用它们来实现国家的职能。也就是说，在这样支出活动中，政府同其他经济主体一样，在进行等价交换的活动，它体现的是政府的市场性分配活动，显示出政府在资源配置方面的作用（张得让，2004，p. 16）。

购买性支出包括政府消费（Government Consumption，简称 GC）支出和政府投资（Government Investment，简称 GI）支出两部分。政府消费支出是指政府日常行政事务所需购买的商品和劳务的支出；政府投资支出是指政府用于修建公共工程的支出。前者同私人消费支出一样，其支出的发生是即期的，不直接形成资产；而后者同私人投资支出相同，其支出的发生能够形成为未来消费提供更多来源的资本积累。

转移性支出是政府单方面把收入的所有权无偿转移出去的支出。它主要包括补助性支出、捐赠支出和债务利息支出等项目。转移性支出是财政资金无偿的、单方面的转移，它没有消耗社会资源。转移支出的特点是财政付出了资金，却不能得到直接的补偿，不存在等价交换的问题。特别是在市场经济国家，“实际也是最大的国家开支方案”。[①] 它体现的是政府的非市场性分配活动，显示了政府在公平收入分配方面的作用。

2. 政府购买性支出相关经济变量的界定及其数据

本书将对我国政府购买性支出相关项目对 GDP 增长的贡献进行实证分析，以证明凯恩斯相关的经济理论及政府采购规模的增长是否带来了国民收入总量的上升。由于我国现阶段公布的财政支出统计资料中，没有对政府购买支出的内容给予明确界定，所公布的相应项目由于存在统计时滞或者存在交叉计算，或者有增减内容的情况，使得对购买支出经济效益进行实证分析缺乏资料基础。我国一些学者曾在此方面做过一些尝试，但大都因为对有关参数界定方法不同，因而所得结果相异（庞皓、黎实，2000，p. 92 – 107；张得让，2004，p. 106 – 127）。因此，为便于分析，本书在对我国政府购买支出相关项目对 GDP 增长的贡献进行实证分析前，按照国际惯例和政府购买支出的内容，对我国现已发表的最新政府支出统计数据进行调整，并做如下界定：

政府财政支出和国内生产总值（GDP）数据选自《中国统计年鉴》。

政府购买性支出，包括政府消费支出和政府投资支出。

政府消费支出，主要包括增拨企业流动资金、地质勘察费、政策性补贴支出、工交流通部门事业费[②]、抚恤和社会福利救济费[③]、国防支出、行政管理费[④]等项目。

政府投资支出，主要包括基本建设支出、挖潜改造资金和科技三项费用[⑤]、

① 哈维·S·罗森. 财政学. 北京：中国人民大学出版社，2000：195.

② 《中国统计年鉴 2008》将“政策性补贴支出”及“工交流通部门事业费”调整为“工商金融等事务支出”。

③ 《中国统计年鉴 2007》将该项调整到“社会保障支出”，《中国统计年鉴 2008》调整为“社会保障和就业”。

④ 《中国统计年鉴 2008》将该项调整为“一般公共服务支出”、“公共安全支出”和“外交支出”。

⑤ 《中国统计年鉴 2008》将这几项分别并入“科教文卫支出”、“交通基础建设支出”等项目中了。

支农支出、科教文卫支出。[①]

转移性支出，等于政府财政支出减去政府购买性支出。

需要指出的是，由于受我国现有统计资料和统计口径变化限制，上述数据的选取和界定仍有缺憾。就 GDP 数据的选取而言，由于 1989 年以前绝大部分年份数据均未在《中国统计年鉴 2011》中列明，故本模型 1978—1988 年 GDP 数据采用的是《中国统计年鉴 2001》，而自 1989 年起的 GDP 数据则采用《中国统计年鉴 2011》，因此，本模型 GDP 数据存在断层。至于相关经济变量的界定，本书将支农支出划归政府投资支出，[②] 但它也具有政府消费的性质。又如，本书将科教文卫支出划归政府投资支出，但对该项支出究竟属于政府投资支出还是政府消费支出范畴，理论界尚存在分歧。[③] 但即使本书该部分实证分析存在上述缺憾，采用书中方法尝试探讨购买支出的宏观经济效益还是具有一定意义的。

根据以上对有关数据所做界定，可得调整后的政府购买支出及其相关经济数据，如附录表 2 所示。

10.3.3　回归结果分析

1. 构造时间序列自回归动态分布滞后模型

由于 GDP 变量序列不仅受财政支出与购买支出各项目变量序列的影响，还受其自身滞后值的影响，为此需要建立一个时间序列自回归动态分布滞后模型。因变量 Yt 表示其自身滞后值及其他外生变量本期值与滞后值的函数，该函数称为自回归分布滞后模型。一般形式是：

$$Yt = a_0 + \sum_{i=1}^{m} a_i y_{t-i} + \sum_{j=1}^{p} \sum_{i=0}^{m} b_{ji} x_{jt-i} + u_t, u_t(0, \sigma^2) \qquad (10.1)$$

其中，x_{jt}（$j=1, \cdots, p$）是外生变量。这种模型称为动态自回归分布滞后模型，记为 ADL（m，n，p）。m 和 n 分别表示 y_t 和 x_t 的最大滞后期，p 表示外生变量个数。另外，为了克服数据中存在的异方差，应对所有数据取自然对数后再进行回归。

---

① 2008 年 11 月，温家宝总理主持召开的国务院常务会议确定了进一步扩大内需、促进经济增长的十项措施，对灾后重建及保障房建设提出明确要求，同时提出 4 万亿投资中要加强基础设施建设。因此，《中国统计年鉴 2009》增加了“保障房建设支出”、“交通基础建设支出”及“地震灾后重建支出”，将其纳入“政府投资”。

② 鉴于国家近年来在农村基础设施改造方面投入较多，因此将其调整到“政府投资”类。

③ 胡庆康，杜莉．现代公共财政学．上海：复旦大学出版社，1997：118－131；侯荣华．中国财政支出效益研究．北京：中国计划出版社，2001：56－79.

2. 1978—2010 年我国政府购买性支出相关项目对 GDP 的贡献回归分析

从 GDP 及购买支出有关项目的时间序列来看，都有随时间增长的趋势，为消除虚假回归，[①] 需对这些序列进行差分处理。

$$DLNGDP = c + \sum_{i=1}^{p} \lambda_i DLNGDP_{t-i} + \sum_{i=0}^{n} a_i DLNGC_{t-i} + \sum_{i=0}^{n} \beta_i DLNGI_{t-i} + \sum_{i=0}^{n} \gamma_i DLNTE_{t-i} \quad (10.2)$$

模型假定 GDP 当期值受其滞后三期值影响，而且与政府消费、政府投资及转移支付的当期和滞后一期值相关，于是我们令 p = 3，n = 2，m = 3。根据附录表 2 提供的基础数据，通过使用经济计量分析软件 EViews3.1，采用最小二乘法来进行回归分析，得到如附录表 3 的结论，并得到如式（10.3）所示的一阶差分的 GDP、政府消费、政府投资及转移支出的自然对数序列变化趋势关系模型：

$$\begin{aligned} DLNGDP = {} & 0.08882775059 + 0.3115142517 \times DLNGC + 0.200264208 \times \\ & DLNGI + 0.1680862754 \times DLNTE - 0.4665908985 \times DLNGC_{t-1} \\ & - 0.06942341384 \times DLNGI_{t-1} - 0.1900833342 \times DLNTE_{t-1} + \\ & 0.7447022737 \times DLNGDP_{t-1} - 0.1878987034 \times DLNGC_{t-2} + \\ & 0.3567670375 \times DLNGI_{t-2} - 0.2573099482 \times DLNTE_{t-2} + \\ & 0.3181122056 \times DLNGDP_{t-2} - 0.3953153232 \times DLNGDP_{t-3} + \\ & [AR(1) = -0.2773388236, AR(2) = -0.7256062672, MA(1) \\ & = 0.9895526661, BACKCAST = 1984] \end{aligned} \quad (10.3)$$

10.3.4 统计结果分析

1. T 值

查 t 分布表得到（于俊年，2003，p. 524），a 值为 0.05、自由度为 14 的 t 值，即临界值 $t_{a/2}$（14）值为 2.145，$|T| > t_{a/2}$（14），其中 T 是各变量与其标准差

① 通过使用经济计量分析软件 EViews3.1 计算得出的 1978—2010 年我国 GDP 和政府购买支出相关项目的相关系数矩阵表，即多重共线性的检验表明，解释变量之间存在严格线性关系，即数据矩阵的列向量线性相关。由于本模型中采用了差分变换，解决了多重共线性问题，同时也解决了时间序列取值时的非平稳问题。

的比值，说明回归模型中因变量 GDP 与自变量之间存在线性关系。[①]

2. 拟合优度 R 平方值

R-squared 为 0.899 825，经过调整的 R-squared 为 0.763 222，说明方程拟合程度较好。

3. F 检验

显著水平 a = 0.05，查 F 分布表（于俊年，2003，p527），$F_{0.05}$（12，14）= 2.53。本模型中的 F 值为 6.587 159 > $F_{0.05}$（12，14），说明解释变量总体对 GDP 的影响是显著的，方程估计可靠。

4. Durbin-Watson 检验

Durbin-Watson 值为 1.818 090。因 D – W 检验法中利用统计量 $d = \dfrac{\sum_{t=2}^{n}[\varepsilon t - \varepsilon(t-1)]^2}{\sum_{t=1} \varepsilon t^2}$ 计算，适用于检验一阶自相关模型，对于高阶自相关模型及解释变量中存在滞后项的模型无法进行自相关性的检验。另辟其他方法，通过 Q 统计值得出结论，随机项自相关系数为 0.082，可以判定模型基本不存在自相关。[②]

10.3.5　经济意义分析

根据凯恩斯政府购买性支出与 GDP 间存在一定的正向关系的经济理论，以及上述实证分析，可对我国政府购买支出相关项目对 GDP 增长的贡献总结如下：

（1）由于回归模型 F 检验证明模型在整体上是显著的，t 检验证明主要解释变量也是显著的，所以模型成功地对 1978 年至 2010 年间政府采购支出项目对 GDP 的影响做出了分析。

（2）当期影响。对于政府消费的系数 0.311 514，说明在 1978 至 2010 年间，我国的边际政府消费与 GDP 关系约为 0.311 514，即如果其他变量保持不变，则政府消费每增加 1 亿元，GDP 总额就将增加近 3 115.14 万元。对于政府投资的系数 0.200 264，说明政府投资每增加 1 亿元，GDP 总额增加近 2 002.64 万元。而政府转移支付的系数 0.168 086，说明政府转移支付使 GDP 的增加相对少一

---

① 解释变量中 DLNGI、$DLNGI_{t-1}$ 及 $DLNGDP_{t-2}$ 的 t 值受样本容量的限制及数据断层的影响变得不显著，但由于其弹性系数仍符合经济含义，在模型中仍对其进行保留；其余自变量在显著水平 a 为 0.1 时，$t_{a/2}$（14）值为 1.761，t 值全部显著，既对被解释变量 DLNGDP 有显著的影响。

② 见本书附录表 4。

些，政府转移支出每增加1亿元，GDP总额增加近1 680.86万元。

（3）滞后一期影响。滞后一期的政府消费增长对当期GDP增长率贡献为负，滞后一期的政府投资增长贡献、滞后一期的政府转移支付贡献也为负，而滞后一期的GDP则对当期GDP的影响很大，弹性为0.744 702。这是由于我国政府投资支出规模主要是依据上一年度GDP进行预算，并据此进行调整，因此，上一年度GDP会对本年度GDP产生影响。另一方面原因是滞后期的GDP增加，会通过增加社会资本存量，使得经济规模扩大，进而影响当期GDP。

（4）滞后两期的影响。滞后两期的政府消费增长对当期GDP增长率贡献为负，滞后两期的政府转移支付贡献也为负，但滞后两期的政府投资增长贡献为正值，这符合我国近年来基础建设投资的周期性规律，尤其是2008年4万亿投资规模的支出，大部分产能要在两到三年后才显现出，故而对GDP的影响也相应滞后。滞后两期的GDP对当期GDP的影响为正，同样是由于受投资的周期性影响及政策的时滞影响，因此，资本存量的增加对GDP的影响显著。

（5）滞后三期的影响。滞后三期的GDP对当期GDP的影响为负，这主要由于三年期后政府的投资项目已基本完成或接近尾声，资本存量的影响已趋于降低，整体经济环境也出现较大变化，市场对于政策的变化预期中的不可确定性加强，进而影响人们的经济行为，影响到GDP的增幅。

（6）实证分析结果显现的更深层次的经济含义。上述实证分析显示，我国的购买支出相关项目与GDP间确实存在如凯恩斯经济理论所阐明的一定的正向关系，即政府采购数量的增长带来了国民收入总量的上升。但实证分析结果同时又显现出更深层次经济含义，即目前我国政府购买性支出相关项目对GDP增长的促进作用并未充分体现，具体体现在：

第一，目前政府投资对经济增长的贡献仍占较大比重，政府投资范围逐步扩大，且中长期的贡献度更为明显。这主要是由于我国政府近年来加大了农村基础设施、重大基础设施、生态环境工程、保障性安居工程等建设投资和科教文卫支出，因此中长期投资效果明显。

第二，目前政府消费这一重要增长因素正逐步体现，政府消费对GDP的贡献要大于政府投资的贡献度。其中国防支出及公共安全支出占较大比重，同时一般公共服务的支出规模随着经济的发展也逐步增长，一方面符合经济社会发展的规律，但同时公共服务过高的支出也暴露出政府职能的效率问题，因此未来在实施政府职能时须注重对资金的节约。

第三，我国政府购买性支出对经济增长的刺激作用主要体现在短期时效性而缺乏后劲，对于长期持续经济增长效用不大。这同时也为日后政府采购制度改革提供了相当大的发展空间。

第四，经济增长很大程度上受到心理预期的影响，人们会从近期经济发展的形势来预测未来，因而会导致决策上很大的波动性。

第五，转移支付在 GDP 中发挥着越来越大的作用。这与近年来政府加大社会保障体系的实施有很大关系，也说明起到了很好的效果。计量结果中转移支付与当期 GDP 成正向关系，主要是由于数据选择和样本容量所导致的，但不影响上述计量分析结果。

综上所述，总体而言上述模型与我国实际经济状况基本吻合。

10.4　扩大我国政府采购规模和范围的措施

采购规模和范围的大小表明了政府采购的成熟程度，也决定了政府调控经济的力度。政府采购只有规模上去了，政府采购的规模效应和政策功能才能充分发挥其应有的价值。扩大政府采购制度的管理范围，是政府采购制度持续健康发展的重要基础，也是实现与 GPA 规则逐步接轨的客观要求。扩大政府采购规模和范围，发挥其规模效应，首先应科学制定集中采购目录和限额标准，并不断拓展政府采购范围，将工程类和服务类以及中央专项资金纳入集中采购目录范围，同时科学编制采购预算。其次，有效整合政府采购资源，采取上下联动，实现供应商库、评审专家库等采购资源的共享，积极推动县级政府采购工作开展，扩大其政府采购实施范围和规模。此外，还要充分利用国际金融组织，扩大政府采购的规模。

10.4.1　科学制定集中采购目录和限额标准①

集中采购是政府采购的一种组织形式，也是政府采购的重要特征之一。实行集中采购，可降低直接购置成本和交易成本，政府采购实际成本也随之下降，同时还可以有效地预防和治理政府采购方面的腐败。从国际政府采购实践看，许多国家都建立了有效的集中采购组织管理体制，国家政府机关的一切物资或服务的采购与供应都集中于政府所设立的特定机构进行，如加拿大的采购中心、法国的公共购买团体委员会、菲律宾的供应协调局等。韩国中央政府采购采取高度的集中采购，在财政部下设采购厅，由采购厅统一负责政府采购工作，集中采购的范围从中央到地方，无论工程项目还是货物和服务采购一并由政府的集中采购部门

---

① 参见第 12 章 12.4.2。

进行。

对于我国政府采购模式的选择，笔者不大赞同国内一些学者主张的“实行部门分散采购为主、中央集中采购为辅的采购模式”（聂常虹，1999；王金秀、汪博兴、吴胜泽，2006）。的确，目前欧美国家普遍实行分散采购，集中采购项目已由强制性采购改为选择性采购，集中采购的商品主要是各部门需要的通用商品，占全国政府采购规模的比重也不足 10 %。但我国国情与欧美国家的巨大差异，决定了我国目前尚不能照搬发达国家的做法。虽然目前我国已经确立了建立社会主义市场经济体制的方向和要求，财政支出的宏观调控功能已相继到位，政府采购制度也已建立，但与西方国家运行了 200 多年的政府采购制度相比，如果以我国《政府采购法》颁布时间为起点计算，我国政府采购制度的建立时间仅仅 9 年多，集中采购的规模还很小，加之过去我国长期实行各部门、各单位自行采购模式，因而引发了诸如采购规模效益低以及易滋生腐败等许多问题，因此，从规范管理、节约开支、抑制腐败和发挥政府采购政策功能的目标出发，应该坚持以集中采购为主、集中采购与分散采购相结合的采购模式。不过，从长远来看，随着我国政府采购制度的逐步规范和政府采购市场的不断成熟，特别是整个社会法治环境的不断改善，我国政府采购制度的发展也要遵循国外政府采购模式发展的一般规律，即从分散采购模式，到以集中采购为主、集中采购与分散采购相结合的模式，再到以分散采购为主、分散采购与集中采购相结合的模式（王琦，2005）。

在市场经济条件下，为了最大限度地发挥有限资源的力度，政府在配置资源时需要通过政府采购进行引导，以采购的形式从资金上给予特定目标支持，从而发挥对民间的导向作用。而作为事业法人的以非营利性为目的的政府集中采购代理机构，就承担了实现政府采购政策功能的角色（白志远，2006）。

我国的集中采购分为政府集中采购和部门集中采购两种形式，集中采购目录相应分两大类。根据我国《政府采购法》第十八条规定，采购人采购纳入集中采购目录的政府采购项目，必须委托集中采购机构代理采购；采购未纳入集中采购目录的政府采购项目，可以自行采购，也可以委托集中采购机构在委托的范围内代理采购。纳入集中采购目录属于通用的政府采购项目的，应当委托集中采购机构代理采购；属于本部门、本系统有特殊要求的项目，应当实行部门集中采购；属于本单位有特殊要求的项目，经省级以上人民政府批准，可以自行采购。

虽然不能绝对地认为政府采购规模的逐年递增仅仅是因为集中采购目录范围的逐年扩大和限额标准的逐年降低，但一项项原本游离于政府采购之外的项目一旦纳入政府采购范围，无疑会促使政府采购规模的扩大。因此，科学制定集中采购目录及限额标准，不失为是一种为扩大政府采购规模做出贡献的重要途径。

自《政府采购法》实施以来，我国各地政府采购监督管理部门每年编制和发布《集中采购目录及标准》，为部门预算的编制提供了重要依据。从近年来我国地方政府采购实践看，虽然各地集中采购目录范围不同程度地呈逐年扩大之势，但总体来看政府采购范围还很小，可拓展的空间还很大。笔者对此提出如下建议：

1. 集中采购目录范围要量力而行

扩大集中采购目录范围来推动规模的扩大，并不是单纯降低限额标准，扩大采购品目那样简单。一般情况下，纳入集中采购目录的项目越多，采购规模就越大，但两者并不是绝对成正比，关键是看纳入集中采购目录的项目对采购规模是否产生实质性的影响，而且还要看操作的可行性。比如说工程采购，纳入集中采购目录确实能使采购规模大大加大；而零星、小额项目的纳入，虽对采购规模扩大也有一定的贡献，但影响不大，而且还不经济。

集中采购目录和限额标准的制定，既要根据政府采购预算水平和各地政府采购工作开展的具体情况，同时也要依据集中采购机构的能力，要有利于操作执行，这才是科学、务实的态度。当前首要任务是要在集中采购目录的执行和扩大之间找到一个平衡点，要量力而行，这样目录才不至于因无法操作执行而成为一纸空文。

2. 集中采购目录要与时俱进

集中采购目录范围不应一成不变，它的扩大和调整是“永无止境”的。由于社会不断进步和经济的发展，新产品的诞生、新形势的不断出现，以及为适应财政改革和支出资金投向的需要，都会有新的项目需要纳入政府采购范围中来。例如，我国沿海某省近几年将助农物资、救灾化肥，甚至支援农民养鱼的良种鱼苗、锅炉燃油，逐步纳入该省政府采购范围。还有的省将国家储备粮纳入了政府采购，有的省市对国债资金实行政府采购，有的省市尝试着在工程政府采购上辟出蹊径。

3. 集中采购目录的限额标准应切合实际

在我国地方政府采购实践中，绝大多数采用在集中采购目录中罗列采购项目的做法，集中采购目录都是一年一定。但这种做法存在一些弊端，例如，因目录不全造成一部分本应实行政府采购的项目游离于政府采购之外。我国沿海某省制定和发布政府采购目录的做法在全国是比较独特的，该省政府采购目录只规定政府采购限额标准，而且不逐年发布，只有在有调整的时候，再发调整通知。限额标准的设定防止了因“目录”不全造成的实行政府采购的项目脱离采购轨迹现象的发生，既体现工作效率，又增加了灵活性。

在制定目录限额标准时，首先要参照经济发展水平，经济发达的省份，限额标准可高一点，因为可以不依靠零星的小项目来扩大采购规模；而经济不发达的省份，限额标准就须制定得低些，零星、小额采购的积累影响着政府采购规模。此外，无论是单项限额，还是政府采购限额，都须从地方实际和项目操作实际出发来确定。因为从一些项目的特点来讲，限额太小不好操作，且不经济。把采购项目纳入“目录”，再根据实际情况用限额将其不适合集中采购的部分“限”出去，并非缩小了规模，而是体现了政府采购的科学性。

值得注意的是，通常情况下，集中采购目录限额标准越低，纳入政府采购的范围就越广，政府采购规模也就越大。但政府采购目录限额标准与政府采购规模的扩大并不是绝对呈反向关系，因为小额政府采购对政府采购规模的影响也很小。因此，在实践中要防止为片面追求采购规模的扩大而一味降低限额标准的做法，否则会导致因政府采购限额标准过低而降低了外国供应商准入的“门槛”，而且增加了政府采购执行机构的操作难度和采购成本，继而影响政府采购效率。

还需注意，政府采购监督管理部门与政府采购中心应注意练好内功，先将政府采购工作和采购效率理顺之后，如果只片面追求政府采购规模的扩大和 GDP 的增长而不关注经济发展规律，政府采购工作势必会走弯路。

10.4.2 将工程采购纳入政府采购范围

纵观国外政府采购实践，最原始形态的政府采购是工程采购。政府集中采购不是从买笔买墨开始的，而是始于工程采购。如：20 世纪 30 年代美国大力兴办公共工程以扩大政府开支、拉动内需；韩国中央政府采购采取高度的集中采购，在财政部下设采购厅，由采购厅统一负责政府采购工作，集中采购的范围从中央到地方，无论工程项目还是货物和服务采购一并由政府的集中采购部门进行；加拿大政府集中采购机构的业务领域也是以建筑和工程咨询服务、建筑和维修、货物和服务等公共工程为主。

按照我国《政府采购法》规定，[①] 所有财政投资工程都应该实行政府采购。如果严格依照《政府采购法》进行操作，工程政府采购的基本流程与货物和服务应该相同。即由财政部门掌控采购的几个关键环节——预算和计划必须由财政部门审批，采购方式和采购代理机构必须由财政部门确定，信息必须在财政部门指定媒体上披露，合同必须在财政部门备案，支付必须由财政部门最后把关；作

① 我国《政府采购法》第四条规定，政府采购工程进行招标投标的，适用《招标投标法》。

为法定的采购代理机构，依照法律规定，凡纳入政府集中采购目录的工程，都可以委托集中采购机构具体操作。

1. 我国工程政府采购存在的主要问题

目前我国很多地区自行其是，政府采购做法混乱（宋晓杰，2006）。例如，有的地区只是把工程纳入财政管理，建设部门把招标的数字报给财政部门就行了。财政部门可以插手的只是事前备案，事后统计具体数字。有的地区的做法是财政部门只负责采购一些建设部门未曾揽入的内部装修装饰或危改工程，土建工程基本上还是由建设部门监管。还有的模式是财政部门把住资金预算和支付一头一尾两个关口，其他环节由建设部门具体操作和监管。也有的省市财政部门只审批采购预算和进行备案，其他工作仍由原来的部门监管。

至于各地工程采购做法混乱的原因，客观上是因为整个政府采购的法律关系尚未理顺，各方主体的法律地位界定不明，权力有时不知不觉中超越了法律。当然，也存在人力、物力资源缺乏的因素。但究其深层原因，其实并非仅仅是法律权力界定不清，而是很大程度上存在部门之间职能交叉或其他利益因素。

2. 我国工程政府采购做得较好的事例

在各地工程政府采购具体操作中，也有做得较好的事例。例如，某沿海城市，从预算、信息披露、确定集中采购机构到合同签订以及投资评审项目执行和最终支付都由财政部门具体监管。之所以土建部分招标投标仍由市建委继续操作，是因为建委长期以来一直负责此项工作，形成了比较规范的工程招标、投标和评标的平台，建委的经验已经逐步走向成熟。另一沿海城市则以工程竣工为分界点，财政局和建设主管部门合作。财政部门主要参与预算的编制、信息发布、合同备案、资金支付四个方面的具体工作。再如，某省规定只要有一定比例财政资金的工程就纳入政府采购，财政部门负责审批预算、信息发布、监督招投标和支付，建设部门则负责工程质量的监督验收。尽管部门之间职责还有交叉，但是上述省市基本上在严格按照《政府采购法》运作。

由此看来，工程采购是一把“双刃剑”，运用得好，能够充分发挥政府采购的功能，实现政府采购的目的；运用得不恰当，不但容易产生部门之间的权力纠葛，也极易造成参与者越多，腐败者越多的局面，政府采购也就改变了其初衷。

3. 我国工程政府采购的建议

针对上述问题，笔者建议对工程采购进行统一管理，同时立法确立政府集中采购的绝对地位，并加强集中采购机构专业能力（白志远，2006），具体建议如下：

第一，对工程政府采购统一管理、打破条块分割。目前各地政府工程采购通常的做法是由建设部门负责具体操作和进行监管，财政部门只把住资金预算和支付，甚至财政部门只是负责事前备案、事后统计。从各地区出台的集中采购目录和政府采购有关资料情况来看，“非营利法人”性质的集中采购机构在工程类政府采购中的作用极为有限，有的地方甚至是一片空白，采购规模中占举足轻重的政府工程采购常常委托给“营利法人”性质的社会中介代理机构。如此一来，政府集中采购规模无疑被缩小，其所应起的功效也不能充分发挥，而且也易滋生腐败。因此，对工程政府采购要加强统一管理，从源头上防腐监督。

第二，立法确立政府集中采购的绝对地位。立法应明确规定政府工程采购代理机构应由“非营利法人”政府集中采购代理，使工程采购纳入集中采购范围，确保政府集中采购机构集中采购的绝对地位，充分发挥集中采购的作用。

第三，整合利用现有资源，加强集中采购机构专业能力。由于政府集中采购机构是政府设立的直属机构，通常是从原有财政部门分离出来的，专业技术存在先天不足。而我国工程招标机构在较长期的实践中已形成相当规模，并积累了一定的经验，因此，可根据需要从中选拔成立专门从事政府工程采购的代理机构，将其定位为“非营利事业法人”。如此可以利用成熟社会人力资源，降低培训成本和时间成本，使政府集中采购机构能够承担起日益扩大的采购规模。

10.4.3　中央专项资金纳入政府采购范围

做好中央专项资金的政府采购活动，扩大政府采购规模和社会影响力，是把中央专项资金落到实处的一种切实有效的做法。目前，中央专项资金项目涉及职业教育实训基地建设、西部疾病预防控制项目、雨水集蓄利用项目建设、环境保护专项资金、关闭小企业中央财政专项补助资金、“村村通”广播电视工程、补贴农牧业机械等。虽然各地纳入政府采购的情况不同，但有关中央专项资金的政府采购活动，进行得如火如荼。目前已纳入一些省份政府采购范围的有政法专项资金、正版软件采购、农村中小学远程教育工程和教科书采购、消防装备采购、卫生事业专项资金，中央和省财政安排的专项补助资金及农业开发、小麦良种补贴、收获机、大型玉米秸秆粉碎机和大型牧草收获机等新机具采购及环境保护专项资金等项目。

10.4.4　合理编制、严格执行政府采购预算

合理编制、严格执行政府采购预算是完善我国政府采购监督机制的重要内容。政府采购预算与财政支出规模以及政府采购规模之间的关系是相辅相成、辩证统一的。虽然政府采购预算是为加强财政支出管理、提高财政资金效率而服务

的，不能简单地理解为只为政府采购规模服务，但在科学制定集中采购目录和采购限额标准的情况下，政府采购预算规模会随着财政支出规模的扩大而同步扩大，而财政支出规模的扩大，势必也会为政府采购规模的扩大创造前提条件。因此，采购预算编制得科学合理，将有助于政府采购规模的扩大。

1. 我国政府采购预算编制面临的主要问题

政府采购预算是开展政府采购工作的基础和重要环节，也是政府采购工作的最关键部分。虽然采购预算应当允许有适当的变动，即使在美国等西方预算编制体系极其完善的国家，也存在着少量的追加或调整。但最理想的采购预算编制工作应该是全国或一个地区的全年采购预算应该等于或接近于该地全年的实际采购规模，这不仅要求所有采购项目都有预算，而且预算金额与实际的采购金额相一致。目前，在实际工作中我国地方政府采购实际采购规模超出年初采购预算很多的现象仍存在，究其原因就是采购预算编制得不合理，导致在采购预算的执行过程中，对很多采购项目进行了调整，或追加了很多本来没有列入预算的采购项目，而且还有的是一部分项目因为种种原因而游离于政府采购之外。

除了上述现象外，我国政府采购预算编制还存在不少问题（余海玲，2006）。第一，政府采购预算与部门预算脱节，没有同步编制，表现为实际编制时经常是与部门预算分别布置、分别编制、分别上报，形成与部门预算脱节的现象。第二，政府采购预算编制简单粗糙，某些公共支出项目还没有细化到政府采购目录，工程的采购预算编制不理想，即使编了也往往流于形式，随意性过大；对采购的商品未作具体说明，缺乏可操作性。第三，财政性资金应该包括行政事业单位的所有资金，比如单位的预算外资金。但由于对财政性资金的理解不正确，导致某些财政性资金的采购支出没有预算依据，采购人不按要求对采购性支出编制采购预算的现象时有发生。第四，由于受到经济发展水平因素的制约，在经济欠发达地区，年初只能列出人员经费，财政专项支出没法在年初编制采购预算。此外，有些地方尚未开展部门预算改革，采购预算的编制因而受到部门预算改革步伐的制约。

2. 合理编制政府采购预算的建议

针对以上问题，建议在编制政府采购预算时应从以下几方面着手。

首先，完善部门预算改革，在《预算法》中增加关于部门预算编制的具体要求。其次，在采购预算编制中增加关于将采购项目细化的要求，以使部门预算反映出来的财政性资金是行政事业单位的所有资金。再次，进一步加强预算的资金管理，严格执行政府采购计划和预算。政府采购部门编制的政府采购计划，应使本地区所有政府采购活动都纳入计划和预算。采购计划执行中，非特殊原因不得临时追加采购内容和规模。我国内陆某省在编制采购预算方面为其他省市树立了榜样。该省在财政部门和省级其他预算部门的共同配合下，已经真正实现了采购预算与部门预算的统一。政府采购预算中清楚地反映了预算部门每个专项所含的政府采购金额和所购货物、工程或服务。采购预算分类汇总后，进行打捆招投标采购，采购效率和规模效益得到提高。

第11章

增强政府采购政策功能导向，推动经济社会和谐发展

政府采购政策功能也称作政府采购公共政策功能，是指政府通过立法所确立的、通过其采购活动所推行的政治、经济、社会或者环境等体现社会公共利益的政策，其适用的领域是追求利益最大化的普通商业市场无法解决的社会经济问题，是需要政府进行干预和调节的事项，也是私人与政府进行采购交易的法定条件。

政府采购制度作为市场经济条件下各国财政制度的重要组或部分，不仅对购买性支出的使用管理具有关键意义，而且对财政资金分配的合理化亦会产生积极影响，由于政府采购支出所遵循的公开、公正、公平的原则和购买支出所达到的规模效益，它的影响已超过单纯的财政支出管理，涉及对国民经济的宏观调控以及国内国际经济合作领域。国外的政府采购大体经历了由财政支出管理手段向经济政策工具转变的过程。在自由资本主义时期，英、美等国主要强调政府采购节约资金和预防腐败的功能。在经历了20世纪30年代的世界性经济危机后，各国政府都加大了对经济干预的力度，而且随着政府采购规模的扩大，经济干预的力度也加大，政府采购的功能也日益受到重视。

政府采购的政策意图来自于多种渠道。通常是以政府和公共财政的职能为基础、以政府采购法规为主导、以相关法律配套，同时结合当时的施政方针加以确定的。综观各国政府采购实践，政府采购的政策意图可以主要概括为：一是支持采购国货；二是为高新技术产业和特殊产业的发展提供有力保障，提高自主创新能力；三是保护环境，节约和合理开发、利用资源，推进政府绿色采购；四是平衡地区间经济，扶持和促进中小企业以及民族经济发展。各国政府还为此设计了一系列明确的措施，通过对政府采购政策的调整，把保护民族工业、扶持困难企业、加强环境保护以及加快少数民族地区和不发达地区的企业发展等纳入采购范

围内，从而可以平衡地区间经济的发展，实现整个社会经济健康、均衡的发展。

从1996年我国政府采购试点和2002年《政府采购法》颁布，经过十多年的创新、推广和完善，我国政府采购制度在提高财政资金的使用效率、健全财政职能、强化财政监督、促进廉政建设等方面取得了显著成效。党的十六届三中全会进一步从推进财政管理体制改革、健全公共财政体制的角度提出深化政府采购制度改革，把完善政府采购的政策功能作为当前乃至今后深化政府采购制度改革的重点所在。《中共中央关于制定国民经济和社会发展第十一个五年规划的建议》又第一次将政府采购单独列入国家经济社会发展规划的重大政策系列，因此，政府采购工作的重心应当从单纯节约采购资金转移到执行公共政策上来。如何更好地发挥政府采购政策功能，进一步推动经济社会的发展，是我国政府采购领域近期需要研究的一个重要课题。

11.1 加强我国政府采购政策功能导向的原因

加强我国政府采购政策功能导向的原因主要体现在以下几个方面。

11.1.1 抓紧加入GPA前的时间，形成国内利用政府采购实施公共政策的体系

目前我国对政府采购公共政策运用范围和程度，尚没有达到GPA所允许的发展中国家使用水平，特别是《GPA2006修订本》所规定的对发展中成员给予特别的考虑，即要求缔约方给予加入GPA的发展中国家最惠国待遇，同时在其他缔约方允许的前提下，按照时间表在过渡期内采取过渡性措施。更不用说达到发达国家普遍使用政府采购支持科技发展的程度。因此，我国在利用政府采购作为实现公共政策工具方面还有极大的空间，我们应抓紧加入GPA之前的时间，形成国内利用政府采购实施保护国货的公共政策体系，作为加入GPA谈判的条件。

11.1.2 与经济有效性的作用相比，我国政府采购政策功能不足

经济有效和政策工具是决定政府采购工作的两个基本因素。虽然我国《政府采购法》规定，政府采购要贯彻社会经济政策，但是从目前情况看，政府采购真正实现政策目标的作用却很有限。从1996年试行政府采购制度以来，政府采购一直着重强调节省采购性财政开支，并作为评价政府采购工作主要乃至唯一的标准。而政府采购的政策工具作用还没有充分发挥出来，至少在执行《政府

采购法》第九条、第十条规定的支持中小企业发展、区域发展、可持续发展和对外贸易保护等公共政策功能远没有得到应有重视和正常发挥。[①] 所以，我们需要首先依法进行平衡性调整，落实法定政府采购公共政策项目，应当构建执行公共政策的政府采购制度机制和管理体制，例如，构建如何扶持不发达地区和少数民族地区的制度机制和管理体制，更加注重诸如发挥环境保护、促进自主创新、照顾中小企业发展等政策功能作用。并在此基础上进一步根据实现政府职能的需要，扩大公共政策的适用领域和范围。

11.1.3　扩大政府采购公共政策功能不会对市场配置资源的基础作用发生影响

目前我国政府采购法的适用领域主要集中在政府和公共管理机构的日常经费范围，运用公共政策的项目仍然有限，公共服务和公共工程建设所占比例较低。虽然我国政府采购规模占 GDP 和财政支出的比重，分别从 1998 年的 0.04% 和 0.29% 增加到 2010 年的 2.10% 和 9.37%，但远未达到 10% ~20% 和 30% 左右的国际平均水平。[②] 因此，扩大政府采购政策功能，不会影响我国市场配置资源的基础作用。

11.1.4　我国持续增长的财政收入为政府采购政策功能的扩大提供了物质保障

如前所述，实施政府采购有可能比采用其他方式更能节省财政投入并且更有效率，但我国建立政府采购制度的初衷不同于发达国家，我国不是因为政府财政支出困难，而主要是要改革传统计划经济的财政支出制度，建立公共财政制度。而且，我国政府当时非但没有缩减财政开支，而是实行积极的财政政策扩大财政支出刺激国内需求。加强政府采购公共政策功能将增加政府采购财政开支，例如，购买自主创新产品、节能产品、中小企业或特殊群体产品，可能会比购买普通产品的价格高，采购的经济性效应可能不如商业消费市场采购。因此，如果实施政府采购、扩大政府采购公共政策功能，需要有足够的财力支持。近年来我国财政收入持续增长，为实施政府各项公共政策提供了充足的物质保障，使得进一步加强政府采购政策功能成为可能。

---

① 参见本章其他部分和第 12 章 12.2.1 相关内容。

② 参见第 10 章 10.1.3。

11.2 借鉴国际经验，保护本国经济和国家安全

政府采购对外贸易政策的核心是“国货”优先。购买国货是各国政府采购公共政策功能的最主要的目标，它一直是各国保护本国产业的有效手段和措施。在经济全球化深入发展的背景下，政府采购政策功能逐步从国内扩展到国际范畴，成为维护国家主权、增强国家竞争力的有效手段。目前我国对政府采购公共政策运用范围和程度，远未达到GPA关于发展中国家的特别考虑的规定，因此，我们应抓紧加入GPA之前的时间，在借鉴GPA成员经验的基础上，充分运用GPA协定例外条款和对发展中国家的特别考虑条款，尽快制定出对国内产业实行优先购买的政府采购政策，从而有效地保护和促进国内产业的发展。

如前所述，GPA协定例外条款无法改变成员或非成员政府采购优先本国的立场。政府可以充分利用政府采购定单，适用公共项目调整经济发展。无论GPA的成员或非成员都充分关注该条约的弹性规则而制定国内法或区域内的特殊制度安排，由于它适用例外的空间非常大，因此只要这类国内或区域内特殊制度安排与该条约未发生硬性规则冲突，即使在国内或地区立法中作出限制性准入规定，设定政府对采购市场准入的控制权，也可以视为条约非歧视原则允许的适用例外。国家需要系统的立法实现经济发展的目标，而政府采购法及相关法律、法规确立产业选择条件下的保护原则，可使国家对于采购既符合国际惯例、又最大限度达成政府目标。GPA成员在长期的政府采购实践中，积累了通过政府采购扶持本国或本地区企业、保护本国或本地区经济的丰富的经验，他们通常采取的做法是，政府采购准入在符合明确标准要求的基础上产生，在政府采购项目中直接规定本域保护原则。我们应借鉴这些成员的经验，运用政府采购政策功能保护国内企业、扶持国货，并采取如下具体措施。

11.2.1 贯彻“国货优先”原则[①]与我国加入GPA并不矛盾

我国政府采购贯彻“国货优先”原则与我国加入GPA并不矛盾，以下分别从我国加入GPA前和加入GPA后两方面进行分析。

---

① 我国《政府采购法》关于公共政策的规定可以概括为可持续发展、区域发展、中小企业发展和对外贸易保护四项政策。该法第九条和第十条规定为保护环境、扶持不发达地区和少数民族地区、促进中小企业发展以及购买本国的货物、工程和服务，统称为政府采购的“经济社会目标”。它在美国被称为“社会经济考虑”，是与商业性考虑相对的因素。

1. 加入 GPA 前

如前所述，我国加入 GPA 谈判的过程可能会比较长，目前我国对政府采购公共政策运用范围和程度，尚没有达到 GPA 所允许的发展中国家使用水平，[①] 更不用说达到发达国家普遍使用政府采购支持科技发展的程度。因此，我国在利用政府采购作为实现公共政策工具方面还有极大的空间，我国应抓紧加入 GPA 之前的时间，形成国内利用政府采购实施公共政策的体系，以立法的形式，保护国货，并以此作为加入 GPA 的谈判条件。

2. 加入 GPA 后

即使加入 GPA 后，我国政府采购贯彻“国货优先”原则也并不违背 GPA 原则。

（1）对未签署 GPA 的国家或地区。如前所述，由于 GPA 具有诸边协定的性质，谈判结果仅对谈判成员生效。因此，对未签署 GPA 的包括 WTO 成员在内的国家或地区，我国政府采购仍可采取国货优先原则。

（2）对已签署 GPA 的成员。根据如下不同情况，我国仍可贯彻“国货优先”的原则。

第一，在 GPA 协定规定的例外条款范围内，我国政府采购仍可采取“国货优先”，以保护本国企业和国家利益。根据《GPA2006 修订本》第 3 条“协定例外”第 1 款、1994 年版 GPA 第 23 条规定，在特殊情况下，“对武器、弹药或战争物资采购，或对国家安全或国防目的必要的采购”[②] 等原因禁止或限制外国供应商进入，也不违背 GPA。另外，上述修订本还明确规定了可以适用协定例外的情形：缔约方为保护公共道德、秩序或安全的需要；缔约方为保护人类、动植物生命或健康的需要；缔约方为保护知识产权的需要；或因保护残疾人、慈善机构或劳改人员的相关产品或服务的需要。[③] GPA 成员常以国家或地区安全、保护环境、保护知识产权和保护特殊群体需要等上述协定例外条款为由，通过国内或

---

① 详见 1994 年版 GPA 第 5 条“发展中国家的特殊和差别待遇”和《GPA2006 修订本》第 4 条“发展中国家”。

② “for the protection of its essential security interests relating to the procurement of arms, ammunition, or war materials, or to procurement indispensable for national security or for national defence purposes,” See Committee on Government Procurement. Revision of the Agreement on Government Procurement as at 8 December 2006, Article III Exceptions to the Agreement 1. [2006 – 12 – 9]. http: //www. wto. org.

③ (a) necessary to protect public morals, order, or safety; (b) necessary to protect human, animal or plant life or health; (c) necessary to protect intellectual property; or (d) relating to goods or services of persons with disabilities, philanthropic institutions, or prison labour. See Committee on Government Procurement. Revision of the Agreement on Government Procurement as at 8 December 2006, Article III Exceptions to the Agreement 2. [2006 – 12 – 9]. http: //www. wto. org.

地区立法、制度和程序，禁止或限制外国供应商进入本国或本地区政府采购市场，从而把国家利益和本国企业的利益严密地保护起来。

第二，GPA允许成员协商以排除非歧视原则的适用。GPA允许成员之间谈判确定贸易实体、产品或服务清单，划定一定的采购范围作为适用非歧视原则的例外，对于地方政府的采购，也可以根据双边谈判商定开放的领域。因此，仍可根据开放实体的谈判，通过将次中央实体和其他实体排除在清单外的方式，贯彻“国货优先”原则。GPA对附录一中的附件1“中央实体”的规定比较明确。对于附件2“次中央实体”的政府采购，成员可以按照互惠原则协商确定彼此开放的领域，不实行最惠国待遇，相应的对外开放领域只取决于政府的双边谈判。而对于附件3“依照GPA规定进行采购的所有其他实体”，这部分实体本身具有很大的不确定性，并且GPA对这部分实体的处理采取了开放的政策，既允许成员选择将适用主体列举在附件中，[①] 又允许成员在一定条件下将部分实体撤出。因此，在非歧视原则框架内，GPA成员可以根据本国或本地区经济发展水平，并兼顾政府采购的社会性目标和经济性目标，自主地决定确立对相关成员开放政府采购市场的范围和程度，有选择地决定具有比较优势的产业领域。

第三，运用GPA对发展中国家特殊与差别待遇条款。根据《GPA2006修订本》第4条“发展中国家”第6款（a）的规定，GPA在发展中国家生效后，应发展中国家要求，在GPA政府采购委员会允许的前提下，发展中国家可延长第3款允许的措施过渡期或第4款允许的执行期。根据《GPA2006修订本》第4条和1994年版GPA协定第5条的规定，作为发展中国家的我国可以就贸易实体、产品、服务清单进行双边谈判，以确定谈判双方均可接受的范围；在参加区域及全球安排时可将适用范围中的部分贸易实体、服务、清单作为适用例外等，从而享有根据本国经济、财政、贸易情形决定非歧视适用例外的待遇，也可以依照本国经济、财政、贸易情形考虑扩大适用GPA范围的可能性。

第四，运用《GPA2006修订本》新增的环保条款及对发展中国家的环境给予特别考虑条款保护国内产业。《GPA2006修订本》新增了缔约方应对发展中国家的环境给予特别的考虑。[②] 在谈判加入GPA时，我国可以充分运用环境保护条款，这既不违背GPA原则，又可以合理保护国内产业，控制政府采购市场开

---

① 例如，日本有几个省规定，政府机构需用的办公设备、汽车、计算机、电缆、导线、机床等不得采购外国产品。易棉阳，曾鹏．政府采购与国货．决策与信息，2006（1）．

② Revision of the Agreement on Government Procurement as at 8 December 2006, Article IV Developing Countries 1. ［2006－12－9］. http：//www.wto.org；另参见第4章4.2.3。

放度。

11.2.2　优先购买本国产品

采取优先购买本国产品措施的目的是非常明显的，即大力扶植本国企业，优先采购本国商品，通过保护本国政府采购市场，保护本国经济。采取此做法保护国内产业的具有代表性的国家是美国。美国《购买美国货法》[①] 规定："无论法律如何规定，并且除非有关部门或独立机关的负责人断定其不符合美国的公共利益或其成本不合理；否则，基于公共使用的目的，只能采购在美国采掘或生产的未制成的物品、材料或供应品；所采购的已制成的物品、材料或供应品，只能是实质上全部由在美国国内采掘或生产的未制成的物品、材料或供应品制成，并应在美国国内制造。"该法根据行政命令实施，要求政府机构购买本国的货物和服务。例外的情形是，本国所供应的货物和服务的价格不合理，[②] 或者相关政府机构确认它们不符合公众利益。[③] 被认定为美国产品必须具备两个条件：一是拟采购的项目即"最终产品"必须是在美国制造；二是最终产品采用的"实质上全部的"组件也必须是在美国制造。[④]

我国政府采购应充分考虑本国经济发展的要求，尽量优先购买国内的商品，尤其政府在采购重点产业产品时，更应尽可能选择国内产品。国有企业生产经营过程中所需的重大装备、设备等生产资料应该优先采购本国产品，因为国有企业本身就是国有经济的一部分。一个典型的例子就是，在我国的国有经济中，有大量对国民经济发展起着重要作用的行业，比如电力、银行、电信、金融、保险，这些国有控制的企业，他们使用的资本货物类产品即生产资料，应突出自主创新，优先使用国货。另外，为了突显对创新的支持力度，对于新的产业、新的技术，采购过程中的要求可以适当降低一些，比如汽车，虽然我们的自主创新产品

---

① 《购买美国货法》(Buy American Act) 于 1933 年实施，是美国有关政府采购优先购买本国商品的保护性法律，是美国政府采购重要的法律，它根据行政命令实施，要求政府机构购买本国的货物和服务。在美国成为 GPA 成员方后，通过《1979 年贸易协定法》废止了《购买美国产品法》中指定从特定国家购买产品和物资条款的适用性，并且禁止不公平对待外国企业。但美国有国内法优先于国际协议的规定，而且由于美国州政府在立法上有较大的自主性和独立性，美国未能像欧盟一样将所有地方政府都列为适用的对象，所以美国仍按照 1933 年《购买美国货法》执行歧视性政府采购政策，各州的政府采购仍然采取歧视外国企业和产品的做法。

② 价格"不合理"是指美国国内采购成本高于外国产品 6% 以上。

③ 该法不适用于采购之物在境外使用、美国境内没有制造或在国内采购不能获得令人满意的数量和质量以及军需品零售商店等采购项目。

④ 判定是否是美国制造的标准是美国国内生产成本是否超过总成本的 50%。

可能在技术参数上和国外产品有一定差距，但是，汽车除了安全性外，还有舒适性的考量，如果能够确保行驶安全，仅仅是舒适性差一些，政府也应该优先采购，以达到扶持本国企业的目的。我们应克服近年来某些地区政府部门采购过程中对国内产品的歧视倾向，例如直接指明采购外国产品的品牌或供应商，致使政府采购机构在履行采购职能时无法有效保护民族产业。

同时，需要明确的是，支持国货并不等于保护落后，政府采购也不是保护落后，国有企业优先采购国货，必须是在国货的基本功能、技术参数达到使用需求的条件下，才优先采购。

11.2.3 规定本地产品含量

这一措施的作用在于限制不符合条件的国外产品的进入；或保证进口的国外产品中本国生产价值的含量，从而间接地促进本国劳动力和原材料的出口，保护本国经济发展。国内法以透明度原则公开准入标准并不违背协定非歧视要求，GPA 成员通常可以国内法已规定的标准为主要依据进行 GPA 的双边谈判。各国一般都依经济竞争实力的差距考虑政府采购本地化，可以尽先规定国际采购的本地含量。例如，1993 年 1 月，欧盟前身欧共体出台的有关供水、能源、交通运输及电信等公共事业的政府采购法，即《关于协调有关水、能源、交通运输和电信部门采购程序的指令》（简称《公用事业指令》）规定，如果来自第三国的产品价值超过投标产品总价值的 50%，采购机构则有权拒绝该项供应合同的投标。再如，根据美国 1991 年《道路运输效率法》规定，各州接受联邦运输部补助采购包括轨道车辆等大众运输机械时，在其采购成本中必须有 60% 以上的美国生产价值，而且车辆须在美国国内组装。又如，以色列规定政府采购中的本地产品含量应不低于 35%（吴大军，1999；刘慧，2003）。泰国法律规定，本国产品符合国家标准，价格不高于其他国家产品 10% 的，优先购买本国产品（任际，2005）。

11.2.4 给予本国企业优惠待遇

给予本国企业优惠待遇通常以优惠率的方式存在，通常是在投标价格评标时，对性能相同的外国产品的报价加价一定比例，从而使国内产品的报价更具竞争优势。采购优惠可以提高本国供应商的中标率，使政府采购在法定差价内优先采购本国供应商的产品，保护本国政府必须扶持的企业或行业。无论是美国、欧盟还是日本，各国均对交通、通讯和公共事业部门进行严格的保护。对于公共事业中有关机械和货物政府采购，日本的保护程度最高，其优惠率分别为 41.6%

和 26.9%；其次是欧盟，分别为 15% 和 23.8%；然后是美国，分别为 10.7% 和 16%（刘慧，2003，p.124）。欧盟在对自来水、能源、运输及通讯等公共事业采购时，凡 3% 价格差异以内的，优先采购欧盟产品。美国有些州政府在国际招标中，给予本国供应商 5% ~30% 的价格优惠；占美国政府采购 90% 的国防采购，对国内供应商的优惠率为 50%。又如，波兰政府给予国际招标中的国内投标商 20% 的价格优惠。

除了上述价格优惠方法外，国外政府还通过实施原产地优惠、最不发达地区优惠、本国供应商优惠、中小企业优惠、特殊行业优惠、高新技术产业优惠等规定和措施对本国产业和供应商实施保护。

11.2.5 以本地含量为主的贸易补偿

贸易补偿是国际政府采购实践中常见的做法。通常，采购国为了培育国内产业或是为了改善国际收支，要求中标的外国供应商须达到某比例的国内采购，或者必须转移某项技术或共同开展研发，或者在国内投资建厂、进行国内人员培训和人才培养、协助国内产品外销、认证国内产品质量等。例如，澳大利亚为了发展信息产业，1987 年开始运用政府采购补偿贸易措施发展伙伴关系，它适用于每年在澳获得信息产业（含服务）合同价值超过 4 000 澳元以上的国际 IT 大型跨国企业，这些企业如果同意与澳政府签署协议书，则必须承诺在协议期满前，同意每年就其对澳政府销售额中提取 5% 的经费，在澳国本土开展研究开发活动。此外，该跨国公司必须在当地以独资、合资或委托加工生产方式出口产品，其每年出口金额必须达到进口金额的 50%，并且所有出口产品内含澳国生产附加值的比重应平均达到 70%。澳国政府还提供相关产业投资及生产必要的基础设施，以鼓励外商参与该计划。IBM 公司等世界一流企业，主动提出要考虑将他们在中国生产的产品的技术含量达到 50%，作为在中国办厂的附加值。这无疑有利于我国对世界先进技术的引进，从而使我们尽快跟上国际经济发展的脚步（周新宇、于辉，2000；马海涛、李燕、周新宇，2001；马海涛、姜爱华，2007）。

GPA 就贸易补偿对发展中国家规定了特殊与差别待遇，根据《GPA2006 修订本》第 4 条“发展中国家”第 3 款（b）规定，在其他缔约方允许的前提下，发展中国家可以按照时间表在过渡期内采取贸易补偿的过渡性措施。我们应充分运用该条款的规定，并借鉴 GPA 成员的经验，可采取以本地含量为主的补偿贸易做法。我国没有生产而不得不采用外国的产品时，其零部件要有一定比例是国产的，或是参加政府采购投标的外国产品有一定的技术转让，同时配合优惠法，以支持国内中小企业或特殊产业的发展。

为了促进国内企业的发展，还可根据《GPA2006 修订本》第 4 条“发展中国家”第 8 款的规定，在国际招标的政府采购中规定附带条件，如在工程项目采购中要求中标商提供贷款、技术转让或人员免费培训等。但值得注意的是，上述条款规定很笼统，只写明“缔约方对发展中国家技术合作、与加入相关的能力建设和协定执行的请求应给予充分的考虑。”但需要注意的是，该条款内容含糊，对于如何执行没有写明，因此操作性和执行力都不强。而且，给予发展中成员的这种所谓优惠待遇，并非自动享有。它需要参加协定的发展中成员与现有的成员方分别谈判获得具体优惠。因而发展中成员需要根据自身的发展状态研究如何适用非歧视例外保障自身的发展。

11.2.6 政府采购合同的保留

通过政府采购扶持中小企业的发展是各国或地区政府通常的做法，政府采购合同的预留就是其中的一种，美国和我国台湾地区就采取这种做法支持中小企业发展。常见的政府采购合同预留有，将竞争局限在合格的小企业之间，或直接给予小型劣势企业财政激励，或给予主承包商财政激励，以鼓励其吸纳小型劣势企业进入合同分包。以上方法可独立使用，也可相互结合使用。

11.3 为高新技术产业和特殊产业的发展提供有力保障，提高企业自主创新能力和核心竞争力

改革开放以来，我国与世界的经济联系日益密切，其结果一方面通过技术引进和技术创新，带来了社会经济迅猛发展；另一方面，我国企业总体处在全球产业价值链中附加价值比较低的制造环节，企业核心技术、产品技术含量较低，因而使得中国在诸多方面因为自主创新能力不足而处于劣势。针对此情况，我国政府制定了一系列方针、措施，以推动企业自主创新。我国改革开放 30 多年的实践证明，真正的核心技术是引不进来的，只有不断增强自主创新能力，在充分吸收世界科技领域新成果的基础上，通过自主创新实现重点突破，才能提高企业市场竞争能力和抗御风险能力，才能带动我国整体科技水平实现跨越式发展。

11.3.1 高新技术产业的发展需要政府为其提供必要、有效的支持

高新技术产业在一国国民经济发展中占有举足轻重的地位。高新技术产业所占国民经济中的比重是衡量一个国家经济发展水平和增长潜力的重要指标，高新

技术产业的发达程度决定着一国相对于他国能否享有生产技术上的比较优势。

近年来，高新技术产业对于经济增长的贡献率不断上升，成为推动产业结构升级的重要力量。在新技术革命的推动下，新技术、新工艺、新材料、新能源不断涌现。由于高新技术具有巨大的辐射力和渗透力，催生出一系列新兴高新技术产业，也促使传统产业发生革命性的变化。无论是发达国家还是发展中国家，都把发展高新技术产业作为调整经济结构的主攻方向，通过发展高新技术产业推动经济结构的调整，以更好地适应生产力发展的需要。高新技术产业具有较强的关联性和带动性，高新技术产业的发展，不仅使生产力以其前所未有的速度发展，还带动了相关产业的发展，形成新的经济增长点，推动产业结构向着高新技术化、高资本密集化和高附加值化发展，使产业结构迅速升级。此外，高新技术产业的发展还会引起生产方式、经济结构、社会生活各个方面的深刻变化，从而推动整个社会的进步。

高新技术产业自身发展的特点以及发展过程中所面临的外部性和不确定性客观上需要政府为其提供必要、有效的支持。

在高新技术发展的最初阶段，技术的稳定性尚待检验，其能否被市场所接受也需要时间，实行政府采购政策可以形成有效的市场需求，为这些产业的发展提供有力的保障。此外，高新技术产业具有外部效益，即新技术的研发存在"收益外溢"。当新技术研发获得成功时，从事研究的企业或机构不可能将其收益全部据为己有，其社会收益要远远大于私人收益。另外，由于高新技术产品具有容易复制、仿造，"免费搭车者"在承担很小的成本、甚至不承担任何成本的情况下就可以获得收益，导致研发者的高额投入无法收回，收益无法实现，影响了高新技术产业的良性发展。

高新技术产业化发展中所面临的这种外部性和不确定性必然会导致市场失灵的现象出现。高新技术领域的市场失灵可以通过政府采取适当的措施予以纠正，实现资源配置的有效性和合理性。政府采购就是实现资源合理配置的一个重要方式。通过对高新技术领域实行政府采购，促进资金、技术、劳动力等要素流向高新技术领域，引导资源的有效配置，为高新技术产业化发展提供重要的支持。由于存在外部性会导致私人收益低于社会收益现象的出现，实行政府采购可以很大程度上降低这种外部性，政府可以有效地分担私人部门的风险成本。而且，在高新技术研发的早期，由于政府的介入，会为其发展提供所需的巨额资金及早期市场，减少产业化进程中的不确定性，有助于推动高新技术产业化进程。

11.3.2 政府采购促进企业技术创新、提升企业核心竞争力的国际经验

政府采购国货是促进国内企业技术创新的非常重要的方式，也是各国通用的做法，发达国家的政府采购实践证明，政府可以通过政府采购国货政策促进企业技术创新，提升企业的竞争能力和国家整体科技创新能力。国际经验表明，许多国家通过政府采购来鼓励和扶持本国的高新技术产业的发展，并对本国的交通、电信、公共电力、能源、饮用水、军事等特殊行业或部门予以保护。还有不少国家在卫星设备和农业支持计划等领域实施对本国供应商的保护。而这些曾被政府扶持和保护的产业现今都已成为新经济发展的重要支撑点，对于本国经济的整体发展也起到了巨大的带动作用。

从政府采购扶持和保护的产品性质来看，大体可以分成两类，一类是针对国内企业生产具有原始性创新的产品实行政府采购，这种做法主要发生在像美国这样的引领科技发展潮流的国家；另一类是对国外企业已经具有相当生产规模和技术优势而国内生产企业还不强大的产品实行政府采购，主要发生在欧洲、日本、韩国及一些发展中国家和地区。

以美国为例，美国的《购买美国货法》、《联邦采购法》都专门制定了针对创新技术和产品进行采购的内容。美国高新技术产业的迅猛发展就与其在高新技术领域广泛实行政府采购政策密不可分。美国自20世纪四五十年代开始就通过集中采购合同对高科技产业及战略性产业进行扶持。美国西部硅谷地区和东部128公路沿线高技术产业群的迅速发展，联邦政府的采购政策发挥了关键作用。特别是早期的国防采购计划，例如，美国最成功的高新技术公司之一惠普公司的腾飞是在第二次世界大战期间，该公司生产的电子测量装置和接收器可以用来侦察和分析敌人的雷达信号，联邦政府对这些产品的采购使惠普公司的销售额从1941年的3.7万美元上升至1945年的75万美元，这为惠普公司后来的发展打下了坚实的基础（韩霞，2005）。美国计算机、半导体和集成电路等工业的兴起和发展，在很大程度上也是靠政府的采购政策给予了第一推动力，在半导体和计算机工业发展的早期，其产品主要是由国防部和国家宇航局出面采购。以集成电路为例，1960年集成电路产品刚刚问世，100%的集成电路产品由联邦政府购买。1962年，政府对集成电路购买量占94%，到1968年，政府对集成电路产品的购买量仍占37%，政府采购有力地促进了这一新兴产业的发展。克林顿政府为扶持创新产品的初期市场，仅计算机及其相关产品的政府采购就达90亿美元（王金秀、汪博兴、吴胜泽，2006），政府采购为美国集成电路的发展起到了关键的扶持和促

进作用。美国政府技术采购不仅所占份额大，而且采购价格大都高于市场价格，这对于高新技术产业的最初发展和腾飞来说可谓受益良多。

再以日本为例，日本曾通过政府采购定单，扶植了本国的汽车行业、电子行业等。20 世纪 60 至 70 年代日本政府大力扶植计算机产业，规定政府部门、国营铁路、电信电化公社、国立大学以及政府系统有关机构在选购计算机时，必须优先采用国产机（祁峰、杨宏，2001；任际，2005）。到 1982 年，其官方市场相当于国内计算机市场总体的 18%，国产机在市场上的份额达到 90% 以上（高昌林，2006）。

显然，政府采购国货政策是促进国内企业技术创新的非常重要的方式。购买国货对国内企业的技术创新和产业的发展壮大有直接的推动作用。但是，通过购买本国产品的方式是否能完全保证促进国内企业技术创新，还要政府深入考察国内企业的特点，具有全局性的考虑。

20 世纪 60 年代后半期，北海石油的地球物理探查大体完成后，英国的石油设备公司由于害怕风险，参与的不多。英国政府决定采取行动，鼓励英国公司发展近海设备，1973 年开始提供利率优惠政策，强调给英国企业以“充分而公正的机会”，即所谓的“购买英国货”的政策。1976 年，英国政府开设了国有的英国国家石油公司，作为英国设备供应商进一步介入的措施。这样，从 1972—1980 年，英国公司在英国大陆架石油勘探开采设备的供货总额中所占比例从 25% 上升到了 70%。然而，从供货的质量方面考察，英国企业所拥有的份额基本上属于原有技术的产品范围，其他一些技术性很强的专门设备却完全需要进口。

挪威的情况与英国不同，挪威政府较早地认识到拥有自主创新能力的重要性。1972 年挪威公布了一项王室政令，规定如果挪威的货物和服务确有竞争力，须优先购买；1979 年挪威政府修改了许可证制度，规定 1979 年以后申请新的油田开发许可证的外国石油公司，必须与挪威的企业及研究机构签订相当数量的研发合同，以便挪威人在参与更多国际性开发活动中增长才干。结果到 1982 年，由外国石油公司承诺的、用于挪威的近海研发项目经费共计达到 1.2 亿英镑。

从英国和挪威的例子可以看出，并不是在任何时候、购买任何国内产品都一定能激励国内企业的创新。在这方面，政府采购国货应该作为促进企业技术创新的手段，而不是目的（高昌林，2006）。

11.3.3 自主创新是提高企业竞争力和国家综合实力的必然选择

为了推动企业自主创新，不断提升我国企业在科技领域的国际地位，我国政府制定了一系列方针、措施，以推动企业自主创新。实践证明，真正的核心技术是引不进来的，只有不断增强自主创新能力，在充分吸收世界科技领域新成果的基础上，通过自主创新实现重点突破，才能提高企业市场竞争能力和抗御风险能力，才能带动我国整体科技水平实现跨越式发展。

当今社会已进入全方位竞争的时代，价值链中创新活动（研发）和品牌（营销）两个高端分配了产业利润的绝大部分，成为企业竞争的关键环节。虽然我国产业结构不断升级，高新技术产业的比重不断上升，但总体上企业大多处在全球产业价值链中附加价值比较低的制造环节，产品与服务过于同质化，企业间竞争激烈，利润空间狭小，产业的自主创新能力仍然不足，许多产业缺乏核心技术，不少企业技术空心化，关键部件依靠进口（邓聿文，2006）。在大量利用国外技术资源的同时，国内企业的自主创新能力没有能够同步提升。目前我国很多产品，比如电脑、电视、手机等等，产量世界第一，但多是简单的组装加工，没有多少技术含量，核心技术、部件是外国的，主要利润都在外方手里。

长期以来，我们一直强调“技术引进”，技术引进在我国的经济建设中也确实发挥了不小的积极作用，但我国改革开放和经济建设30多年的实践也一再证明了，单纯依靠技术引进和境外直接投资对提升本国的科技竞争力的作用十分有限，真正的核心技术是买不来的。社科院世界经济与政治研究所承担的国家软科学计划重大课题《利用外资与提高我国自主创新能力》的研究也证明了这一点。该课题调查分析显示，外资企业的生产技术主要以母公司的技术为基础，但主要以进口母公司机器设备为主，对母公司知识积累等无形技术的引入程度并不高，外资企业的研发支出和研发队伍规模普遍偏小，专利产出较低，外资企业向当地的技术扩散是相当有限的。

我国技术进步实际上是多种因素共同作用的结果。随着外资企业越来越严格地控制对华技术转移和技术扩散，外资企业的技术溢出对我技术创新能力提升的直接作用非常微弱。相反，对引进技术的依赖和跨国公司的垄断抑制了我国自有技术的产业化应用，抑制了自主创新能力的提高。如果继续盲目地引进外资和技术，将会由于“路径依赖”的惯性导致我们在科技领域无可挽回的失败（孙英兰，2005）。

在国际市场上，不仅事关国防安全的关键技术难以引进，而且涉及主导产业和装备制造业的尖端技术也难以引进。在我国的技术引进中，属于硬件成套设备的引进已占了绝大部分，而技术许可和技术咨询服务等软件技术引进的合同数量很小，所占比例均不超过 20%，反映出我国企业普遍存在技术依赖状况。这就难免被掌握新技术的跨国公司所利用。目前，在技术引进中对技术引进有余，而消化、吸收严重不足。当前，耗费国家财力、物力最多的是国有大中型企业，像能源、电力、采矿、钢铁、纺织、化工、重工业制造企业，几轮技术改造已经花了国家几千个亿，如果企业不搞技术创新，单靠引进“技术”，最后就会造成企业不断地引进，以至于许多行业表面上看起来热火朝天，实际上已经陷入“引进—落后—再引进—再落后”的陷阱（马俊如，2005）。

单纯靠市场或资金不仅引进不来国防技术和涉及主导产业及装备制造业的尖端技术，就是民用技术输出国外的限制也很多。以气象预报为例，美国的气象预报要比我们准确得多，原因是气象预报的准确性与数学模型和计算机的速度密切相关。我国的气象预报的数学模型是从欧洲进口的，但欧洲明文规定，向中国出口的模型必须有 10 年差距（孔德涌，2005）。而且，如果没有自主开发，即使在引进技术的时候，在价格等方面往往也是处于被动的地位。

自主创新，是我们基于国际潮流和国内发展的战略选择。总结改革开放 30 多年的经验，使我们悟出，科学技术是第一生产力，是提高国家核心竞争力的决定性因素，也是提高企业市场竞争能力和抗御风险能力的决定性因素。创新是科技进步的原动力，自主创新，就是从增强国家创新能力出发，加强原始创新、集成创新和引进消化吸收再创新。

我国还是一个发展中国家，科学技术的底子薄、基础差，同世界先进水平相比仍有较大差距。我们必须依靠我们自己的力量，建立自主创新的技术发展体系，只有掌握了自主的开发能力，才能在全球化市场上具有竞争力，才会在国际竞争中有自己的话语权，才不会受制于人。只有不断增强自主创新能力，在充分吸收世界科技领域新成果的基础上，通过自主创新实现重点突破，才能带动我国整体科技水平实现跨越式发展。

但需要指出的是，自主创新并不排斥国外技术，更不是全盘否定“技术引进”，只关起门来自己搞研发。“技术引进”与“自主创新”两者之间并不是截然对立的，而是具有互补性。国家中长期科技规划提出，自主创新包括原始创新、集成创新和引进技术消化吸收再创新，因此，我们应充分发挥后发优势，有效利用全球包括人才、技术和管理经验等在内的技术资源，广泛开展国际合作，采取多种方式实现自主创新。但从长远来看，中国应从模仿增长型向创新增长型转变。自主研发还是引进技术，两种方法究竟选择哪种，主要取决于成本和市场的选择。

11.3.4 运用政府采购推动企业自主创新的建议

第一，建立和完善我国的政府采购制度。这其中包括建立和完善我国政府采购法律体系[①]和政府采购管理体制，建立政府采购监督机制和政府采购保障机制，建立政府采购本国自主创新产品的风险评估机制，并设专门机构负责推行有利于技术创新的采购政策，为政府采购市场开放和促进自主创新、推动高技术产业发展确立制度基础。

第二，运用政府采购促进企业自主创新要有的放矢。促进企业自主创新和扶持国货，是政府采购的政策功能，也是政府采购义不容辞的责任。当本国产品基本上能够满足使用需求并具有较好的性价比时应当优先购买。但在运用政府采购促进企业自主创新时，不能采取一刀切的办法，要“抓大放小”，即抓住重点、分行业、分领域，选择重大产品来实施。既要立足于满足“国内创新”要求的重大产品，同时要选择市场规模比较大、带动性强、有技术先导性的产品优先采购，以带动整个经济社会的发展。具体到操作环节，应该立足于重大的产品、工程和服务，重大工业装备、建设高速铁路所需的机车、电器技术和控制技术等，要充分发挥这些行业的带动作用。此外，应借鉴国际政府采购经验，对能源、交通、通信、军事等部门的高技术产品领域实行倾斜性政府采购政策，使政府采购真正成为促进自主创新和有效保护国家安全的重要手段。扶持自主创新就应该侧重量大、面广的行业，特别是有自主知识产权的产品，那些细的、小的产品可以通过市场的公平竞争来实现技术的创新（高昌林，2006）。因为，如果每一个自主创新产品都要经过评估、认证环节，成本会非常高，且操作难度也会很大。

第三，政府采购要重视潜在的产品。比如国内企业或科研机构正在研发过程中的产品，虽然技术可能没达到大规模生产的程度，但是即将步入生产环节，经认定符合国民经济发展要求和先进技术发展方向，具有较大市场潜力并需要重点扶持的，这种产品也应纳入政府采购自主创新产品目录。为了体现对创新和技术进步的支持，这类产品可实行政府首购制度，由采购人直接购买或政府出资购买。也可以推行政府技术采购。[②] 例如，美国军方采购战斗机，就是在战斗机研发过程中，美国军方事先制定一个技术标准，通过供应商之间的竞争，然后择优选择一家来购买。

---

① 参见第12章。

② 所谓技术采购，不是采购一项技术，而是针对正在开发的新产品，提出技术创新的要求，根据这个要求来实现产品的采购。

第四，为了突显对创新的支持力度，对于新的产业、新的技术，采购过程中的要求可以适当降低。比如汽车，虽然我们的自主创新产品可能在技术参数上和国外产品有一定差距，在确保行驶安全的前提下，仅仅是舒适性差一些，也应该优先采购，以达到扶持本国企业的目的。但需要明确的是，支持国货并不等于保护落后，政府采购也不是保护落后，国有企业优先采购国货，必须是在国货的基本功能、技术参数达到使用需求的条件下，才优先采购。

第五，国有企业必须率先垂范支持国货。国有企业本身就是国有经济的一部分，因此，通过政府采购支持国货，不单是政府部门的事，国有企业也应该率先垂范。在我国的国有经济中，电力、银行、电信、金融、保险等行业国有企业对国民经济发展起着至关重要的作用，其在生产、经营过程中需要大量的重大装备、设备和材料，这些国有企业在采购生产资料时，应该突出自主创新，优先采购国货。

11.4　平衡地区间经济发展，扶持和促进中小企业以及民族经济发展

政府采购不仅具有经济调控的作用，同时也是有效的社会政策工具，即对弱势群体与地区予以保护和支持，维持社会的公平与稳定。弱势群体包括中小企业、妇女、少数民族、残疾人等等；弱势地区则指经济相对落后的边远或内陆地区。政府通过授予这些群体与地区以采购合同，帮助他们增强竞争力，形成间接的社会福利。从某种程度上来讲，这种政策的调节作用比财政补助、低税负税等扶持措施运作成本要更低，而获取的效益更高。

地区间经济发展的不平衡是各国经济中普遍存在的问题，尤其是对我国这样一个地域广阔、民族众多的国家而言更是如此。地区间经济发展的不平衡不但影响整个国民经济的发展，而且还易引发社会动荡不安，因此，各国在经济发展的过程中都非常重视正确处理这一问题。政府采购制度的推行则可以有效地缓解这一矛盾。

虽然在当今开放的世界，任何国家的发展都不可能置身于世界经济之外，但因各国都有其独具特色的民族工业，如果完全实行贸易自由化，民族工业必然会受到冲击，因此，这些民族工业的发展需要政府给予一定的扶持和保护，而政府采购正是世界各国保护国内产业的有效手段，世界各国在政府采购中都把公共利益和保护国内产业放在首位，商业标准退居其次。

在市场经济条件下，政府与企业的连接点应该在市场，政府对企业的限制与

支持应通过市场来实现。政府采购制度在引入竞争机制的同时，在不违背国际相关协定的情况下，扶持和保护中小企业和民族经济，实行“国货优先”原则，通过购买国内企业产品或重点购买国内企业产品，支持民族工业，有助于保护和促进民族工业发展，从整体上提高民族工业和民族经济在国际市场上的竞争力，从而起到培植财源、壮大国家经济实力的作用。

11.4.1 政府采购向国内企业、中小企业和欠发达地区倾斜的国际经验

政府采购所具备的经济、政治和社会的功能和作用是政府采购的深层次目标，它真正体现了政府采购的制度价值。许多国家都将政府采购作为实施社会政策目标的主要手段，在发达的市场经济国家，政府采购的经济、政治和社会功能的发挥是淋漓尽致的，可以产生巨大的政治、经济和社会的影响，这在各国的政府采购立法和政府采购实践中得到充分的体现（姚聪莉，2005）。

例如，在美国，实现政府采购的公共政策目标是政府采购的基本原则之一，也是美国政府采购立法的主要内容之一，这一政策目标通过制定专门的法律、法规和程序来实施，或者是在政府采购合同条款中体现。美国中小企业员工占全国就业人数的50%以上，美国扶持中小企业参与政府采购方面的相关法规条款主要体现在《联邦采购法》和《购买美国货法》之中。《联邦采购法》规定，联邦政府23%的采购份额要给予中小企业。根据《购买美国货法》等法律，联邦政府10万美元以下的采购项目，必须向中小企业采购；超过10万美元的采购项目，要兼顾中小企业利益。兼顾中小企业的具体措施包括：中型企业6%、小型企业12%幅度的价格优惠；大型合同的25%要分包给中小企业；对分包给中小企业的投标，评标时要优先考虑。对于中小企业中的特殊性质企业，如残疾人企业、妇女企业、监狱企业、少数民族企业，还要进一步给予政策倾斜，联邦政府采购授予中小企业合同份额一般在20%左右（王金秀、汪博兴、吴胜泽，2006）。此外，在联邦政府采购合同中融入劳动法和环境保护法的内容，要求承包商对其雇员采取公平的雇用政策，遵守清洁环境的倡议等。

再如，在英国，政府鼓励采购方取消不利于小公司参与竞争的障碍。在德国，政府采购的主管部门可以通过制定各种政策来支持一些需要政府扶持的企业和产品。意大利也鼓励将大宗政府采购合同按一定比例分包给中小企业。在澳大利亚，法律规定联邦一级采购合同的10%要授予本国中小企业，并责成联邦财政部每年检查该项规定的落实情况。在韩国，政府引入了新的政府采购体系，以保护中小投标商，并从采购的开始就阻止非法建设的出现。

11.4.2　平衡地区间经济发展、扶持和促进中小企业及民族经济发展的建议

我国自推行政府采购制度以来，在节资效应方面取得了巨大成绩，但我们对政府采购公共政策功能的认识及实施均不足，与市场原则的作用比例失调。我国自 1996 年试行政府采购制度以来，一直着重强调节省采购性财政开支，并作为评价政府采购工作主要乃至唯一的标准。法律规定的支持中小企业发展、区域发展、可持续发展和对外贸易保护等公共政策功能远没有得到应有重视和正常发挥。虽然我国《政府采购法》第九条规定，“政府采购应当有助于实现国家的经济和社会发展政策目标，包括保护环境，扶持不发达地区和少数民族地区，促进中小企业发展等。”但仅使用了“应当”二字，这个原则性或说倡导性的规定使得政府在采购时常常为了经济上的节省而忽略了社会发展的目标。

中小企业往往处于发展的幼稚阶段，是弱势群体。它们需要政府在财政、金融、税收等多方面的扶持。因此，重要的是要用具体的措施或规定来加强公共政策功能法律的强制性和可操作性。在实施过程中，一是如何确定中小企业的标准，二是如何用量化标准确定倾斜的幅度。虽然我国已明确了中小企业的标准，但对于对其倾斜的幅度，目前尚无明文规定。这方面可以借鉴其他国家的做法，比如，用法律的形式规定每年的政府采购合同必须授予中小企业的比例，并为中小企业提供资信证明，促进政府采购机构与中小企业签订采购合同；再如，规定国家每年的集中采购必须在西部和少数民族地区进行的比例，促进边远贫困地区中小企业的发展，为它们参与政府采购活动提供帮助；又如，放宽对民族工业和中小企业资格审查的条件和要求，以保证其在符合必要条件下通过资格审查；公开政府采购计划，帮助高新技术中小企业了解政府采购信息。此外，建议设置独立的中小企业管理机构，帮助中小企业参与政府采购的竞争，解决实际困难，拓宽市场。同时，将全国各地的中小企业的供应能力编入计算机控制系统。这样，不仅有利于政府采购的公开和透明，而且使政府采购机构熟知我国中小企业的生产情况及供应能力，从而有利于高新技术中小企业获取政府采购合同。

至于采用的优惠方法，究竟是采用门槛优惠法，或价格优惠法，或配额优惠法，还是采用其他更好的方法，尚待在实践过程中进一步研究。但对一般的倾斜幅度和比例应当在实施条例中规定。各地政府采购监督管理部门应当根据本地经济发展的实际情况制定实施政府采购社会政策目标的具体办法，同时监督政府采购执行机构在政府采购活动中实施政府采购的社会政策。

可喜的是，近年来我国各地在政府采购支持中小企业发展方面进行了有益尝

试。浙江、新疆等先后出台了给予中小企业优先购买产品、提供相关服务等措施，黑龙江、湖南、云南等地推出了解决中小企业融资难的政府采购信用担保等政策，江苏、重庆等地建立了中小企业政府采购融资平台。目前，财政部正会同有关部门积极研究制定政府采购扶持中小企业管理办法，待进一步修改完善后即行发布（王保安，2011）。

需要强调的是，我们保护民族工业，并不是保护落后，而是扶持国内有竞争力的民族企业。“保护”是有前提的，民族工业自身应不断寻求发展之道，在“保护”中发展，而不是停滞不前。实践表明，只有在民族工业自身力量壮大的基础上，“保护”才是有效的。特别是我国加入 WTO 后，民族工业更应该不断积蓄力量，努力争取在离开政府这把“保护伞”时也能立于不败之地。

11.5 建立政府绿色采购制度，促进循环经济发展

随着党中央和国务院构建社会主义和谐社会宏伟目标的提出和科学发展观的深入推行，经济、社会、环境的协调发展和人与自然的和谐已成为全国经济社会建设中的重要方向和内容。大力发展循环经济，创建节约型社会，是全面改善我国生态环境、构建可持续发展社会物质基础的需要，是贯彻落实科学发展观的必然要求，是实现我国国民经济到 2020 年再翻两番和全面建设社会主义小康社会的目标的需要，是实现我国可持续发展最可行的重要途径。发展循环经济的基本任务是建立可持续生产和可持续消费模式。政府绿色采购[①]因具有消费规模大和市场带动作用明显等特点，可以成为引领绿色生产和绿色消费的重要手段，因此，是我国建立可持续消费模式的重要切入点。我国应借鉴国际经验，尽快建立和完善相关制度，推行政府绿色采购。

11.5.1 政府绿色采购国际经验

自从 20 世纪 90 年代初期德国、日本等国开始实施政府绿色采购以来，政府绿色采购发展非常快，越来越多的国家认识到，利用政府采购调节环境保护、促进环境友好型社会的形成是一个非常有效的途径和手段。目前已有 50 多个国家积极推行绿色采购，以联合国、世界银行等为代表的一些国际组织也组成了绿色

① 所谓政府绿色采购，就是在政府采购中选择那些符合国家绿色认证标准的产品和服务。政府采购的绿色标准不仅要求末端产品符合环保技术标准，而且规定产品研制、开发、生产、包装、运输、使用、循环再利用到废弃的全过程均需符合环保要求。

采购联合会，很多国际知名大公司以及一些著名的非政府组织自愿实施绿色采购，绿色采购已经成为世界性趋势（万秋山，2005）。

由于足以影响某些产品的市场份额和消费取向，因此政府采购是否符合绿色精神已成为当今焦点。就采购范围而言，绿色采购几乎涉及了政府办公的所有环节。例如，作为政府绿色采购重点的办公用品，小到室内的电话、电脑、打印机、传真机、复印机、碎纸机、吸尘器、照明设备和各种小型工具等，大到室外的各种车辆、小型船舶、除草机和车用起重机等。它们中的相当一部分，已经被要求必须达到环保、节能、低排放和低噪声标准，其中计算机的国际绿色采购标准不仅涉及辐射和节能标准，甚至连关机的功率消耗和键盘是否符合人体工程学都有专门规定。此外，政府绿色采购对照明的要求是节能和尽可能使用天然采光，对水龙头则要求有节水性能，对大量消耗的纸张，要求广泛使用再生纸和两面使用等（陈军，2004）。在实践中，各国纷纷推出各项推动政府绿色采购的政策和措施，主要包括：制定绿色采购的法律条令；发布各种指导手册；列出绿色采购产品清单等。

1. 美国

美国是世界上第一个实施政府绿色采购的国家。1976 年，美国的资源保护和再生法案要求联邦政府用“再生物资利用最大化的方式来提高环境保护的效果”。20 世纪 90 年代，采购循环产品计划、能源之星计划、生态农产品法案、环境友好产品采购计划等一系列绿色采购计划相继推出。

美国政府绿色采购的法律依据是联邦的各项法律法规及总统令。1991 年美国总统令规定政府机关必须优先采购绿色产品。在联邦政府的带动下，州、市政府也都制定了相关措施，贯彻绿色采购理念。1993 年总统令又明确规定联邦政府机构必须采购“能源之星”标志产品（陈军，2004），从而极大地促进了“能源之星”标志制度的发展，并使其成为国际节能基准。

目前，美国政府主要以联邦法令与总统行政命令作为推动政府绿色采购的法律基础，如 1998 年第 13101 号总统令，“通过废弃物减量、资源回收及联邦采购来绿化政府行动”，以及美国资源保护与回收法（RCRA）第 6002 条（沈晓悦，2005）。其中总统第 13101 号行政命令还授权美国环保署（EPA）评估联邦机构执行 RCRA 第 6002 条的进展。依据 RCRA 第 6002 条与美国总统第 13101 号行政命令的规定，EPA 应指定含有回收材料的产品，并颁布采购这些产品的指导纲要。一旦某项产品列入 EPA 指定目录，使用联邦经费进行采购的部门就必须尽可能采购含有最高回收物质比率的该类产品（陈军，2004）。美国政府采购法也对使用循环材料和如何采购生态型产品和服务，以及采购政策的制定宗旨等方面做了名为“环境、自然保护、劳动安全和无毒的工作场所”的规定。目前，美国对绿色采购采取的主要措施有：提出采购价格优惠办法，再生制品的价格可高于同等功能的非再生制品的5% ~15%；提出年度采购比例，明确每年采购再生制品的比例为50%（王军，2006）。

目前，美国主要绿色采购对象包括建筑物、餐饮业、清洁产品、电脑、影印机、电力、家具、病虫害管理、旅馆、会议、办公室用品、油漆、印刷、车队等。

2. 日本

日本被公认为在政府绿色采购事业上做出了卓越的贡献。1994 年日本滋贺县率先制订绿色采购方针，开始了日本有组织的绿色采购活动。日本政府亦撰写了绿色采购的基本准则。为推动此项行动计划，1996 年日本政府与各产业团体联合成立了绿色采购网络（Green Purchasing Network，GPN①），目前发展的会员单位包括日本所有地方政府及大多数知名公司，并开发出了一系列针对不同采购产品的绿色采购纲要，建立了供应商和产品信息数据库，为实施绿色采购奠定了良好的技术基础。2000 年日本颁布了绿色采购法，该法规定，政府机关可采用第三方认证体系或绿色产品信息系统作为采购绿色产品的参考准则。该法令同时还强制国家政府机关每年撰写采购政策、进行实际采购活动以及定期报告执行结果，并鼓励地方政府及民间团体积极参与绿色采购活动。2003 年 7 月，日本政府制定了绿色采购调查共同化协议（JGPSSI），建立了绿色采购的信息咨询、交流制度。这种由政府部门、企业、社会组织共同组成的绿色采购团体和联盟虽然不同于美国、加拿大、英国等国政府的采购，但在政府、企业和消费者之间宣传绿色采购观念、提供绿色采购信息以及为会员间信息交流起到很好的作用。2004 年 10 月，日本的 Sendai 市举行了世界上第一次国际绿色采购会议，37 个国家的 1 000 多位代表签署了 Sendai 绿色采购宣言（万秋山，2005）。

3. 德国

德国是世界上最早开展环境标志认证的国家，也是较早开展绿色采购的国家。德国于 1978 年开始推行“蓝天使”环保标志（Blue Angle Mark）制度，规定政府机构优先购买环保标志产品，绿色采购的原则包括禁止浪费、产品必须具有耐久性、可回收、可维修、容易弃置处理等条件。在 1994 年 9 月 27 日通过的

---

① GPN 的活动主要包括颁布绿色采购指导原则、拟订采购指导纲要、出版环境信息手册、进行采购推广活动等，迄今 GPN 已公布包括影印纸、复印机、个人计算机、汽车等 11 个产品项目的纲要，以及 8 个相关产品项目的环境信息手册，并通过研讨会、座谈会、产品展示会等活动进行绿色消费宣传。现在日本各行政机关均制定了绿色采购方针，有 166 种物品被定为政府优先选购物品，其中原料为 100% 废纸、白色度不足 70% 的复印纸被定为最优先购买物品。

循环经济法第 37 章中对政府采购循环经济产品作出了原则规定，明确规定联邦政府有关机关应拟定工作计划，进行采购、使用有关物品；拟定建设计划，采购和使用满足一定的耐用性、维修保证、可再利用性等规定的环境友好型产品和服务（冯之浚，2004）。目前，环境标志认证产品类别已经涵盖了机动车辆、建筑材料、室内装修、信息技术、办公用品、园艺等多个领域。通过实施环境标志制度既对消费者购买绿色产品起到了引导作用、提高了公众的环保意识，也促进了企业自愿调整产品结构，提高了绿色产品的生产和消费的份额。

4. 欧盟

许多欧盟国家的政府很早就开展主动性环境采购计划，各国之间的绿色采购合作也日益密切。在借鉴日本绿色采购网络成功经验的基础上，欧盟执行委员会总理事会以委托契约的方式，成立了欧洲绿色采购网络组织（European Green Purchasing Network，EGPN），该组织的主要工作是：收集欧盟各国绿色采购的背景和法律法规资料、拟定相关的绿色采购指南、编制绿色采购工作手册，为促使地方政府进行绿色采购提供经验与信息交流。2001 年制定的欧盟第六个环境行动计划（2002—2012）中的自然资源管理与废弃物领域涉及了绿色采购的内容。在“整体性产品政策（IPP）”中，将环境保护与产品的质量相结合，采用减少税收、融入生态设计及环保要求、使用生态标志三种措施来促进“绿色产品”的提升。为了避免混乱、进一步协调各国的行动，2004 年 8 月，欧盟委员会发布了“政府绿色采购手册”（万秋山，2005）。该手册主要用于指导欧盟各成员国如何在其采购决策中考虑环境问题，为此欧盟委员会还建立了一个采购信息数据库，包括产品说明书、生态标签信息等，还提出了一般采购建议。欧盟通过《政府绿色采购手册》统一了绿色采购纲领。目前，欧盟的公共采购占其成员国国内生产总值的比例约为 14%，其中绿色采购占公共采购的平均份额约为 19%，瑞典、丹麦、德国、奥地利、英国均超过欧盟的平均值（吴昊，2005；王军，2006）。

除了以上各国政府外，还有很多国际间合作组织发挥着重要作用，主要有：北美绿色采购行动组织，世界可持续发展峰会，经济合作与发展组织，国际可持续发展采购合作组织。这些组织都通过开展国际间会议，提供更广泛的信息，发布评估工具，通过交流和合作协助成员开展绿色采购活动。

11.5.2　推行政府绿色采购的必要性和可行性

“政府绿色采购”是促成“环境友好型社会”的加速器。目前我国经济快速发展与资源环境条件不断恶化间的矛盾日益突出，与此同时，我国已具备了推行政府绿色采购的国内外条件，因此，我国实行政府绿色采购制度不但必要而且可行，主要体现在以下方面。

1. 资源环境瓶颈问题日益突出，发展循环经济为政府绿色采购提供了战略机遇

我国经济发展和全面建设小康社会进程中出现的资源环境瓶颈问题日渐突出。随着我国经济实力的不断增强，消费结构和消费需求正在发生着深刻的变化，消费需求从低层次向高层次递进，人们越来越关注商品和服务对环境和自身健康的影响，绿色消费体系已经成为经济社会发展到这一阶段的必然需求。

但我国目前的经济增长主要是由劳动密集型产业带动的，经济运行尚未摆脱粗放发展模式，不仅获利微薄，而且许多发展是建立在资源浪费和大量的环境污染基础上的，资源消耗巨大，环境成本高，难以为继。与世界先进水平相比，我国能源利用效率比发达国家约低 10 个百分点，是世界上产值能耗较高的国家之一（黄河，2006）。

我国经济面临着城市化加快、经济增长势头强劲并由重化工产业主导、就业压力巨大、资源供给短缺、环境污染总量增大等一系列挑战，资源和环境两大“瓶颈”凸显出来。到 2020 年，只有实现以 GDP 衡量的单位经济产出污染排放总量降低到 2000 年水平的 1/4 以下，生态环境的产出效率提高到 2000 年水平的 4 倍以上，才能保证生态环境有所好转（解振华，2005）。作为世界人口大国，我国的人均资源可采储量远低于世界平均水平，我国重要资源依赖进口日益严重，我国出口商品相当一部分为高能耗、高度依赖于原材料加工的劳动密集型、资源密集型商品，粗放型的出口增长加剧了我国经济发展和资源环境压力之间的矛盾，我国目前已经是一个能源和资源消耗大国。近几年来，随着加工业，特别是重化工业的快速发展和在“效率优先”的短期利益驱动下，我国耕地面积不断减少，环境污染严重，大气污染排放总量多年处于较高水平，城市空气污染普遍较重，污染物排放总量明显大于自然界承受能力。如果我们继续保持这种以高能耗、高原材料消耗为基础的粗放型出口增长，那么我们所消耗的能源和资源并不是为我国生产和消费的所消耗的，而是为其他国家生产和消费所消耗的，让本来已经十分脆弱的资源和环境来承担这种高消耗的发展道路，虽然换取了短期利益，却让我国经济的可持续发展前景堪忧。因此，我们必须清醒地认识到，我国生产和消费形势已出现了向“大量消费、大量生产、大量废弃”模式的升级和转型。这是绝大部分发达国家在工业化发展进程中走过的老路，他们曾经为此付出了惨重的环境破坏的代价，我们应从中吸取教训。

综上所述，从中国目前发展情况来看，要实现人与自然的和谐发展，构筑和

谐社会，就必须改变社会经济发展模式及其技术范式，走循环经济的发展道路。党中央和国务院提出的全面落实科学发展观、构建和谐社会、大力发展循环经济的战略，为建立可持续消费模式、推行政府绿色采购提供了重要的战略机遇。降低单位 GDP 的能耗，加速产业结构调整，减少那些高能耗、高污染的生产企业，多发展环保和低能耗的第三产业是我国目前经济发展所面临的重要课题。

2. 政府绿色采购可引导生产和消费模式以及社会生活

如前所述，世界各国的政府采购在其国民生产总值中所占比例很大、范围广，加之政府行为的表率作用，这些综合因素足以引导生产和消费模式以及社会生活。首先，政府推行绿色采购会引导供应商生产和提供绿色产品。供应商为赢得政府这一最大客户，必将增强其产品的绿色度，提高自身管理水平并进行技术创新，以满足绿色采购提出的资源能源的减量化、再利用、再循环，减少生产过程的环境污染，减少对人体健康的影响等要求。此外，政府绿色采购可促进绿色产业和技术的发展，有利于形成可持续生产体系。政府绿色采购因其量大面广，培育了一大批绿色产品和绿色产业，促进了绿色清洁技术的发展。美国有近 1/3 的家用电器是在“绿色旗帜”下推出的。另外，政府绿色采购对消费者消费趋向具有强烈的引导和示范作用，从而提高了公众环保意识，促进绿色消费市场的形成。自 2003 年我国实施《政府采购法》以来，政府采购规模增长迅速，随着我国经济的持续增长，公用事业的快速发展，管理的进一步规范，我国政府采购的规模将会持续增长。因此，只要将环保准则纳入政府采购模式，加大绿色产品的购买力度，对市场中绿色产品和服务的供给必然产生重大影响。

3. 实施政府绿色采购不违背 GPA 原则而且符合全球可持续发展战略

政府推行绿色采购、实现环境目标的同时还会产生另一作用，就是通过绿色壁垒的设置实现对民族产业的保护，由此可见，政府采购的政策目标往往是重合的。①

作为非关税贸易壁垒的一种手段，歧视性政府采购的做法在世界各国都由来已久。随着国际间双边的或多边的各类贸易协定对歧视性政府采购的限制，一些国家开始另辟蹊径，利用更为隐蔽的手段，实施歧视性政府采购，而绿色采购则成为最佳选择。《GPA2006 修订本》第 3 条“协定例外”第 2 款明确规定了可以适用“协定例外”的情形，其中（b）规定的情形是，“缔约方为保护公共道德、

---

① 此处是指政府采购社会目标和环境目标的重合。在研究这个问题时，也有人将环境目标作为社会目标之一来处理. Sue Arrowsmith, Arwed Davies. Public Procurement: Global Revolution. Kluwer Law International, 1998: 9, 219。

秩序或安全的需要”，从中可看出，实施政府绿色采购并不违背 GPA 原则，这就给制定具有一定倾向性的政府采购政策开了一个口子，成为国家限制对外国商品购买的重要贸易保护措施。① 而且《GPA2006 修订本》新增加了环保条款，明确规定了环境保护将成为政府采购中考虑的因素。环境保护将成为政府采购中合法的新壁垒，这将有利于我国加入 GPA 的谈判工作。在国际贸易中，“绿色壁垒”已经是一种事实，我国目前正在进行加入 GPA 的谈判，应该重视这个事实，一方面，在警惕并抵制发达国家绿色歧视性政府采购的同时，借鉴发达国家实施环保要求的经验，做到环保和贸易双发展；另一方面，抓紧时间研究和运用有关国际协定的有关条款，推行政府绿色采购将有助于我国克服绿色贸易壁垒，对维护我国的政治和经济利益、保护民族经济具有重要而深远的意义。

此外，推行政府绿色采购是一种趋势，更是实现人与自然、环境、资源协调持续发展的内在要求。全球可持续发展战略、经济全球化趋势对政府实施绿色采购提出了要求。早在 2002 年，联合国在南非约翰内斯堡举行的全球可持续发展峰会的声明中就明确提出，“有关国家和地方政府应推动政府采购政策改革，积极开发、采用环境友好产品和服务”。目前，各国政府都依据这一号召积极推行绿色采购。2010 年 8 月 26 至 28 日，政府采购国际会议“2010 年国际公共采购大会”在韩国首尔召开，会议首次提出公共采购可持续发展，由此可见公共采购已经成为宏观经济政策的重要组成部分，特别在经历 2008 年以来的经济危机中，各国均采用了一系列增加公共支出的财政刺激政策。

4. 我国具备了实施政府绿色采购的法律和制度基础

政府采购有巨大的社会政策功能，利用政府采购推行国家的社会政策目标，是各国政府采购立法的重要目标之一。

我国推行政府绿色采购，主要是依据现行的法律法规，例如，我国《政府采购法》第九条对环境保护作了原则性规定，“政府采购应当有助于实现国家的经济和社会发展政策目标，包括保护环境，扶持不发达地区和少数民族地区，促进中小企业发展等。”《固体废物污染环境防治法》第七条规定，“国家鼓励单位和个人购买、使用再生产品和可重复利用产品。”《清洁生产促进法》第十六条规定，“各级人民政府应当优先采购节能、节水、废物再生利用等有利于环境与资源保护的产品。”《节约能源法》第七条规定，“国家实行有利于节能和环境保护的产业政策，限制发展高耗能、高污染行业，发展节能环保型产业”；第九条

---

① 日本也是综合国力较强的国家，但日本在承诺开放本国大米市场的同时，制定了严格的检疫标准，以将外国的大米拒于国门之外。

规定，“任何单位和个人都应当履行节能义务”；第二十四条规定，“用能单位应当按照合理用能的原则，加强节能管理，制定并组织实施本单位的节能技术措施，降低能耗。

我国推行政府绿色采购还依据财政部、国家发展与改革委员会（以下简称发改委）关于《节能产品政府采购实施意见》的通知。自 2004 年开始，财政部分别会同国家发改委、国家环保总局先后制定了《节能产品政府采购实施意见》和《环境标志产品政府采购实施意见》，并建立了节能产品、环境标志产品清单定期调整制度，不断完善和扩大政府优先采购的产品范围，标志着我国探索实施“低碳经济”的战略决策拉开了序幕。2006 年 10 月 24 日，国家环保总局和财政部联合发布了《环境标志产品政府采购实施意见》和首批《环境标志产品政府采购清单》，2008 年 1 月 1 日起全面实施，这标志着我国政府绿色采购制度正式开始实施，也使《政府采购法》中关于政府采购要有利于环境保护的要求变成了可操作的实施办法，在一定程度上弥补了我国《政府采购法》对环境保护的规定缺乏操作性的不足，为我国在实践中大力推行政府绿色采购提供了重要的制度和政策保障。

2011 年 1 月 30 日，财政部、国家发改委发布了《关于调整公布第九期节能产品政府采购清单的通知》，其中公布了最新的《节能产品政府采购清单（第九期）》。同日，财政部、环境保护部公布的《关于调整公布第七期环境标志产品政府采购清单的通知》中提到，同时列入环保清单和“节能产品政府采购清单”的产品应当优先于只获得其中一项认证的产品。① 2011 年 3 月 5 日召开的十一届全国人大四次会议审议的第十二个五年规划纲要草案中，首次提出推行政府绿色采购，对政府采购工作提出更高的要求。推行政府绿色采购，逐步提高节能节水产品和再生利用产品比重出现在“十二五”规划草案的“绿色发展，建设资源节约型、环境友好型社会”篇章中，也说明我国政府绿色采购在经济发展中发挥的政策功能得到认可。②

5. 我国已具备了推行政府绿色采购的市场条件

从相关配套制度建设和绿色采购产品的规模来看，我国已具备了推行政府绿色采购的市场条件。1993 年，国家环境保护总局响应联合国环境与发展大会提

---

① 财政部，环境保护部．关于调整公布第七期环境标志产品政府采购清单的通知．［2011 - 4 - 9］．http：//www.ccgp.gov.cn/zcfg/gjfg/201101/t20110131_ 1499585.shtml.

② 记者．政府采购提升至战略规划层面．［2011 - 3 - 19］．http：//www.ccgp.gov.cn/llsj/llts/201103/t20110310_ 1524379.shtml.

出的可持续发展思想和全球“生态标志”运动发起了中国环境标志计划。我国在产品绿色标准制定方面及时跟踪国际同类标准发展动态，并协调有关工业协会和企业，使我国环境标志标准技术日趋成熟。在环境标志产品认证制度方面积极完成与国际标准的接轨，促进了国内绿色消费市场的培育和绿色、清洁技术的发展，使我国的绿色采购产品市场具备了一定规模，环境标志产品认证制度已基本涵盖政府采购的产品内容。

据不完全统计，2006 年我国节能产品政府采购金额占同类产品的政府采购总额的比重已经达到了 60% 左右，环境标志产品生产企业的经济效益也得到提高。2007 年至 2009 年我国节能环保类产品采购金额大幅提高，从 2007 年的 164 亿元提高到 2008 年的 303.1 亿元和 2009 年的 302.1 亿元；节能环保类产品采购金额占政府采购规模的比重从 2007 年的 3.52% 提高到 2008 年的 5.06%，2009 年该比例有所下降，为 4.08%；单位 GDP 能耗情况逐年降低，[①] 2006 年至 2009 年分别降低 1.79%、4.04%、4.59% 和 3.61%。目前，我国列入清单的节能产品已有 28 类 3.1 万种，环境标志产品已有 24 类 1.5 万种。“十一五”时期，全国节能环保产品政府采购金额达 2 726 亿元，约占同类所有产品政府采购金额的 65% 左右（王保安，2011）。经过几年的发展，我国在“低碳经济”领域取得显著成绩。[②]

11.5.3 建立我国政府绿色采购制度的建议

政府绿色采购制度是发展循环经济，构筑绿色消费模式的重要措施和突破口，目前我国政府绿色采购尚处于起步阶段，政府绿色采购制度的实施是个漫长而复杂的过程，我国应在借鉴国际经验的基础上，尽快建立和完善相关制度，全面实施政府绿色采购制度，具体建议有如下方面。

1. 完善相关法律法规

通过专门立法形式鼓励或强制推行绿色采购是国际上的一贯做法，并且这种

---

① 记者．“十一五”以来单位 GDP 能耗降低情况．[2011 - 3 - 20]．http：//www.ccgp.gov.cn/jnhp/sjfx/201009/t20100928_ 1066395.shtml.

② 2009 年年底我国政府宣布，2020 年我国单位 GDP 碳排放比 2005 年要降低 40% ~45%。我国“十一五”规划提出单位 GDP 能耗下降 20% 左右的目标，2011 年 3 月温家宝总理在接受记者访谈时说，这一目标实际完成了 19.1%，我国在“十二五”期间单位 GDP 能耗要降低 16% 至 17%。温总理同时表示，决不能再以牺牲环境的代价来换取高速增长、盲目铺摊子，否则就会造成产能过剩、环境资源压力加大和经济发展不可持续。记者．“十二五”期间单位 GDP 能耗要降低 16% 至 17%．[2011 - 3 - 19]．http：//www.cnjxol.com/Industry/content/2011 - 03/08/content_ 1638256.htm.

方法的成效较为显著。如美国于 1991 年发布了总统令，规定政府采购绿色产品清单；加拿大的环境责任采购法案要求政府使用环境标志产品；日本于 2001 年开始实施绿色采购法；韩国于 2004 年底颁布了鼓励采购环境友好产品法；可以说立法是发达国家成功推行政府绿色采购的重要保障（张瑛，2006）。目前，我国政府绿色采购还处在起步阶段，因此，制定和完善相关法律制度是我国推行政府绿色采购的首要措施。

迈入 21 世纪以来，我国在绿色采购方面相继出台了一系列重要举措，主要有：2003 年我国实施了《政府采购法》和《清洁生产促进法》。2004 年 12 月，财政部、国家发改委正式出台了《节能产品政府采购实施意见》，明确提出应当优先采购节能产品，逐步淘汰低能效产品；同月，第十届全国人民代表大会常务委员会第十三次会议通过了《固体废物污染环境防治法》的修订。2005 年，国务院通过了《国务院关于落实科学发展观加强环境保护的决定》以及《国务院关于加快发展循环经济的若干意见》，其中也明确要求实行政府绿色采购。

2006 年 10 月 24 日国家环保总局和财政部联合发布了《环境标志产品政府采购实施意见》（以下简称《实施意见》）和首批《环境标志产品政府采购清单》（以下简称《采购清单》）。2007 年 1 月 1 日起，《环境标志产品政府采购实施意见》首先在中央一级预算单位和省级（含计划单列市）预算单位实行，2008 年 1 月 1 日起全面实施。《实施意见》和首批《采购清单》的出台，是我国政府绿色采购迈出的重要一步，它标志着我国政府绿色采购制度正式开始实施，也使《政府采购法》中关于政府采购要有利于环境保护的要求变成了可操作的实施办法，在一定程度上弥补了我国《政府采购法》对环境保护的规定过于原则性而缺乏操作性的不足，为我国在实践中大力推行政府绿色采购提供了重要的制度和政策保障。

但应该看到的是，我国目前实行的有关政府绿色采购的法律对政府实施绿色采购虽均有所涉及，但由于过于原则，不够明确，因而导致了政府部门在实施政府采购的过程中很难自觉履行绿色采购义务。近年来我国有关部门相继发布的一系列有关节能和环保的规定还尚未达到立法的层面，而且存在多标准的现象，例如，《实施意见》同《节能产品政府采购实施意见》如出一辙。但由于我国现行涉及政府绿色采购的法律至少已有《政府采购法》、《固体废物污染环境防治法》以及《清洁生产促进法》3 部，因此，再出台一部专门的绿色采购法显然不太现实。因此，当务之急是国务院及有关部门应尽快制定出台专门的绿色采购条例，从政府绿色消费的要求出发完善和细化《政府采购法》，通过条例来规范、引导甚至强制政府部门在采购过程中履行绿色采购义务。但从长远看，我国应像许多发达国家一样，制定专门的《政府绿色采购法》，在立法的层面上对政府实行绿色采购的主体、责任、绿色采购标准和绿色采购清单的制定和发布进行明确规定。另外，要避免多标准的现象，建议立法时将绿色和节能两方面综合在一起，以避免政府采购多标准的出现。

2. 健全环境标志产品认证制度

环境标志产品认证制度①基本涵盖了政府采购的产品内容，是政府制订绿色采购标准、清单和指南的重要基础。环境标志的目的是通过开展环境标志计划引导消费者购买低环境影响的产品，以此鼓励环境友好产品的生产、消费及提供环境友好的服务，最终达到改善环境的目的。除去国与国间不同的环境标志认证，国际标准化组织推出的 ISO14000 系列也可以作为各国政府采购的参考依据。如 ISO14024，规定了按生命周期要求对企业产品和服务进行认证的基本规定，被称为Ⅰ型环境标志。ISO14021 标准规定了从生产到处置过程，产品原料和过程控制及废弃物处置利用的 12 条自我环境声明，被称为Ⅱ型环境标志。ISO14025 标准，规定了量化环境信息的公告要求，被称为Ⅲ型环境标志。

绿色采购标准的制定是实施政府绿色采购的核心。从国际经验看，环境标志产品是各国制定绿色采购产品标准和指南的重要基础。为了核查和审计的方便，许多国家都将环境标志产品与政府绿色采购产品挂钩，要求政府采购环境标志产品。政府绿色采购产品指南的制定都以环境标志产品为依据和基础。如德国 1978 年率先采用“蓝天使”标志、日本的“生态标志（Eco-mark）制度”、法国的“NF 环境”、加拿大实施的“环境选择方案”（ECP）、澳大利亚推行“环境选择制度”等等（刘波，2005）。因此，环境标志产品认证是推动政府绿色采购的重要配套制度。

3. 制定适宜的绿色采购标准和准则

在环境认证制度完善的条件下，政府可以依据环境标志认证制度制订绿色采购标准和清单。政府可以根据政府采购所涉及的优先领域，分行业、分产品，选择合适的方法制定绿色采购标准和准则。绿色采购标准的制定要具体、具有针对性、实用，要具有操作性，采购人员可以根据标准简便地判别所采购的物品和服务项目是否符合循环经济建设原则。为了提高政府绿色采购标准和清单制定工作的质量，可以在一些有条件的地方如循环经济试点省市和重大项目开展试验

---

① 所谓环境标志产品认证制度，是指政府管理部门，或者由公共或私人团体依据一定环境保护标准、指标或规定，向有关自愿的申请者颁发其产品或服务符合要求的一种特定标志，标志获得者可以把此标志印在所申请的产品及其包装上。

示范。

制定绿色采购标准和准则最常用的一种方法是“绿色清单法”。所谓“绿色清单法”是指政府在工程、货物和服务的采购中，为了达成节能与环保等绿色目标，基于政府认定的节能与环保标准，搜集和监测相关产品或服务的节能与环保功能，形成政府确认的节能与环境保护产品清单。政府采购人或采购机构在采购与节能和环保有关的产品时，需要参考或遵行这个清单的规定，优先或者按照清单列举的产品采购（徐焕东，2005）。这种方法最大的优点在于能够将政府的政策意图落到实处，使采购人的节能与环保型采购有了明确的依据，是一种务实有用的方式。但是，这种方式也会造成另一些问题。首先，列入清单的产品是否真实、全面地反映实际情况，列举的过程是否科学、公正及合理？如果不能做到，就可能产生不公正，从而会导致事实上的歧视行为，而且，在清单列制过程中可能产生寻租和腐败行为，从而影响政府采购的公正性和实际效果。因此，对清单列制的监督管理尤为重要。此外，政府绿色采购清单目录必须是动态的，政府部门应不断完善、扩大清单范围，及时补充符合要求的产品名单，同时对于已列入清单的产品，其认证证书有效期如果过期，或生产过程中环境技术指标达不到相应的标准要求，应除去被优先采购的资格。

另一种方法是“绿色标准法”。即政府并不直接列出节能环保清单，而是由国家相关标准管理部门从节能、增效、环保等多个方面对机械、电子、IT 产品、建筑、装饰、装修材料等制订明确的采购标准，规定政府采购必须遵循相关标准，限制或禁止采购节能、环保标准以外的产品或服务（徐焕东，2005）。因为标准法给采购者提供的是一种标准而不是某种特定的产品，所以可以杜绝形成歧视行为及制订清单时的寻租行为。但要保证“绿色标准法”的有效实行，必须要制定正确的标准。

4. 采取经济补贴手段

多数绿色产品在生产过程中的费用要高于非绿色产品，因此在政府采购过程中，处于价格不利地位。西方国家在面对这个问题时采取的手段是价格补贴，即对进入绿色清单的产品允许以高于市场价格采购，这被实践证明是一条成功的经验。

除此之外，也可以对绿色产品生产企业和开展绿色产品开发的企业给予必要的财政补贴。通过财政补贴以补偿生产企业对环境的治理费用和保护稀缺资源，引导、鼓励更多的企业从事绿色生产。如德国政府对生产绿色食品的农场给予每公顷 300 马克 ~500 马克的补贴（左少君，2006）。财政补贴可以改变相对商品价格，改变资源配置结构，将政府的政策意图转化为绿色的市场信号，从而引导市场主体主动地加入绿色行动中。

同时，通过适当的税收减免政策鼓励绿色生产和绿色消费，以降低厂家生产成本，激励公众消费绿色产品，从而形成一个利于绿色生产和消费的良好氛围。对浪费性消费和污染环境的生产课以重税，如开征高额的增值税和资源税。税收实际上是一种负的补贴，是消除市场行为外部性的一种有效手段。众所周知，环境污染型和资源浪费型生产企业之所以可以生存到今天，是因为他们不用为“清洁环境”付费并且省去了开发新能源和新生产工艺的研究费用，对他们进行税收惩罚，可以减少社会的超额负担，并使社会所有主体认识到只有走绿色发展之道才是长久发展之道。

我国目前的政府绿色采购还处于起步阶段，不仅需要政府的政策支持，详细的配套设施与指导，绿色产品供应商的长期配合等，还应建立完善的绿色采购实施计划，才能收到良好的绿色采购成效。

5. 公开绿色采购信息，建立有效的监督机制

环境信息是制定政府绿色采购指南、发布产品清单的重要依据。日本的绿色采购产品非常重视环境信息的规范和发布。其绿色采购的基本原则之一是注重环境信息的获取、利用和发布，积极获取有关产品生产和出售企业的环境信息，并按照一定的规范发布，成为绿色采购实施和监督的重要依据。因此，我国也需要制定公开产品相关环境信息的规范，并公布政府绿色采购的实际执行情况，建立人大和公众等对政府绿色采购的监督机制。

为了使采购人员及厂商及时了解绿色采购的信息，需要建立一个供应商、采购人员之间的信息平台，不断地更新国内和国际上最新的绿色采购产品信息和技术信息，并定期公布符合绿色采购的品牌清单和进行绿色采购的机构名单。同时，为了保证采购人员能够严格按照采购规范来执行，需要设置配套的监督机制对其加强管理。并对承诺绿色采购的政府单位进行监督，包括公布其年初的采购计划和年终的采购结果，可以规定以报告的形式公开，借助社会的舆论力量加强宣传和监督。

11.6 正确处理政府采购政策目标之间的关系

政府采购的公共政策目标之间可能会发生冲突，因此需要建立优先次序进行协调。目前涉及的政府采购公共政策，包括能源政策、环境生态政策、区域发展政策、企业发展政策、对外贸易政策，以及自主技术创新的科技政策。

11.6.1　正确处理政府采购政策与政府采购效率的关系

政府采购效率可分为宏观效率和微观效率两个层次，前者是就具体的采购行为而说的，采购所花费的成本越少，微观效率就越高；而后者是就政府采购作为一项制度而言的，它又具体可分为管理效率、规模效率、人员效率和政策效率。管理效率主要用来评价政府采购管理体制及机制是否高效。规模效率是指为使政府采购的节支效率很好地得到发挥，政府采购在国家财政支出或 GDP 中应占有适当的比重。人员效率主要是对政府采购人员素质和人均采购额的大小进行衡量。政策效率主要是评价政府采购政策是否科学和适用。

为实现社会公平、更好地促进国民经济发展，各国政府通常采取实施政府采购的政策功能进行宏观调控。因此，采购政策功能与采购效率的关系，也就是公平与效率的关系。①

政府采购政策功能与采购效率之间可以相互促进，但有时也存在矛盾。由于政府采购的机制能够实现“物美价廉”，减少腐败，节约财政资金，从而提高财政支出效率，因此实施政府采购政策功能可以提高采购效率。而提高政府效率的结果又必将使得腐败现象日趋减少，从而更好地实现政府采购的政策功能。有些政策导向的采购能够与效率取向达成一致，例如，购买欠发达地区的某些物品，可能会因其成本低而达到节支目的。② 但两者之间有时也存在矛盾，例如，节能型或环保型的政府绿色采购，在短期内可能形成政策和效率的矛盾。③

因此，权衡公平与效率是探讨政府采购政策功能问题时需要关注的重要问题。对此，我们首先应以促进整个社会效率的提高为目的，在公平与效率的矛盾中寻求平衡。如果片面强调社会公平而损害了效率，就违背了政府采购最基本、最主要的目的。相反，如果为了追求效率而损害了社会公平，导致地区间经济发展不平衡、产业结构不合理等现象，又与政府采购促进整个社会效率提高的最终目的相违背。同时，要遵循“效率优先，兼顾公平”（马海涛，2006）的原则。毕竟，政府采购的初衷是为了提高效率。因此，以社会公平为目标的采购应“适量”，否则在某种程度上政府采购制度就会被误解，政府

---

① 如采取改变政府采购的时间、频率和数量等方式调整产业结构、产品结构、地区结构。

② 也有专家持不同观点。“为实现政府采购公平，一般会以损害政府采购效率为代价。比如，为了照顾不发达地区，政府可能会以优惠的条件优先采购其产品，而实际上，经济落后地区的产品质量、价格等往往不如经济发达地区，这就意味着政府要付出比正常情况下更高的成本。”见马海涛．政府采购政策功能探析．中国政府采购，2006（1）．

③ 但从产品寿命的全周期看，采购效率和政策功能往往还是有其一致性的。

采购政策就会被扭曲（王金秀、汪博兴、吴胜泽，2006）。此外，政府采购始终要坚持“三公”原则，因此还要杜绝打着“为了社会公平”的旗号进行暗箱操作的寻租行为。

11.6.2 兼顾政府绿色采购与其他政府采购政策目标的矛盾

在政府采购中，优先购买本国货是国际通行的做法，而且发达国家基本上都就此制定了专门法律法规，[①] 但我国在此方面却很欠缺。

以我国政府对轻型汽车的绿色采购为例，表 11.1 统计了我国 2006 年 10 月颁布的《环境标志产品政府采购清单》第一期至 2010 年 12 月公布的第七期政府采购轻型汽车中自有品牌与外资品牌注册商标数量和型号数量，从中可以看出第一期清单中均为外资品牌，自主品牌全部不在采购清单之列。而后颁布的六期清单中，无论是注册商标数量还是指定型号数量，自有品牌都少于外资品牌。从图 11.1 和图 11.2 政府采购轻型汽车中自有品牌与外资品牌注册商标数量和型号数量分别所占的百分比可以看出，外资品牌在我国政府绿色采购轻型汽车中占绝对优势。图 11.1 显示，虽然近几年来我国政府采购轻型汽车对自有品牌的选择规模有所加大，轻型汽车自有品牌商标数量在政府采购中所占比重逐年增加，但仍未超过 50%，不及外资品牌所占比重，而且从图 11.2 可见，自有品牌具体产品型号数量在政府采购中所占比重不仅仍低于外资品牌的比重，而且比其在图 11.1 所显示的商标数量在政府采购中所占的比重还要低。由此可见，我国政府绿色采购对自有品牌轻型汽车的支持不足，对国货的保护作用并不十分显著。

表 11.1　《环境标志产品政府采购清单》第一期至第七期轻型汽车自有品牌与外资品牌注册商标及型号数量统计

（单位：个）

清单期数及公布时间（年．月）	注册商标数量			型号数量		
	自有品牌	外资品牌	合计	自有品牌	外资品牌	合计
第一期 2006.10	0	9	9	0	90	90
第二期 2007.3	4	31	35	24	419	443
第三期 2008.7	24	45	69	141	326	467
第四期 2009.8	37	58	95	131	412	543

① 详见第 12 章。

续表

清单期数及公布时间（年．月）	注册商标数量			型号数量		
	自有品牌	外资品牌	合计	自有品牌	外资品牌	合计
第五期 2010. 3	50	55	105	207	266	473
第六期 2010. 9	57	59	116	454	502	956
第七期 2010. 12	64	65	129	402	673	1 075
合计	236	322	558	1 359	2 688	4 047

数据/资料来源：根据《中国政府采购年鉴》中《环境标志产品政府采购清单》第一期至第七期的数据自行绘制。

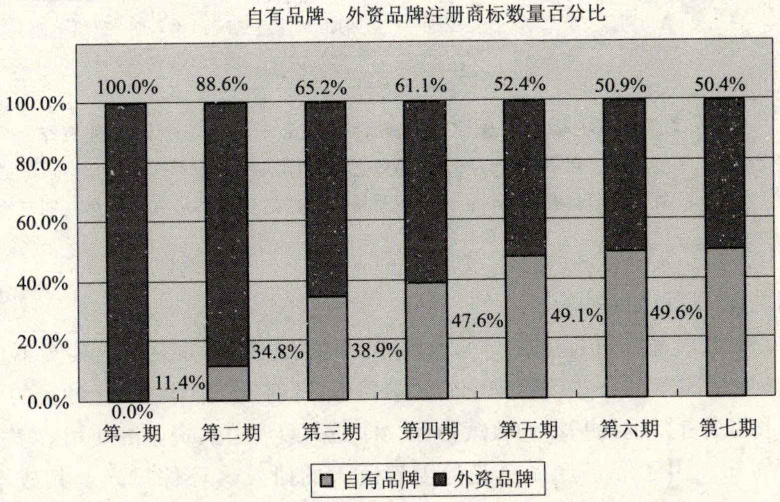

图 11.1　《环境标志产品政府采购清单》第一期至第七期轻型汽车自有品牌与外资品牌注册商标数量百分比

数据/资料来源：根据《中国政府采购年鉴》中《环境标志产品政府采购清单》第一期至第七期资料自行计算绘制。

毋庸置疑，使用绿色产品既能增进政府消费本身的绿色、环保品质，也能通过政府的示范，推动全社会的绿色消费理念的形成和普及，它关乎国家的长远利益。但我国民族产业，如民族汽车工业，在技术水平、研发能力等方面明显逊色于国外厂商、绿色环保水平无法与洋品牌相抗衡，在此情况下，如果政府采购过于单一地强调产品的绿色品质，惟绿色是从，那么绿色消费的政府采购目标又无疑不利于形成一个扶持民族汽车工业的发展环境。从中可以看出，这里凸显的实际上是政府采购的政策目标之间的矛盾、冲突问题，即倡导绿色消费与保护民族

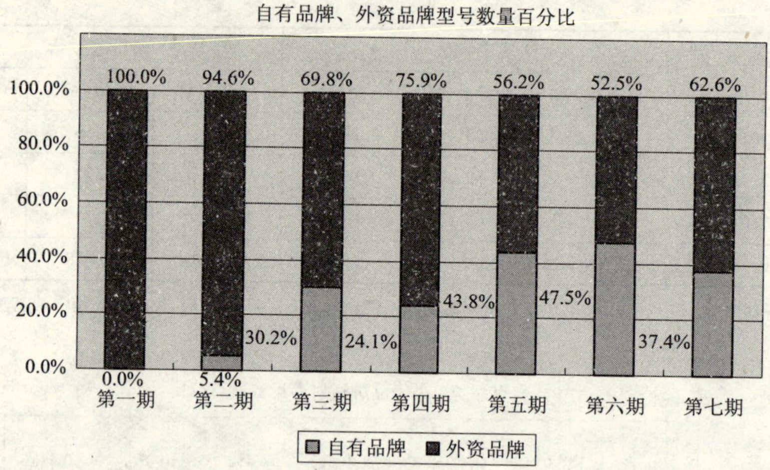

图 11.2 《环境标志产品政府采购清单》第一期至第七期轻型汽车自有品牌及外资品牌型号数量百分比

数据/资料来源：根据《中国政府采购年鉴》中《环境标志产品政府采购清单》第一期至第七期资料自行计算绘制。

工业之间的政策目标的冲突。

此外，在政府采购过程中，与绿色政策目标可能存在冲突的，其实不止民族品牌保护这一方面，其他一些政府采购的政策目标，同样也有与之发生冲突的可能，譬如，政府采购最首要也最基本的政策目标，即提高政府公共资金的使用效率。

众所周知，由于绿色产品总是伴随着巨大的研发、环保投入，其成本必然相对更高。因此，与同类型的一般产品相比，其往往并无价格优势。还以汽车工业为例，目前国产自主品牌汽车的绿色品质固然在总体上不敌国外品牌，但其在成本、价格上的优势也十分明显。这种情况下，尤其考虑到我国公车采购规模庞大和公共财政资金有限的国情背景，如果因为太过突出强调公务购车的绿色性，而相对忽视其经济性，那么难免将妨碍政府采购资金的使用效益，以及廉政目标的实现。

我们不保护落后，但我们有责任推动民族产业的发展，有责任推动民族产业涌现出一批过硬的先进技术和知名品牌，以增强民族产业在全球化时代的国际竞争力。鉴于此，笔者以为，政府绿色采购固然要坚持，但在实施过程中，应特别兼顾、平衡其与其他政府采购政策目标，如扶持民族工业、提高政府资金使用效益等之间的矛盾，通过更完善严密的制度设计，尽可能减少乃至消除其中的矛盾。

第 12 章

完善政府采购相关立法及其配套措施

完善的法规制度是政府采购科学化精细化管理的前提。我国政府采购起步较晚，但发展很快。我国《政府采购法》与相关的政府采购法规、规章构成了我国政府采购的法律体系和基本框架，为我国政府采购活动的依法进行提供了法律上的保障。

《政府采购法》颁布之前，财政部根据《预算法》的有关原则规定，于1999年4月17日颁布了《政府采购管理办法》，随后又颁布了《政府采购管理暂行办法》、《政府采购招标投标管理暂行办法》、《政府采购合同监督暂行办法》、《政府采购品目分类表》、《政府采购公证处公告管理暂行办法》以及《政府采购运行规程暂行规定》等一系列规章。1999年3月15日九届人大二次会议通过了《中华人民共和国合同法》，1999年8月30日第九届全国人大常委会通过了《中华人民共和国招标投标法》。2000年4月4日，经国务院批准发布了《工程建设项目招标范围和规模标准规定》，7月1日，发布了《招标公告发布暂行办法》、《工程建设项目自行招标试行办法》。此后又颁布了一系列规范政府采购招标投标、政府采购合同、政府采购信息公告等内容的部门规章。与此同时，各地也制定了有关政府采购的地方性法规或政府规章。这些规章和地方性法规对建立政府采购制度起了非常重要的作用。

2002年6月29日，第九届全国人民代表大会常务委员会第二十八次会议通过了《中华人民共和国政府采购法》，自2003年1月1日起施行，该法对政府采购的范围、当事人、政府采购方式、政府采购程序、政府采购合同、质疑与投诉、监督检查、法律责任问题都做出了明确规定。2009年9月29日和2010年1月11日，国务院法制办公室分别就《招标投标法实施条例》（征求意见稿）和《政府采购法实施条例》（征求意见稿）公开征求意见。2010年11月5日，财政部修订通过《政府采购代理机构资格认定办法》。2011年11月30日，国务院第183次常务会议通过了《中华人民共和国招标投标法实施条例》，自2012年2月

1日起施行。此外，广东省、海南省和深圳经济特区先后颁布了实施《政府采购法》办法和修订的《政府采购法条例》，增强了法律法规的可操作性。

目前，我国以《政府采购法》为统领、以部门法规为依托的政府采购法律制度框架基本形成。我国《政府采购法》的颁布和实施填补了我国政府采购领域立法的空白，但该法尚存在一些问题和不足，例如，立法线条较粗糙，条文规定过于原则、简单，缺乏相关的实施细则与配套性法律法规，导致法律规范操作性不强；《政府采购法》与《招标投标法》协调性不足、法律适用范围较窄；《政府采购法》与GPA存在诸多差异；法律法规和政策的透明度较差；作为我国政府采购法律制度重要组成部分的政府采购监督机制、政府采购质疑与投诉制度等与国外相关法律制度相比，其法律程序设计不够具体和合理，实施效果也不尽如人意；地方及部门立法不规范等，政府采购法规制度的缺失和滞后，已经成为规范政府采购行为和提高政府采购效率效益的重要瓶颈。我国已经开始加入GPA的谈判，为了迎接市场开放的挑战，尽快制定和完善与政府采购相关的法律法规体系已成为当务之急。

12.1 政府采购立法国际经验

发达国家政府采购立法已有约200年的历史，已经形成了严密、完善的政府采购法律制度，而我国的政府采购立法只有9年多。目前我国已经开始加入GPA的谈判，为了迎接政府采购市场开放的挑战，我国应借鉴发达国家的立法经验，完善我国有关政府采购的立法及其配套措施，一方面符合国际惯例，以满足对外开放的需要；另一方面，在一定程度也可以为保护本国产业寻求合法的手段。

12.1.1 制定完备的政府采购法律法规体系

实行政府采购制度的国家都有一套完善的法律法规体系，通过制定有关政府采购的法律来规范政府采购行为，可以说法制化管理是政府采购管理的主要管理形式。各成员所制定的政府采购法律法规中，既包括规定政府采购的目标、基本原则及采购程序的政府采购基本法，又有细化基本法的实施法令、采购指南或规则，这些法律法规明确规定了政府采购的范围和领域、采购实体、各实体招标的门槛价、招标程序、仲裁机构、贸易补偿领域等政策技术性问题。这些法规对外能促进政府采购市场的逐步开放和一体化；对内能做到禁止政府授予特殊合同以侵犯投标企业的利益，防止欺诈性合同，并在合法范围内保护本国中小企业利益。

例如，美国联邦政府采购涉及的法律、法规相当广泛，有专门的联邦政府采购的法规，还有与政府采购直接或间接相关的法律、法规。《联邦采购法》是专门的政府采购法规，比较详细地规定了最重要的采购制度和政策，使得政府机构能够按照该法规具体实施政府采购。与联邦采购直接或间接相关的联邦法律主要有：《联邦政府行政服务和财产法》、《合同竞争法》、《购买美国货法》、《信息自由法》、《诚实谈判法》、《小企业法》。此外，还颁布了《服务合同法案》、《贸易协定法案》、《联邦采购政策办公室法案》、《小额采购业务法案》、《总监法案》、《合同纠纷法案》等一系列规范联邦政府采购行为的法律、法规，以及一系列规制政府官员和承包商之间的贪污和欺诈行为的法令，如：《贪污受贿、渎职及利益冲突法令》、《反回扣法令》和《虚假赔偿法令》等。规范政府采购合同履行过程和政府采购赔偿方面的法令有：《及时支付法令》、《司法平等法令》等。另外，各州还根据自己的实际情况，颁布相应的采购法规，对采购目标、采购程序、财政预算、中央政府采购与地方政府采购的关系、采购监督和评估、合同纠纷的仲裁和赔偿等都作了明确规定。政府采购制度完全是建立在法制的基础上，从而使政府采购活动有法可依（梁玉萍、宇宪法、张爱权，2006）。

又如，早在 1971 年欧盟前身欧共体就通过了有关政府采购在欧共体内公开招标的两个法令，即“公共工程采购指令”和“公共部门货物采购指令”，并在该基本法原则的指导下制定了实施条例，用以规范欧盟各成员国的政府采购行为。由于《公共指令》比较严谨，又有一段时间的实践经验，因此 GATT 起草 GPA 时主要借鉴了这一法律。

再以韩国为例。经过几十年的探索，韩国的政府采购已经具备了一套独立完备的法律制度体系，整个政府采购活动都通过规范的法律程序进行。国会通过的《合同法》、以总统令发布的《政府合同法实施细则》、以总理令发布的《关于特定采购的〈政府合同法〉的特殊实施规则》等法律构成了韩国政府采购的规范。此外，还有《招标采购细则法》、《供货商或制造商的登记程序与资格的规定》、《标底制订程序与方法》的法规细则、《投标商资格管理》以及国家投资管理与政府采购的会计准则等的规定。

12.1.2 修正国内现行有关政府采购立法

虽然 GPA 只是诸边协定，但该协定对缔约方国内有关政府采购的立法和措施提出了明确的要求。[①] 为此，各缔约方确定开放政府采购市场后，首先采取积

---

① 参见第 4 章和第 12 章 12.2。

极措施，修正国内现行有关政府采购立法，并制定新的法律法规，以期符合国际政府采购规则的基本要求。GPA 缔约方也不断完善本国的立法。例如，日本、韩国、以色列①等国都在积极采取措施，对国内现行的政府采购法进行大量的修改以期符合 GPA 的基本要求。已加入 WTO 但还未在 GPA 上签字的国家也在考虑修改本国政府采购法规，以期减少摩擦。

GPA 成员制定有关政府采购的法律法规，除了为适应 GPA 的要求外，还有一个重要的立法目的，就是使通过保护本国政府采购市场而保护本国经济的做法②合法化，而且当认定外国政府采购中对本国产品或服务存在歧视行为时，使本国对其实施制裁和报复手段合法化。其中最具代表性的是美国和欧盟的做法。

在东京回合达成 GPA 前夕，美国通过了《1979 年贸易协定法》。该法规定的两项内容之一就是政府采购。③ 1994 年乌拉圭回合谈判结束时，美国又根据新的 GPA 内容对《1979 年贸易协定法》做了大量修改。该法规定了美国政府采购市场开放的范围和程度，GPA 管辖的范围和权限、免除、监督和执行的办法。该法要求总统每年应就外国政府采购中对美国的产品或服务的歧视行为，向参众两院的相关委员会报告。总统在报告时，应依据 GPA 规定并结合对美国商业的影响，对外国政府采购是否向美国产品或服务提供公平的市场机会进行评估。如认定有歧视性贸易行为，贸易代表可以发起争端解决程序以制止有关行为。如果对方是 GPA 成员，则在总统年度报告后的 60 天，贸易代表按照 GPA 规定开始争端解决程序。当争端解决失败，或争端解决程序开始后的 18 个月后，被认定的违约方仍未纠正歧视性贸易行为，美国则开始对其采取制裁，禁止从该国采购以及给予其歧视待遇措施。对方是非 GPA 成员的，如果在总统年度报告后的 60 天后仍未纠正歧视性贸易行为，总统则将其确定为对美国产品或服务持重大、持续的做法，并对其禁止开放采购（刘慧，2003，p. 139）。

欧盟立法也有类似的规定和实际做法。欧盟作为 GPA 的重要缔约者，对于政府采购有若干个协议规定了对欧共体以外的第三国的采购限制，最明显如 1994 年 12 月颁布的《为确保欧共体在国际贸易规则，特别是 WTO 范围内的权利而制定的共同贸易政策之执行程序》。它含有“针对第三国实施的贸易障碍行为。所谓贸易障碍是指任何第三国贸易实践或为国际贸易规则所禁止即具有非法

---

① Arie Reich. Magor Development in Israel’s Public Procurement Law: A New Era in International Tender. The International Association of Jewish and Jurist, 1996 (9): 25.

② 具体做法参见第 11 章 11.2。

③ 另一项内容是贸易技术壁垒。

性，或该第三国贸易实践不具有违法性，但是基于其贸易效果，仍以根据国际贸易规则予以追究。”① 虽然欧盟 1993 年取消了原共同体进口制度中成员国众多产品的国别限额，但却仍然保持着欧共体有关政府采购的指令中的、当欧共体提供的产品与第三国提供的产品价格差异在一定比例内，可以优先采购欧共体产品的规定。政府各部门可以决定最符合合同价值及复杂情况下的竞争。特别是 1998 年以后，欧盟敦促其成员国利用采购权实现社会价值目标，只要其不违反限制性规定。② 对于此类规定，国际社会尚无提起异议的事例（任际，2005）。此外，欧盟还规定，只要欧盟成员供应商对欧盟外的国家的政府采购遇到歧视阻碍，欧盟成员即对含有歧视的国家的企业禁止开放政府采购市场。

12.1.3　建立完备的政府信息系统

为有利于政府采购市场开放的公平、公开，GPA 成员都建立了较完备的政府信息系统。通常的做法是政府指定专门的刊物或资讯网络刊登政府采购资讯，为所有的企业提供平等的竞争机会。例如，美国商务部发行的每日商讯刊载所有美国政府单位（含军事单位）超过 25 000 美元的采购计划，还刊载合约价在 25 000美元以上的得标公告等资讯；联邦政府的其他采购资讯，如美国联邦政府采购法规、采购最新消息、相关申请表格、联邦政府采购交易机会等，则可从联邦政府采购资讯网站取得；美国的政府采购法制资讯，刊登在联邦采购总务署③网站上；美国各州及地方政府采购资讯可从 BIDNET 查询。又如，对于日本政府采购资讯，可从日本政府采购资讯与招标通知网站获得，或购买日本大藏省印刷局发行的《官报（政府调达公告版）》查阅。

此外，区域化和国际组织的网站也都刊载了相关的政府采购资讯和法规规范。例如，SIMAP 是欧盟公共采购信息发布的门户。采购机构可在 SIMAP 网站上下载相应表格，填好后用电子邮件发送给网站管理人员，也可以在线直接填写。欧盟相关指令规定，从 2002 年 5 月 1 日起，采购通知必须采用标准格式在 OJS ④ 上刊出，以便改进采购信息的质量，保证采购信息能够送达到每一个潜在

---

① Hoekman. The WTO’ Government Procurement Agreement. Public Procurement law Reviw, 1998 (4): 79.

② Commission Communication. Public procurement in the European Union. XV/5500/98 – EU, Brussels, 1998 – 3 – 11.

③ General Service Administration，简称 GSA.

④ 英文全称为 Supplement to the Official Journal，中译名为《欧盟官方杂志增刊》。

的供应商。TED[①] 是 OJS 的联机版，每日更新，并可供免费使用。它可以根据地名、文件种类、合同性质和关键词进行检索，不仅可查最新的标讯，还可对过去 5 年的档案进行回溯检索。WTO 和 APEC 政府采购资讯可分别在 WTO 政府采购网站和亚太经合会政府采购资讯网站获得。有关接受世界银行资助的采购，刊登在《国际复兴开发银行贷款和国际开发协会信贷指南》（简称世界银行《采购指南》）网站。有关联合国采购的信息，可通过联合国网站获得。

12.2 我国《政府采购法》与 GPA 的差异及整合

我国政府采购法律制度主要由《政府采购法》和《招标投标法》构成，我国政府采购立法与 GPA 的差异主要体现为《政府采购法》与 GPA 的差异。

我国《政府采购法》吸收了国内外众多有益经验，它的颁布和实施填补了我国政府采购领域立法的空白，对于规范政府采购行为、加强公共财政支出、促进廉政建设都起到了一定的作用。我国《政府采购法》与作为国际法的 GPA 在政策目标等方面有一致之处，也有诸多差异。根据国际经验，各国确定开放政府采购市场后，首先采取积极措施，修正国内现行有关政府采购立法，并制定新的法律法规，以期符合国际政府采购规则的基本要求，同时，也为保护本国产业寻求合法的手段。《政府采购法》实施 9 年来，我国经济和行政管理都发生了不小的变化，尤其是目前我国已经开始启动加入 GPA 的谈判，因此，应对 GPA 执行情况进行全面调查和了解，并做相应的调整。

GPA 对各成员法律制度的影响，主要表现在采购实体、采购行为和争议处理等方面。以下笔者在简要阐述我国《政府采购法》与 GPA 差异的基础上，提出规范我国政府采购市场的相关法律建议。

12.2.1 关于政府采购的基本目标和原则

GPA 在序言中明确指出其目标是实现世界贸易自由化，具体而言就是通过建立一个有效的政府采购的法律、规则、程序和措施方面的权利与义务的法律框架，使各成员通过双边和多边谈判开放各自的政府采购市场，逐步消除政府采购中根深蒂固的贸易壁垒，从而实现世界贸易的一体化和自由化；通过建立一套公开、透明和非歧视的政府采购程序，最大限度地扩大政府采购领域的竞争，提高政府采购的经济性和效率性。为了实现上述目标，GPA 规定了三个基本原则，

---

① 英文全称为 Tenders Electronic Daily，中译名为《电子标讯日报》。

其中非歧视原则是其核心原则；透明度原则和对发展中国家的特殊与差别待遇原则是非歧视原则的体现和保障。

我国制定《政府采购法》的目的，一是为了规范政府采购行为，提高政府采购资金的使用效益；二是维护国家利益和社会公共利益，保护政府采购当事人的合法权益；三是促进廉政建设。上述目的集中体现在《政府采购法》第一条中。

至于政府采购的基本原则，我国《政府采购法》第三条规定："政府采购应当遵循公开透明原则、公平竞争原则、公正和诚实信用原则。"

由上可见，我国政府采购法立法所规制的公开、公平、公正原则与 GPA 立法趋势是一致的，二者也都强调经济效率，我国《政府采购法》基本上贯彻了 GPA 法律规则中的原则精神。但二者立法取向的重心有所区别，具体体现如下：

第一，GPA 更侧重于实现最充分和最公平的竞争。充分的国际竞争[①]是 GPA 关于采购竞争制度的原则，GPA 所关注的重心不是政府采购制度，而是政府采购市场的开放程度、各国的采购制度及采购过程的透明度和对其他成员的供应商给予平等的竞争机会等方面，其立法取向是将政府采购市场纳入整个世界贸易体制之中，降低和消除政府采购造成的贸易壁垒。而我国政府采购立法所关注的重心是规范政府采购行为，建立我国的政府采购制度，其立法取向是建立高效、廉洁的政府采购制度，提高政府采购资金的利用效率，推进国内的廉政建设。我国《政府采购法》规定的竞争决策制度没有采纳 GPA "充分竞争" 的表述，而奉行"平等竞争" 的竞争原则。该法体现了对国内政策目标的关注，如第九条规定了政府采购应当有助于实现国家的经济和社会发展政策目标，包括保护环境，扶持不发达地区和少数民族地区，促进中小企业发展；第十条规定了政府采购应当采购本国货物、工程和服务。

第二，GPA 所强调的非歧视性原则在我国《政府采购法》中没有明确的规定。根据我国《政府采购法》第十条的规定，除非是在中国境内无法获取或者无法以合理的商业条件获取的；或为在中国境外使用而进行采购的；或其他法律、行政法规另有规定的，政府采购应当采购本国货物、工程和服务。虽然《政府采购法实施条例》（征求意见稿）第十条对此进行了补充说明"政府采购法第十条所称无法以合理商业条件获取，是指符合采购文件要求的本国货物、工

---

① 充分竞争的含义是完全排除采购决策中的非市场因素，排除政府的直接干预和其他社会成员的个人干预。

程和服务的最低报价高于非本国货物、工程和服务最低报价百分之二十以上的情形。”[①]但根据上述规定，除非特定的情况，我国政府采购市场是不对外开放的。这与 GPA 的非歧视性原则是不一致的。

第三，在透明度原则[②]方面，我国立法在公开透明程度方面的规定与 GPA 存在不小差距。

根据 GPA 的规定，采购透明度是指成员正式实施的有关政府采购的政策、法令及条例，以及成员政府或政府机构与另一成员政府或政府机构签订的影响政府采购政策的现行协议，都必须公布。对有关采购的信息应通过各种稳定而广泛的媒介，持续及时地向所有感兴趣的团体公布。一般要求是，政府采购的法律、法规、实施细则和各类政策性的文件都必须公开；政府采购的程序必须公开，必须完全透明，以便于监督；政府采购的项目必须公开，以便于供应商提前做好准备，参加公平竞争；政府采购的条件必须公开；政府采购的开标必须公开，达到公正性的要求。对此，GPA 在第 17 至 19 条中对实体义务和各参加方的信息和审议都有详尽规定，要求对整个政府采购过程和合同签订及履行过程的信息都要予以公布并接受审查。GPA 第 9 条对邀请参加各种预定采购的通知方式、各种通知方式中应包含的信息、通知采用的语言、通知的公布渠道等用 11 款的篇幅做了详尽的规定。

需要注意的是，GPA 透明度并不意味着所有信息都公开，有关国家安全的仍要保密。此外，还有一点需要注意，《GPA2006 修订本》对信息公开的调整比历次调整都大，提出了更高的要求。[③]

相比之下，虽然我国《政府采购法》第三条规定，“政府采购应当遵循公开透明原则、公平竞争原则、公正原则和诚实信用原则。”但我国立法在公开透明程度方面的规定与 GPA 存在不小差距。由于《政府采购法》第四条规定，政府采购工程进行招标投标的，适用招标投标法，因此，该法对于招标投标的一切事宜均未予规定。而且该法对与政府采购有关的信息公开也只在第十一条规定为“政府采购的信息应当在政府采购监督管理部门指定的媒体上及时向社会公开发

---

① 《政府采购法实施条例》（征求意见稿）第十条在例外方面的规定存在“规定不全”和“规定不够”的问题。就“规定不全”而言，只规定了“无法以合理的商业条件获取的”含义，但没规定相应“无法获取”的含义，也没规定需要由行政法规特别规定的事项；在“规定不够”方面，“商业条件”只是提及报价存在规定过窄的不足。

② 所谓政府采购透明度原则（transparency），是指有关政府采购的立法、政策、程序和采购活动等各种信息和环节都要公开，并保证其能及时获得了解或查证。

③ 详见第 4 章。

布，但涉及商业秘密的除外”和在第六十三条规定为“政府采购项目的采购标准应当公开。采用本法规定的采购方式的，采购人在采购活动完成后，应当将采购结果予以公布。”对于决定公开招标竞争程度首要条件的采购公告的媒体种类和信息内容，我国《招标投标法》第十六条只是做了简要和原则性的规定，即招标人采用公开招标方式的，应当发布招标公告。依法必须进行招标的项目的招标公告，应当通过国家指定的报刊、信息网络或者其他媒介发布。招标公告应当载明招标人的名称和地址、招标项目的性质、数量、实施地点和时间以及获取招标文件的办法等到事项。

可喜的是，《政府采购法实施条例》（征求意见稿）第十二条在《政府采购法》第十一条的基础上又做了补充规定，即“政府采购信息应当在省级以上人民政府财政部门指定的媒体上发布。采购金额达到500万元以上的政府采购项目信息应当在国务院财政部门指定的媒体上发布。”①

理论上和实践中也有许多人认为不实行公开招标的政府采购项目，可以放宽遵守公开原则。笔者不赞成此观点，笔者认为越是竞争性不强的政府采购行为，越是要强调公开原则，以纠正竞争性不足的缺点。

除上述公平竞争、非歧视原则和透明度原则区别外，与 GPA 相比，我国《政府采购法》规定的政府采购原则还只停留在抽象层面，不具操作性。例如，第九条规定了政府采购应有助于扶持不发达地区和少数民族地区、促进中小企业发展的规定，但却没有具体措施。再如，由于受时代背景的局限，第十条规定的“前款所称本国货物、工程和服务的界定，依照国务院有关规定执行”；《政府采购法实施条例》（征求意见稿）第十条规定的“本国货物、工程和服务的具体认定标准，由国务院有关部门会同国务院财政部门制定。本国货物、工程和服务的采购政策和办法，由国务院财政部门会同国务院有关部门制定”，也即我们习称的“国货条款”，对本国货物、工程和服务只作了原则性规定，国货标准缺失，对本国市场造成极其不利的影响。而与我国《政府采购法》不同，GPA 不仅确定了政府采购基本原则，而且原则还贯穿于整个法律体系中，例如非歧视原则，GPA 许多条款都体现了该原则精神，在采购方式和程序、原产地规则与技术规格等条款中对非歧视待遇都做了进一步规定。

GPA 第 24 条第 5 款“国内立法”部分规定，接受或加入本协定的每一政府应保证在不迟于本协定对其生效之日，使其法律、法规、行政程序及其附件中实

---

① 随着我国政府采购事业的发展，我国政府采购信息发布体系已初步形成，并日益发挥着重要作用，同时也存在不少问题，相关内容详见第 13 章。

体实施的规则、程序和做法符合本协定的规定。我国已经开始启动加入 GPA 的谈判，而且我国政府已经向 APEC 承诺最迟在 2020 年开放政府采购领域，因此，我国在今后完善政府采购法律体系的过程中，立法取向上不仅要符合我国的国情，还应吸纳 GPA 的基本原则，对非歧视原则以及透明度原则作出与 GPA 基本目标相适应的规定。

12.2.2 关于政府采购的范围

以下笔者着重阐述采购主体范围、采购客体范围、采购客体的形式和采购限额等政府采购范围。

1. 采购主体范围

GPA 是从采购主体和采购客体两方面来确定采购范围的，每一个参与方在加入该协定时，均需在协定附件中以清单列举其境内拟按照 GPA 的要求给予境外供应商国民待遇的政府采购主体和采购客体。GPA 第 1 条使用所谓“采购实体”概念来界定采购人的种类，规定“本协定所涵盖实体在附录一中列明”。按照 GPA 的规定，无论采购实体的具体形式如何，只要属于政府控制或者受到政府影响的，就都应当作为一个普遍标准纳入考虑之列，[①] 至于是否最终纳入附录一，可以根据谈判情况而定。GPA 还提出了“政府对实体的控制或影响”的定义标准。[②]

GPA 发达成员总是想尽可能多地涵盖其他成员的中央政府实体、各级政府机构、甚至国营企业的采购活动，而发展中成员则想尽可能多地保留一些自主权。但是考虑到各成员尤其是发展中成员和最不发达成员的实际需要，不可能将各成员的政府采购市场毫无保留地对外开放，因此，GPA 对各成员的自主决定权还是给予了一定的尊重，各成员可以在附录中自主承诺适用该协定的采购实体。但实际上，由当事方自由裁量的空间非常有限，而且在双边谈判中，各成员往往都非常重视其他成员的已有承诺范围的示范作用。

与 GPA 的列举式规定有所不同，我国在政府采购主体上采取了总括式的规定。根据我国《政府采购法》第二条规定，我国政府采购主体是使用财政资金

---

① 按照 GPA 的这一规定，公共企业、事业等公共机构均包含在政府采购实体范围内。而且，按照国际通行做法，凡是用政府财政支出中的政府消费支出和投资支出项目，无论采购主体是政府单位、公共机关还是国有企业或者民营企业，都要纳入政府采购法所规范的主体范围。

② GPA 第 24 条第 6 款（b）项规定：“如一参加方在行使权利时，以政府对一实体的控制或影响已有效消除为由希望将该实体从附录中去除，则该参加方应通知委员会。”

的国家机关、事业单位和团体组织。[①] 我国政府采购人的定义标准主要是单位成立条件,[②] 也即采购人资格条件,[③] 实行这一标准的重要后果，是把包括国有企业或国有控股企业的全部企业都排除在政府采购市场竞争规则的支配以外。由于除了法律强制性规定以外，这些企业可以使用非竞争方法决定采购定单的授予客体，因此，受到政府控制或者影响的企业，将成为签署 GPA 谈判中的重要内容。此外，与西方国家做法还有一点不同的是，我国《政府采购法》将团体组织规定为采购主体的范围。[④]

将包括各级国家行政机关、社会团体和政党组织在内的国家机关纳入政府采购范围，这是世界公认的做法，我国立法对此也加以确认，学者们也已形成共识。但对于事业单位是否应作为采购主体则有不同的见解，有的主张使用财政资金的各类事业单位都应纳入（我国政府采购制度研究课题组，1999）；也有的认为政府拨款占其支出达 50% 以上的事业单位应纳入（马国贤，1999）；还有的认为事业单位中那些已经走向市场化的不应纳入（曹富国，2000）。笔者认为，事业单位是否界定为采购主体，应具体问题具体分析。对于那些使用财政性资金来实现公益职能或者向社会提供公共服务的事业单位，自然应纳入采购主体范围，我国政府采购实践中也是这样做的；而对于那些实行企业化管理的自主经营、自负盈亏的事业单位，应排除在政府采购主体之外；对于那些虽具有自营性质，但同时也享受国家财政拨款的事业单位，则应根据政府拨款占其支出比例的大小来决定是否将其纳入采购主体范围。

对于国有企业应否纳入政府采购主体范围，是目前人们关注的焦点。有的主张应根据竞争性标准来确定，竞争性的国有企业要排除在外，具有垄断意义的则应纳入（曹富国，2000；甘培忠，2001）；也有的认为，从原则上讲，国有企业不应纳入，但对全部资本来自财政拨款的国家独资企业和不以营利为唯一目的的

---

① 此外，《政府采购法》第八十四条至八十六条分别将使用国际组织和外国政府贷款进行的政府采购、对因严重自然灾害和其他不可抗力事件所实施的紧急采购和涉及国家安全和秘密的采购和军事采购排除了该法的适用，并在第四条规定，“政府采购工程进行招标投标的，适用招标投标法。”

② 我国《政府采购法》第十五条规定：“采购人是指依法进行政府采购的国家机关、事业单位、团体组织”。

③ 例如，依法建立的国家机关、经过法定程序举办的事业单位和团体组织都可以取得政府采购人资格。

④ 团体组织在西方国家不是政府采购的主体，因为其有自己的资金来源，与政府财政无关。在我国，具有独立法人地位的团体组织，如各级妇联、残联、工青妇组织及文化、教育、科研、医疗、卫生、体育等团体组织，因其从事社会公益活动，起着与国家机关类似的作用，其经费全部来源于或者主要来源于财政资金，所以就成为我国政府采购主体。

企业则应考虑（王士如，2005）。但大多数学者主张，为了贯彻政企分开，充分发挥和严格保障国有企业的经营自主权，不应将其纳入政府采购主体的范围（曾令良，1996；我国政府采购制度研究课题组，1999；吴全光、欧阳宇翔，1999；沈国琴，2001；钟筱红，2001）。也有的从避免国家利益受损的角度，不主张将国有企业和国有控股企业纳入政府采购范围（郑云瑞，2005）。

国有企业是否要纳入政府采购范围，笔者认为应具体情况具体分析，并应把握好时机，采取渐进和有序的方式进行。从1996年以来政府采购试点的情况看，关于国有企业在政府采购中的地位，地方政府条例以及财政部的规定既未给予承认，也没有给予特殊的说明。一定意义上讲，这种做法是符合当时历史条件的。我国在2001年加入WTO时，国有和国家投资的企业都被排除在政府采购之外。[①] 国有企业是否要纳入政府采购范围，笔者认为应结合国有企业资金来源、经营目的和竞争性标准的具体情况予以确定。从普遍意义上讲，由于我国国有企业和国有控股企业面广量大，其职能和国家机关、事业单位和团体组织有所不同，如果将国有企业和国有控股企业纳入政府采购范围，可能会造成政府对市场活动的不应有的介入。因此，为了保证其经营自主权的落实，国有企业和国有控股企业近期内不宜纳入调整范围。但随着我国市场经济的建立与完善，应考虑对那些全部资金来自财政拨款、不以营利为唯一目的且在市场中占有支配地位的国有企业逐步纳入政府采购范围，因为这类企业所使用的财政性资金占我国财政资金的比重较大，将其纳入政府采购范围，将有助于政府采购的经济功能和政策功能作用的充分发挥。特别需要注意的是，上述国有企业纳入政府采购范围的过程要循序渐进、有序进行，在考虑纳入的时机和次序时，一定要确定在对外开放政府采购市场时，可以通过谈判及例外等途径将其排除在开放范围之外，以免其采购决策受到政府采购竞争规则和政府采购争端解决机制的约束。

2. 采购客体范围

如前所述，[②] GPA所涵盖的采购客体包括货物、服务和建筑工程服务，GPA对每一类采购客体都规定了最低限额，只有超过了该最低限额，才受GPA的规范。对于货物采购，各参加方均采用排除法列举，排除的范围大致限于GPA所规定的例外情形。对于服务采购，各成员在建筑工程服务的采购问题上统一程度

① 《中国加入工作组报告》第47段规定：中国代表确认，在不损害中国在《政府采购协定》中未来谈判权利的前提下，所有有关国有和国家投资企业用于商业销售的货物和服务的采购、用于商业销售或用于非政府目的的货物的生产或者服务的提供的法律、法规及措施，将不被视为与政府采购有关的法律、法规及措施。

② 参见第4章及其他相关章节。

较高。而对于其他服务，除美国外，大都采用逐一列举的方式，即只有参加方在协定附件中明确列出的服务项目的采购才适用 GPA 的规定。

我国《政府采购法》充分考虑国际通行的做法，规定政府采购的客体是依法制定的集中采购目录以内的或者采购限额标准以上的货物、工程和服务。从法律规定来看，我国政府采购客体范围与国际通行做法基本一致。

鉴于我国财政收入、尤其是预算内收入占 GDP 的比重偏低，我国政府采购制度建立时间尚短，因此，笔者认为《政府采购法》将我国的政府采购客体界定为“使用财政性资金采购依法制定的集中采购目录以内的或者采购限额标准以上的货物、工程和服务的行为”，从目前情况讲是适宜的。但按照《政府采购法》的规定，政府采购并不只是集中采购①一种模式，也不只是公开招标一种方式，还包括分散采购模式、邀请招标、竞争性谈判、询价和单一来源采购方式。而我国《政府采购法》的上述规定仅涉及集中采购模式的政府采购，因而缩小了政府采购的范围。从国际政府采购实践看，政府采购法的适用范围越宽，对国内产业的保护力度越大，因此，随着我国财政收入的不断提高和政府采购制度的不断完善，应根据采购客体实际情况的变化，由少到多、逐步扩大政府采购适用范围，尤其是要增加工程与服务采购项目，并将图书馆、外出会议、高校物资采购等逐步纳入；就货物采购体系来看，应将粮食、石油等战略储备物资纳入政府采购范围。但采购客体范围扩大后，首先要注意应分别界定政府采购客体，即对于使用财政性资金采购依法制定的集中采购目录以内或者采购限额标准以上的货物、工程和服务，实行公开招标；而对于使用财政性资金采购依法制定的集中采购目录以外或者采购限额标准以下的货物、工程和服务，则可采取其他采购方式。而且特别需要注意的是，对外开放政府采购市场时，应通过谈判及例外等途径适当地收缩采购客体范围，以免对我国国内政府采购市场造成不利影响。

3. 采购客体形式

如第 4 章所述，根据 1994 年版 GPA 的规定，任何契约形式的采购，即购买、租赁、分期付款购买、无论是否有无期权的购买，以及包括产品和服务的任何组合，都适用于 GPA。《GPA2006 修订本》对采购客体形式的规定更加具体，在新增的第 1 条“概念说明”中，修订本对商品和服务、建筑服务合同等概念

---

① 但《政府采购法实施条例》（征求意见稿）第七条规定：集中采购，是指采购人将集中采购目录以内的货物、工程和服务委托集中采购机构代理采购、实施部门集中采购或依法自行实施采购的行为。笔者认为将依法自行实施采购的行为也定义为集中采购，是值得商榷的。因为自行实施采购的情况下，不仅政府采购实现不了规模效益，各项社会、经济功能更是无从发挥。

都予以明确说明，这有助于对政府采购行为进行更具体的规范。我国立法规定的采购形式比 1994 年版 GPA 规定的形式要详细，我国《政府采购法》第二条规定，该法所称的采购，是指以合同方式有偿取得货物、工程和服务的行为，包括购买、租赁、委托、雇用等，该条还分别明确了货物、服务和工程的含义。

4. 采购限额标准

应当注意的是，并非所有纳入采购范围实体的全部采购活动都一律纳入政府采购范围之内，保留一部分自由采购作为政府采购的补充是很有必要的。[①] 界定二者界限的采购限额标准，也就是通常所说的“门槛”设置。在我国加入 GPA 谈判时，“门槛”限制是我们用来保护国内企业有力的武器。集中采购目录和政府采购限额标准，属于中央预算的由国务院确定并公布，这是国家控制政府采购市场的最重要手段，将直接关系到未来我国政府采购市场发展的空间和前景。我国《政府采购法》未对采购限额标准做出明确具体规定，实践中各地实际操作的限额一般都比较低，如果以后对其他成员开放，显然不利于保护本国企业。实际上，按照国际通行惯例，地方限额一般都要比中央高。所以在今后的实践中，我国要在既充分考虑地方实际情况、杜绝营私舞弊行为的同时，还要在符合国际惯例的前提下，合理明确有关限额规定。[②]

12.2.3 关于政府采购的方式和程序

为了实现政府采购的国际化，GPA 从第 7 条至第 18 条，对政府采购的方式和程序作了明确而详细的规定。GPA 在第 7 条至第 15 条规定了三种采购方式，即公开招标、邀请招标和限制性招标。GPA 还就每一种方式的程序问题作了详细的规定。GPA 第 15 条规定了采用限制性招标方式的 10 种情形，但对于公开招标和邀请招标的各自适用条件，GPA 并没有进一步明确。

我国《政府采购法》第二十六条规定的采购方式有公开招标、邀请招标、竞争性谈判、单一来源采购、询价和国务院政府采购监督管理部门认定的其他采购方式。[③] 与 GPA 规定相同，我国《政府采购法》也承认公开招标方式的优先性和主导地位。[④]

---

① 如一些专业要求非常高的特殊采购项目，不宜纳入集中政府采购，可以实行分散采购。

② 参见第 12 章 12.4.2。

③ 我国《招标投标法》第十条规定的招标方式只有公开招标和邀请招标两种，没有限制性招标方式，但从邀请招标适用的情形或条件来看，它与我国《政府采购法》所规定的竞争性谈判和单一来源采购方式有些类似。

④ 我国《政府采购法》第二十六条和第二十七条规定，公开招标作为政府采购的主要采购方式。

与 GPA 相比较，我国《政府采购法》的不足主要体现在以下几方面：

第一，从立法技术角度看。我国《政府采购法》虽然规定公开招标是政府采购主要方式，但其具体规定却仅在第三十五、三十六、三十七条中有所体现。究其原因，就是该法第四条规定，“政府采购工程进行招标投标的，适用招标投标法。”而除工程以外的货物和服务的公开招标方法的程序问题，则出现了立法空白。

第二，公开招标替代方式的规定过多和过于灵活。除了对公开招标规定应为政府采购的主要采购方式外，《政府采购法》还规定其他 5 种替代方式。《政府采购法》对除公开招标之外的采购方式、适用条件等方面的规定过于灵活，易造成操作中的随意性。该法第二十六、二十七条规定，公开招标应作为主要采购方式，只有经过设区的市、自治州以上的人民政府采购监督部门的批准方可适用其他采购方式。由于在法律中未规定严格的前提条件而形成的法律缺陷，为采购实体有意避让公开招标而寻求其他采购方式预留下了操作空间，使采购实体拥有很大的选择权，这种法律的缺失造成实体在采购时的随意性，对其的约束力明显不够。因此，政府采购主管部门在批准这些采购方式时，应当严格解释，从严审批，责令主张采用例外采购方式的采购人承担举证责任。而由此又引发出另一个问题，就是由谁来监督政府采购主管部门，所以建议借鉴国际做法，成立政府采购中央监督机构。同时从立法上明确规定采购方式选择的基本条件以及程序，为政府采购监督部门选择采购方式提供实体以及程序规范。

第三，立法在采购方式和采购程序方面的市场竞争程度的规定低于 GPA。采购市场竞争的充分原则，主要体现在采购方式和采购程序。[①] 如前所述，对于决定公开招标竞争程度首要条件的采购公告的媒体种类和信息内容，我国《政府采购法》、《招标投标法》和《招标投标法实施条例》只是做了简要和原则性的规定，相比之下，GPA 作了详尽具体规定。

第四，在邀请招标方式程序的竞争性方面低于 GPA 的规定。例如，在邀请招标的规定中，有关供应商数目的选择我国《招标投标法》第十七条采用“最低限度方式”，规定采购人“应当向三个以上具备承担招标项目的能力、资信良好的特定的法人或者其他组织发出投标邀请书。”而 GPA 对其称之为选择性招标则使用“最大数量”方式，GPA 第 10 条规定：“各实体应在与采购制度有效运转相一致的情况下，邀请最大数量的国内供应商和其他参加方的供应商进行招标，它们应以公平和非歧视的方式选择供应商参加有关程序”。我国应该在上限

① 此外技术规格、原产地规则也可能成为妨碍竞争效果的因素。

和下限问题上进行进一步理论探讨，以更加有效地规范政府采购行为。

第五，对供应商资格审查程序过于原则，缺乏操作性。供应商资格审查对确保政府采购实现其政策性和经济有效性目标起着至关重要的作用。我国《政府采购法》第二十二条规定了供应商参加政府采购活动应具备的条件，但第二十三条对供应商资格审查的规定过于原则，缺乏诸如审查应遵循的法定程序、在进行资格审查时采购主体和供应商必须履行的义务等具体规定，因此，实践中缺乏操作性。而与此相反，GPA 对供应商资格审查有比较详尽的规定。因此，我国应借鉴 GPA 的经验，在政府采购立法中，增加对供应商资格审查程序以及在资格审查中供应商和采购主体的权利和义务的规定。

此外，我国《政府采购法》没有规定一般性的中标原则，而且也没就投标以及履约担保等内容作出规定。

12.2.4 关于政府采购的质疑和投诉程序

救济制度设计是保障法律有效实施的核心手段，因此，每一个法律体系都有相应的救济制度。为维护供应商的合法权益，规范政府采购市场行为，发挥供应商的监督作用，应当开辟供应商质疑与投诉渠道，鼓励他们参与政府采购活动的监督。

如第 4 章 4.1.6“质疑程序及磋商和争端解决”中所述，GPA 的独特救济制度就是质疑程序与争端解决机制所构成的双层救济体制。质疑程序要求缔约方以书面形式规制一套保障供应商获得采购活动中期待利益的非歧视的、及时、透明且有效的程序，并用法院或其他公平、独立的审查实体以确保程序实现。该机制完全独立于 WTO 之外，反映了和平友好解决经济争端和尽可能运用国内救济方式的国际法原则，而且有利于节约争端解决成本，增加争端双方的了解和信任。争端解决机制是 WTO 争端解决机制在 GPA 中的具体适用，它对增强适应现今纷繁复杂国际关系中的经济问题和促进国际间的合作而建立的条约体系之效力起到了极为积极的作用，有助于促使因 GPA 协定而发生争端之解决更程序化和司法化，提高规则导向系统的可预见性和效力。上述两机制相互协调、相互补充构成了 GPA 协定实施机制的核心支柱。

我国在政府采购立法时，注意了与国际规则接轨，《政府采购法》在第六章“质疑与投诉”第五十一至五十八条对采购询问、采购质疑和采购投诉作了专门规定。首先明确规定供应商的质疑、投诉甚至行政复议、诉讼权以及有关部门的对其进行答复处理的责任义务。其次，还规定了一些其他事项，例如第四十二条规定采购文件的保存期限为从采购结束之日起至少保存 15 年。除了事后救济的有效性外，我国《政府采购法》所规定的具有中国特色的事前救济及预防机制也相当有力，包括对供应商的直接监督、行政监督、司法监督以及社会监督等。但应看到，我国《政府采购法》与 GPA 规则相比，还存在着一些不足，尤其是在申诉处理机构的独立性和确保供应商商业机会等方面的制度建设还有待进一步完善。

第一，申诉处理机构的独立性有待进一步完善。如前所述，GPA 严格规定了从质疑到磋商，最后通过 WTO 争端解决机制的司法途径的进程。GPA 规定的受理机构如果不是法院，就应当是与采购结果无关的、独立的、公正的审议机构，且该机构的成员在任职期间应免受外界干扰。而我国《政府采购法》规定的是从质疑到请求采购人，再请求政府采购监督管理部门的答复或处理，最后进行行政复议或司法诉讼的进程，最后救济方式可能是行政的，也可能是司法的途径。根据我国法律规定，受理质疑和投诉的机构主要有采购人、采购代理机构、政府采购监督管理部门。尽管规定采购人和采购代理机构只能就当事人向其提出的采购活动事项的疑问作出答复，且当供应商对答复不满意时，还可以向采购监督部门进行投诉，对投诉处理决定不服或逾期不作处理时，可以申请复议或向人民法院提起行政诉讼，但这种程序设计很难保障供应商的权益不受损失。因为从政府采购争议解决的效率和公正性看，由政府采购主管部门担任政府采购争议的申诉处理机构的做法是不恰当的。我国政府采购监督部门是各级人民政府财政部门，在我国长期的政府采购实践中，各级政府财政部门在很大程度上扮演了政府采购人的角色，现实生活中实际从事政府采购的政府采购中心也大多数是各级财政部门建立的。政府采购主管部门与政府采购结果难免有利害关系，因而有可能损及供应商的合法权益。尽管现行政府采购法对这种现象作了禁止规定，但在《政府采购法》第八章“法律责任”中并未规定政府采购监督管理部门设置集中采购中心行为的法律责任。所以，遭到利益损害的供应商提出质疑的信心是很难树立的。

第二，与 GPA 及国外做法相比，我国质疑和投诉机制中缺乏确保供应商商业机会的规定。如前所述，为了确保商业机会，GPA 非常强调供应商参加政府采购活动的机会的存在。联合国国际贸易法委员会《货物、工程与服务项目示范法》也规定一旦供应商提出审查申请，采购过程将自动延迟 7 天。日本《质疑审查程序》规定在供应商提出质疑的 10 天内，审查局在对质疑作出决定前，必须要求采购实体做到中止合同的授予或者中止合同的履行。我国《政府采购法》第五十七条对采购活动的暂停规定是，“政府采购监督管理部门在处理投诉事项期间，可以视具体情况书面通知采购人暂停采购活动，但暂停时间最长不得超过三十日。”不难看出，我国立法赋予政府采购监督管理部门处理供应商投诉的自由裁量权是很大的。笔者认为，这可能对政府采购的公正、公平、公开造成威胁，不利于供应商权益的维护，甚至在某些情况下导致政府采购违法。

另外，我国《政府采购法》规定的质疑时限比 GPA 的短。供应商向采购人提出质疑的时限，我国规定从知道或应该知道其权益受到侵害之时起 7 天内提出，GPA 规定的期限则是 10 天。

政府采购是一项庞大的系统工程，它的实施不仅要建立和健全政府采购的管理体制和运行机制，还需有相应的保障措施。就国外的立法实践看，许多国家的政府采购制度中都包括了对质疑和投诉问题处理的一些专门规定，并且设立专门机构处理质疑、投诉有关事宜。例如，日本于 1995 年建立了政府采购审查办公室和政府采购审查局，公布了《质疑审查程序》。我国应借鉴国外立法经验，为确保政府采购争议解决的效率性和公正性，建议在政府采购立法中应当规定设立与政府采购结果无利害关系的独立的申诉处理机构。为了确保供应商商业机会，立法应当以在法定期间内暂停采购活动为原则，并规定只有在法定情形之下才允许例外。此外，为确保供应商投诉处理的准确性、合法性和科学性，切实维护供应商合法权益，建议建立投诉处理专家评审机制。

除此之外，笔者还建议完善现行预算管理体系及运行机制，加强预算监督管理，如改进政府财政支出管理方式。此外，改革现行行政事业单位会计管理体系与具体操作方法，并进一步落实国库直接支付制度，允许财政办理直接拨款，实行单一国库账户。另外，建立政府采购审查与仲裁机构，加强政府采购的监督管理和政府采购过程中争议的解决，确保政府采购市场的公平竞争。再有，完善政府采购的信息系统，拓宽政府采购信息流通渠道。

12.2.5 关于政府采购监督机制

科学有效的监管，是政府采购制度得以有效执行的重要保障。我国《政府采购法》第五十九条至第七十条的第七章对政府采购监督检查的规定，在我国政府采购实践中起到了非常重要的作用。但在 9 年多的政府采购实践中也显现出一些问题，如法律程序设计不够具体和合理，实施效果也不尽如人意。

以《政府采购法》规定的监督检查的范围为例，该法第五十九条规定“政府采购监督管理部门应当加强对政府采购活动及集中采购机构的监督检查。”该法将本应属于政府采购范围的集中采购并列予以规定，导致了实践中的误区，即只重视对集中采购机构的监督检查而忽视对未纳入集中采购目录的分散采购的监督检查，因而缩小了政府采购的范围，也缩小了政府采购监督检查的范围，其导致的实践后果就是，法律的缺失加大了分散采购行为的随意性，为腐败提供了可乘之机。因此，笔者建议该条删掉“及集中采购机构”，即将《政府采购法》该条修改为“政府采购监督管理部门应当加强对政府采购活动的监督检查。”

此外，围绕我国政府采购监督机制也发生了一些争议。具有代表性的两种观点，一种认为，政府采购监督机构的关键在于监督点的有效分布，为此，应根据政府采购的运行关系，构建政府采购的监督约束机制，即考虑内部监督机制、法律监督机制、各级纪检、监察、审计等外部监督机制、社会监督机制四重监督机制；另一种主张认为，政府采购的监督机制除采购内部监督、外部监督、法律监督与机构监督外，还有采购预算监督与采购合同监督。笔者认为，上述两种观点所设想的政府采购的诸种监督之中，如外部监督与机构监督，有重叠之处；而且没有明确诸种监督之间的主次或层次关系。如果现实中的政府采购监督机制真如上述观点所设想的，则可能会出现看似面面俱到的对政府采购活动的监管，可一旦出现问题，又没有机构承担主要责任的局面。因此，笔者仍赞同《政府采购法》第十三条的规定，即财政部门的监管在政府采购监督体系中的地位是第一位的，这对于构建我国政府采购监督体系而言，至关重要。但同时并不排除其他部门的监管在政府采购监督体系中的相对次要地位，因为财政部门的政府采购监督行为毕竟也需要监督。

综上所述，我国政府采购立法与 GPA 相比存在诸多差异，主要体现在：在立法目的、适用范围和采购方式等方面立足于国内，没有反映非歧视原则，在质疑保障机制方面还有欠缺；立法规定过于原则，缺少与之相适应的实施细则，实践中的随意性较大；缺乏有效的采购审批和监督检查机制。目前我国加入 GPA 的谈判已经启动，一旦我国根据谈判结果开放政府采购市场，GPA 即对我国出价单上的政府采购行为发生效力。因此，我国应参照 GPA 规则，在借鉴他国经验的基础上，完善我国政府采购立法及相关配套措施，协调立法间不一致之处，以与国际规则接轨，同时也为保护本国产业寻找一个合法的手段。

12.3　我国《政府采购法》与《招标投标法》的衔接

12.3.1　观点之争

我国政府采购法律制度由《政府采购法》和《招标投标法》构成，这在世界范围内都极为少见，因此，两法之间的关系就成为研究和争论的热点。有人认为《政府采购法》不应对政府采购的招标投标程序另外作出不同的规定，对于政府采购利用招标投标形式的，应明确其适用《招标投标法》（程宗璋，2002）；

有人主张，两法对公共性资金进行采购的界定标准存在冲突，因此主张取消《招标投标法》（谷辽海，2005）；也有人认为《招标投标法》存在诸如适用范围小、招标方法单一等不足，因此主张将两部法律合并（王学良、宋睿，2005）。但有人却认为，招标投标与政府采购，前者是实体法，后者是程序法，两者并不矛盾，需要注意的只是衔接好（袁星侯，2006）。

笔者比较赞成最后一种观点，招标投标与政府采购，两者并不矛盾。其主要原因是，首先，财政资金安排的工程采购项目，不管由哪个部门承担，都必须符合政府采购程序，涉及招标投标时要按《招标投标法》执行。而招标投标过程只是政府采购过程的一部分，它只能规范招标投标采购行为，对招标投标以外的政府采购却无法规范，其他环节应由《政府采购法》加以规范。其次，《政府采购法》与《招标投标法》有原则性的区别，两法的调整对象不同。前者是实体法，后者是程序法。由于《政府采购法》是采购的实体法，它调整的是招投标程序未规定的政府采购主体、政府采购行为、政府采购程序、政府采购合同以及法律责任等内容；而《招标投标法》是程序法，工程采购在执行《招标投标法》程序的同时，也须执行《政府采购法》的相关规定，而不能以《招标投标法》替代《政府采购法》。

因此，《政府采购法》和《招标投标法》二者不能相互替代，但在立法和实践中应注意衔接好《政府采购法》与《招标投标法》的关系，以做到二者相互协调、彼此补充。

12.3.2 《政府采购法》与《招标投标法》的不协调之处

《政府采购法》制定之前，我国已于2000年1月1日起施行《招标投标法》。《招标投标法》第七条规定，“招标活动及其当事人应当接受依法实施的监督。有关行政监督部门依法对招标投标活动实施监督，依法查处招标投标活动中的违法行为。对招标投标活动的行政监督及有关部门的具体职权划分，由国务院规定。”

为了与《招标投标法》相互衔接，2003年1月1日实施的《政府采购法》在第四条规定，“政府采购工程进行招标投标的，适用《招标投标法》。”但由于两部法律关系未理顺，实际上我国财政拨款的基本建设工程政府采购处于多头管理、政出多门的格局。由于《国务院办公厅印发国务院有关部门实施招标投标活动行政监督的职责分工的通知》和《中央机构编制委员会办公室关于招投标工作职责的复函》等文件对国务院有关部门实施招标投标活动行政监督的职责进行了明确分工，即政府采购工程招标投标活动的监督执法，由发展改革部门、建设、铁道、交通、信息产业、水利、民航等行政主管部门负责，因此具有保护国内市场、扶持民族工业的政策功能的《政府采购法》，却较难对政府采购工程进行约束，负有政府采购法定监管职责的财政部门对很多工程项目无法监管。而《招标投标法》又因没有限制进口、扶持国货的规定，因而进行监管的部门也不重视限制进口、扶持国货的工作。两法关系未理顺也是导致我国工程采购中出现进口失控现象的重要原因（韩孟玉，2006）。

此外，两法对公共性资金进行采购的界定标准存在冲突。《招标投标法》规定的财政性资金以采购资金是否具有公共性质作为标准，而《政府采购法》却以中央和地方所规定的采购目录或限额标准为依据。根据我国《招标投标法》第三条规定，全部或者部分使用国有资金投资或者国家融资的项目，都必须进行招标采购。不论采购主体是谁，不管是不是企业，只要是公共资金采购，就将公开招标作为强制内容。而我国《政府采购法》第二条规定，“本法所称政府采购，是指各级国家机关、事业单位和团体组织，使用财政性资金采购依法制定的集中采购目录以内的或者采购限额标准以上的货物、工程[①]和服务的行为。”这样一来，我国的前后两部法律在调整同一采购对象时，采购主体范围自然就发生了冲突。在实践中造成的后果就是，两部法律在全国各省市调整同一采购对象时会有不同的执法标准和执行结果，且同样的违法事实将会出现监督机制和法律责任的错位（谷辽海，2005）。

另外，《政府采购法实施条例》（征求意见稿）第五条规定，政府采购工程进行招标投标的，适用招标投标法，但招标投标法没有规定的，应当适用政府采购法。但事实上却存在两法都有规定且规定相冲突的情况。例如，《招标投标法》规定，工程招标投标的监督管理部门是招标人单位的各行政主管部门；而《政府采购法》规定，各级政府财政部门是各级政府采购的监督管理部门。两法都有规定，但又都不够明确。适用何法，应该制定更详细、更具操作性的规定。

还有，两法对于采购方式的规定也存在差异。《政府采购法》第二十六条规定的采购方式有公开招标、邀请招标、竞争性谈判、单一来源采购、询价和国务院政府采购监督管理部门认定的其他采购方式。其中公开招标应作为政府采购的主要采购方式。但《招标投标法》第十条规定的招标方式只有公开招标和邀请招标两种，从邀请招标适用的情形或条件来看，它与我国《政府采购法》所规

① 《政府采购法实施条例》（征求意见稿）第四条对“工程”的规定，将《招标投标法》第三条规定中的与建设工程相关的勘察、设计、施工、监理等纳入了工程范畴，因而适用《招标投标法》，《招标投标法》没有规定的，才适用《政府采购法》。

定的竞争性谈判和单一来源采购方式有些类似。

12.3.3 衔接《政府采购法》与《招标投标法》的建议

鉴于两法目前存在的问题，笔者认为应首先对《政府采购法》与《招标投标法》法律适用关系做出明确法律界定。在目前两法同时执行的情况下，我们可先对两法的衔接做出立法上的处理。可以规定政府采购无论是采购工程、货物还是服务，进行招投标的一律适用《招标投标法》，其中的工程建设项目的招投标，不仅适用《招标投标法》规定的程序和规则，还应该按照《政府采购法》的实体规定，比如采购活动应该坚持政策取向、严格预算管理、加强信息披露等。

同时，应加快《政府采购法》的配套法律法规建设步伐。鉴于《政府采购法》与《招标投标法》存在协调性不足、法律适用范围较窄的问题、条文本身在公共政策、信息发布等环节因过于抽象而缺乏操作性，因此，应尽快制定和完善政府采购的其他配套法律法规，例如，尽快出台《政府采购法实施条例》，在条例中注意衔接好两法不一致的地方。

此外，现阶段应在核心法《政府采购法》下，辅之以各种配套法律措施，配套措施应以《政府采购法实施条例》为中心，具体包括供应商投诉处理法律制度、政府采购代理机构管理办法、预算支付法律制度等，同时辅以地方性政府采购法规作为补充，但需注意法律法规的协调和一致。

12.4 制定外国供应商的准入标准

GPA 诸多的例外适用设定表明实施非歧视原则存有相当大的选择空间，它使得无论是 GPA 成员还是非成员，根据本国实际竞争能力规定政府采购范围成为可行。GPA 的优惠和例外给了各成员特殊的适用幅度，直接影响到成员及国内政府采购市场准入控制，各成员可以根据本国的经济现状，确定其实施 GPA 的条约义务及政府采购准入体系的具体次序和标准。[①]

制定政府采购相关法律、法规以确立产业选择条件下的保护原则，可使政府采购既符合国际惯例、又最大限度实现政府采购的政策功能目标，促进国内产业结构优化，有效地保护国内产业。因此，我国应充分运用 GPA 没有限制的准入

---

① 由于 GPA 在进入标准方面没有确定各类产品的具体标准，因此，参加方可以制定国际采购的价格标准、门槛价、环保条件等标准，对本国企业和经济实施保护。参见第 9、11 章和本章相关内容。

保护方式，系统地立法以实现经济发展的目标。

在确立外国供应商的准入条件时，各国或地区法律均有保护功能。在这一范围内可采取的具体措施主要有采取相对独立的国内或地区立法机制对外国供应商不同于本地供应商之处予以明确规定，以及设定适宜的政府采购准入门槛价等。实行倾斜性策略，有效保护国内或地区产业主要是指在不违背 GPA 规则的情况下，对国内或地区供应商和产品实行优先的政府采购政策，从而有效地保护和促进国内或地区产业发展。具体措施主要包括以下方面。

12.4.1　明确规定本域保护原则和标准，在某些领域禁止采购外国产品

GPA 在非歧视原则框架内，成员并没有完全改变优先购买本国或本地区产品、服务等的立场，各国或地区法律可以根据本国或本地区经济水准确立开放程度，兼顾政府采购的社会性目标和经济性目标。国内或地区立法以透明度原则公开准入标准并不违背协定非歧视要求，GPA 成员通常采取相对独立的国内或地区立法机制对外国供应商的资格审查制度、外国供应商的采购形式和采购程序、外国供应商采购的不同于本地供应商的文件格式等以国内或地区立法形式予以明确规定，并以此为主要依据进行 GPA 的双边谈判。

在确立外国供应商的准入及准入条件时，各成员均有保护功能。欧盟、加拿大和挪威等国根据农业支持计划，把农产品的政府采购排除在 GPA 之外；欧盟和瑞士排除了附件 1 和 2 中的实体签订的有关饮用水、能源、交通以及电讯的合同；以色列把卫生部采购的一些产品排除在 GPA 之外；日本排除了附件 3 中规定的公共电力通讯设备采购；韩国排除了卫星设备的采购。再如，澳大利亚政府实行供应商注册制度，该制度规定，在 1 000 万澳元以上的重大采购项目中，采购部门必须在招标中列明采购项目对产业发展的影响，而且必须是来源于注册名单中的供应商才有资格参加竞标；在筹备 2000 年奥运会时，澳大利亚规定所有场馆必须由本国企业承建。日本的一些地方政府规定，政府需用的办公设备、汽车、计算机、电缆、导线、机床等不得采购外国产品（吴大军，1999）。

此外，根据《GPA2006 修订本》第 3 条“协定例外”第 1 款规定，在特殊情况下，“对武器、弹药或战争物资采购，或对国家安全或国防目的必要的采购”等原因禁止或限制外国供应商进入，也不违背 GPA。另外，上述修订本还明确规定了可以适用协定例外的情形：缔约方为保护公共道德、秩序或安全的需要；缔约方为保护人类、动植物生命或健康的需要；缔约方为保护知识产权的需要；或因保护残疾人、慈善机构或劳改人员的相关产品或服务的需要。GPA 成

员常以国家安全、保护环境、保护知识产权和保护特殊群体需要等上述协定例外条款为由，通过国内或地区立法、制度和程序，禁止或限制外国供应商进入本国或本地区政府采购市场，从而把国家利益和本国或本地区企业的利益严密地保护起来。美国在此方面的做法尤为明显。美国很早就认识到了信息安全与国家利益的紧密联系，采取了一系列措施来加强其信息产业在全球的垄断地位，并对信息产业实行严格的控制。

与美国的做法相比，我国政府采购的“开放性”值得我们认真反思，尤其在IT领域。软件是一个国家信息产业的灵魂，是驱动与控制由计算机硬件、外围设备组成的计算机系统运转的中枢。在信息社会的今天，软件产业对一个国家的意义是战略性的，尤其与国家安全、信息安全密切相关。可以说，软件业是国家安全的基石，但目前我们的“灵魂”很大程度上还捏在别人手心。改革开放以来，我国要害政府部门的成千上万台核心设备都是从外国购买的，包括我国的中央银行和其他国有银行（刘慧，2006）。这种信息安全方面的隐患给政府采购提出了一个要求，那就是政府采购应尽可能采购国货，尤其是敏感部门使用的产品，绝不能给信息安全留一道“后门”。“联想安全门事件”给我国的政府采购国家安全问题敲响了警种，我们应该学习美国对国家信息安全的敏感和谨慎意识，作为独立的发展中大国，我国亟须建立自己的完整国家信息安全体系。相信只要通过政府采购给国产软件营造出一个适合生存的环境，国产软件一定能充分发挥主场优势。

“联想安全门事件”除了给我们上述启示外，还应看到在政府采购中有利于维护国家利益的规则和相应机制的建立及其有效运作的重要性。“联想安全门事件”中，政府职责部门的主动介入是很多问题得以顺利运作的前提，从美中经济安全评估委员会、美国众议院拨款委员会，到美国国务院负责外交安全的助理国务卿出来表态，以及美中经济安全审查委员会主席主动的介入，这几个部门或机构间的合作所构建的政府工作机制（秦志龙，2006），也是我国目前政府采购管理机制中所欠缺的。

我们应抓紧政府采购市场开放之前的时间，充分借鉴国际的通行做法，例如，实行供应商资格审核制或注册制度。在利用立法手段规范我国政府采购市场的同时，对国内的企业加以适当的扶持和保护。此外，我们可以针对符合GPA协定例外条款规定的尚不能与国外供应商抗衡的国内产业，尽快制定对其予以扶持和保护的措施。

12.4.2　设定适宜的政府采购准入门槛价

政府采购准入门槛价的设定不宜过低。门槛价的确定对于一国政府采购实现本国利益有直接意义，如果政府采购数额起点偏低，采购竞争范围就会扩大，经济领域的一些特殊保护要求可能无法实现，因此，门槛价的确定应避免低起价的做法。

GPA 允许不同性质的项目采用不同的门槛价，由于各成员自身情况不同，各成员在具体确定门槛价时存在较大差异，各国或地区法律可根据采购进口项目的性质定出采购价基础。门槛价的标准可随不同层次的政府采购和不同的采购实体而有所不同。按照 GPA 规定，缔约方的中央政府采购货物和服务合同的门槛价为 13 万 SDR，工程采购合同门槛价为 500 万 SDR，但该协定并未统一严格限定地方政府的采购数额，因此，在准入的环节上，成员可通过谈判确定不同的地方政府采购的起价。从各国实践看，通常是地方政府采购的起始数额高于中央政府的起始数额。[①] 如美国、欧盟、加拿大，中央政府的"门槛价"均按照 GPA 规定执行。货物与服务的"门槛价"，美国地方政府为 35.5 万 SDR，地方下属机构则为 25 万 SDR；欧盟地方政府为 20 万 SDR；加拿大地方政府和其他公共组织的均为 35.5 万 SDR（刘慧，2003，p. 118，p. 119）。上述国家或地区的工程采购，地方政府和中央政府采购"门槛价"均按照 GPA 规定执行。再如，韩国在 GPA 上签字后，即根据自己的承诺对国内法进行了修改补充，明确规定 42 个中央政府部门、15 个地方政府部门和 20 多个政府投资企业为该协定的适用范围。其中中央政府部门 500 万 SDR 的工程采购、13 万 SDR 的货物和服务采购须采用国际招标方式进行；而地方政府部门国际招标的"门槛价"则规定为 1 500 万 SDR 的工程采购、20 万 SDR 的货物和服务采购；政府投资企业则规定为 1 500 万 SDR 的工程采购、45 万 SDR 的货物和服务采购。但根据韩国法律规定实行单一来源采购的项目，专门针对中小企业的采购、农产品、水产品和畜牧产品采购，国防采购以及已承诺开放的服务以外的所有其他服务采购等，则不实行国际招标（全国人大政府采购立法考察团，2002；李丽，2005）。

我国《政府采购法》第八条规定"政府采购限额标准，属于中央预算的政府采购项目，由国务院确定并公布；属于地方预算的政府采购项目，由省、自治区、直辖市人民政府或者其授权的机构确定并公布。"在设定政府采购准入门槛价的问题上，我国存在地方政府采购和政府下属机构的政府采购门槛价过低的现象。例如，根据《国务院办公厅关于印发中央预算单位 2011—2012 年政府集中

① Sue Arrowsmith. The Law of Public and Utilities Procurement. London sweet & Maxwell，1996：164.

采购目录及标准的通知》，政府采购货物或服务的项目，单项或批量采购金额一次性达到120万元以上的，必须采用公开招标方式。政府采购工程公开招标数额标准按照国务院有关规定执行，200万元以上的工程项目应采用公开招标方式。[①]地方政府采购规模在全国位居前列的上海市，其《2012年政府采购集中采购目录和采购限额标准》规定的政府采购公开招标数额标准是，预算金额超过100万元的各类货物、预算金额超过200万元的各类工程和预算金额超过100万元的各类服务。[②]《北京市2012年政府采购集中采购目录及标准》中规定的政府采购公开招标数额标准是，货物或服务类为单项或批量采购金额一次达到100万元以上（含100万元），工程类按照北京市有关规定执行。[③]《天津市2012年政府集中采购目录和采购限额标准》中规定的政府采购公开招标数额标准是采购金额100万元以上的货物，采购金额50万元以上的服务，工程公开招标数额标准依据建设行政主管部门管理规定执行。[④]《四川省2012—2013年政府集中采购目录及采购限额标准》规定，省级政府采购货物类（交通工具除外）和服务类项目预算单项或批量一次性达到80万元以上的、工程类项目预算达到200万元以上的必须公开招标。[⑤]《湖南省2012年政府集中采购目录及政府采购限额标准》规定的采用公开招标方式采购的具体数额标准为，50万元以上的单项或者批量货物，30万元以上的单项或者批量服务和100万元以上的工程项目。[⑥]

这意味着未来我国经济较发达省市的政府采购市场一旦开放，则上述所列超过门槛价的政府采购市场将向缔约方开放，这样的规定对于保护本国企业而言是

---

① 国务院办公厅关于印发中央预算单位2011—2012年政府集中采购目录及标准的通知．[2011-9-7]．http://news.163.com/10/1213/14/6NPS4SFV00014JB5.html.

② 上海市2012年政府采购集中采购目录和采购限额标准．[2011-9-7]．http://www.docin.com/p-285977982.html.

③ 北京市2011年政府采购集中采购目录及标准．[2011-10-18]．http://www.caigou2003.com/theory/list/20111017/list_200951.html.

④ 天津市2011年政府集中采购目录和采购限额标准．[2011-12-6]．http://www.chinaacc.com/new/63_74_201112/08ya220093176.shtml.

⑤ 根据《四川省2012—2013年政府集中采购目录及采购限额标准》规定，四川省货物类和服务类公开招标限额标准由2011年的50万元提高到2012年的80万元，并首次将硒鼓、墨盒等办公消耗用品纳入集中采购目录。姚长寿．四川政府采购明确新标准　公开招标限额提到80万．[2011-12-14]．http://www.sc.xinhuanet.com/content/2011-12/13/content_24332497.htm；四川省2011年政府集中采购目录及采购限额标准．[2010-10-13]．http://www.caigou2003.com/theory/list/20101012/list_7318.html.

⑥ 湖南省2012年政府集中采购目录及政府采购限额标准．[2011-11-2]．http://www.zhuzhou.gov.cn/sitepublish/site1/gov/czss/csg/content_142551.htm.

极为不利的，也不符合国际通常做法。因此，我国在地方政府机构和政府下属机构的政府采购最低限度的规定方面，应将这一个门槛规定到较高的金额，以有利于保护国内市场。

政府采购的门槛价要体现政府采购制度本身的政策意图，并随着财政经济形势的变化作适时的调整。此外，由于我国各地区之间的财政状况及经济发展水平存在较大差异，因此，各地政府采购限额标准的制定也不应搞“一刀切”。经济发达的东南沿海等省份，限额标准可以高些；而经济不发达的中西部及西南地区省份，限额标准就须制定得低一些。

除了借鉴经济发达成员经验外，我们还应该充分运用 GPA 对发展中成员特殊与差别待遇的规定，在其他缔约方允许的前提下，按照时间表在过渡期内采用更高的门槛价的过渡性措施。①

① Committee on Government Procurement. Revision of the Agreement on Government Procurement as at 8 December 2006, Article IV 3 (d). [2006 - 12 - 9]. http: //www. wto. org. 另参见第 4 章 4. 2。

第 13 章

推进电子化政府采购发展进程[①]

以现代先进信息化技术为支撑，实现对政府采购活动全过程监督管理，是不断提高政府采购科学化精细化管理水平的重要手段。现代信息技术的高速发展和普遍应用，为电子化政府采购[②]的发展提供了技术前提。自美国首先开始将信息技术运用于政府采购以来，电子化政府采购的优越性越来越明显。为适应政府采购实践中出现的新情况，《GPA2006 修订本》增加了电子手段在政府采购中应用的规定。由此可见，电子化政府采购将成为政府采购发展的必然趋势，这将对我国政府采购产生重大影响。

13.1 实施电子化政府采购的现实意义

13.1.1 电子化政府采购的社会效益

1. 规范政府采购行为，使政府采购得到全方位监督，有效减少政府采购过程中的腐败行为

由于电子化政府采购从采购申报、采购部门审核、财政部门核定，到招标、投标、竞价、评标以及采购完成以后的验收、投诉、监管等，全部在网上政府采

---

① 笔者 2005 级硕士研究生张蕾参与了本章第一版的部分写作。

② 根据多边发展银行和国际金融机构成立的 e-GP 工作小组的定义，电子化政府采购是指政府部门在采购活动中通过现代信息通讯技术，特别是国际互联网技术，从供应商手中购买货物、工程和服务等的采购形式。电子化政府采购分为电子招标（e-Tendering）系统和电子购买（e-Purchasing）系统采购过程。前者主要通过电子化公开招标过程，对公共部门采购数量小但价值高、有特殊要求的货物、工程和服务，这项技术对 e-GP 有广泛的影响，可分步引入，开发成本较低；后者是为了方便政府部门，购买一些量大但价值低的标准化商品和服务的过程，后者因须建立在标准交易的模块上，系统复杂、开发成本高，故需逐步开发。

购系统中进行，其操作能得到来自更多方面的监督。作为政府采购使用者、监管者、执行者的采购需求单位、财政部门、采购中心，在电子采购流程图中职能定位与分工划分明确，由采购需求单位提出采购计划，经过财政部门批准得到资金支持后，由政府采购中心负责具体采购，需求单位验收货物，财政部门支付货款。这样一来，需求单位、财政部门、采购中心三方之间形成了相互制约、相互监督的关系，达到了权力制衡的目的，保证政府采购工作的公开、公平、公正，真正实现了“阳光下的交易”。

2. 专家委员会在线评标系统保证了评标的公平和效率

以由专家组成的评标委员会表决的民主方式决定合同归属，会更加公平。电子化政府采购为专家委员会评标模式提供了平台。政府采购网站上设置了规模庞大的专家委员会在线评标系统，这里的每位专家都有一个政府采购网的账号，被采购中心邀请的参与评标的专家可以直接登录，身份验证合格后，进入网站的“专家在线评标”页面在线评标。在这里专家可以查看所有参与评标的文件，然后直接在线填写评标结果并上传。采购中心可以登录查看专家评标结果，并综合各个专家意见最后决定项目归属。评标、定标的整个过程都是网上操作的，保证了专家委员会中专家的独立性，也保证了整个评标过程的科学性、公正性，又利于实际操作，提高了评标效率。

3. 促进信息产业及相关产业发展，改善流通环节

电子化政府采购使得电子行政及网上交易系统得到前所未有的发展，必将成为拉动网络经济的有力杠杆，使网络经济步入新的发展时期，因而对高新技术，特别是信息产业的发展起到相当大的推动作用。而信息产业的发展具有高关联性，实施电子化政府采购是一项重要的信息化工程，对IT产品的消费需求又将促进和拉动许多相关产业，如电子制造业、物流业和电信业等产业的发展，使得产业链上的每一环均受益，而这种连锁式的相互促进的作用会广泛地传播，最终又服务于电子化政府采购自身，使GDP产生倍增效果。

此外，电子化政府采购的实施还可改善流通环节。我国流通领域目前还存在着诸多问题，如中间环节过多，地方保护、行业保护盛行，导致企业销售成本增加，全国统一市场无法顺利建立。电子化政府采购直接将企业和采购方通过网络连接在一起，有利于打破地方政府保护势力，维护市场秩序，使流通环节更加顺畅。

4. 与政府系统的“电子政务”发展相辅相成，促进政府机构电子化、网络化办公模式的发展

从本质上说，电子化政府采购是电子政务的重要组成部分，电子化政府采购

的实现过程就是一个重要的电子政务项目的建设过程。随着政府采购范围的扩大，品种的增多，涉及的机构越来越多，信息技术的采用必将带动更多政府部门的相关电子政务的发展。一方面要为采购信息透明化、扩大采购规模、实现规范化管理等提供技术支持；另一方面要逐步建立全国统一的政府采购信息系统，为今后全面建立电子化政府采购制度服务，从根本上提高效率和效益。

13.1.2　电子化政府采购的经济效益

1. 简化政府采购流程，降低采购成本，实现政府采购规模效应

电子化政府采购的实施，不仅可以减少发布信息、公告等的相关费用，而且还可以通过网络的双向互动节约大量的人力、物力等资源，因而有助于节省采购时间和费用，减少交易成本，提高政府采购效率。根据通常的国际标准，与传统采购方式相比，电子化政府采购可平均节省 5% ~20% 的采购资金。按照上述标准，以我国 2010 年政府采购规模 8 422 亿元人民币计算（王保安，2011），我国实行电子化政府采购每年可节省的政府采购资金约达 421. 1 亿元 ~1 684. 4 亿元，如果再考虑到政府采购人员和办公费用的节约，总节约量每年可望达到 842. 2 亿元 ~3 368. 8 亿元人民币，约占 2010 年我国 GDP 的 2% ~8% 。①

此外，电子化政府采购是扩大政府采购范围、增加集中采购比重的重要方式，因此，这种采购方式可以扩大政府采购规模，为政府采购带来规模效益。

2. 激励供应商公开竞争，为中小企业提供更多采购机会

公开竞争原则需要以信息的公开为前提，电子化政府采购正是政府采购制度的一种创新，它保证了信息要素的公开和不断流动，为供应商提供了良好的竞争平台。任何有意参与竞标的供应商从政府采购网站上获取相关政府采购信息后，都可以从政府采购网站上直接下载投标的相关文件，然后将竞标文件用电子邮件的形式直接传给政府，在政府采购网上注册成为会员后，登录进入网站的“竞价采购”网页在线竞价。这种信息公开的形式，使每一个供应商都能获得等量的信息资源，拥有平等机会参与项目竞争，避免了为获得内部消息的各种暗箱操作。尤其是采购过程、采购标准、成交原则和成交结果的公开，减少了人为操作因素的干扰，有效地减少了政府采购中的寻租行为。

另外，实行电子化政府采购，消除了地域限制，网上标准采购文件降低了进入的门槛，弥补了中小企业的专业缺陷，因而为中小企业提供了更多的采购机会。

---

① 参考的计算方法，见刘飒．政府采购供应商选择风险的规避．中国物流与采购，2006（9）.

13.1.3 促进与国际化供应商的合作，使政府采购与国际市场接轨

电子化政府采购是国际流行的政府采购方式，各国政府都在积极探寻并发展具有自身特色并适合自身发展的电子采购模式。我国发展电子化政府采购，与国际流行的采购方式接轨，可促进我国企业及政府与国外供应商的合作，特别是使我国政府逐渐建立起国际化的采购意识，在世界范围内寻找合作伙伴。同时，也有助于我国供应商参与国际采购竞标。

13.1.4 促进国内、国际经济贸易往来

公开透明的电子化政府采购，其直接资源配置的引导作用和政策示范性作用是其他调控手段难以比拟的。由于网络的无国界性，电子化政府采购必然使我国与别国经济贸易往来更为密切，对国际经济贸易往来具有促进作用。同样，也会促进国内经济贸易呈现好的发展态势。

13.2 我国电子化政府采购发展现状分析

13.2.1 我国电子化政府采购发展状况

自20世纪80年代中期开始，我国政府逐渐意识到信息技术的重要性，并逐步利用计算机辅助设施实施一些最基础的政务活动，开展办公自动化工程。1993年12月我国政府正式启动“三金工程”,[①] 重点建设信息化的基础设施，为重点行业和部门传输数据和信息。随后，伴随着互联网在经济与社会的各个领域广泛渗透，我国政府进入了政府上网发展阶段，1999年启动的“政府上网工程”标志着电子政务的起步。2000年，全国人大通过《国民经济和社会发展十五计划纲要》，明确提出“以信息化带动工业化”的主张，并确定建立以“三网一库”[②] 为基本构架的电子政务系统。

我国电子化政府采购建设的初期，主要是简单的政府采购信息上网及搭建地区性质的政府采购信息发布平台，以方便供应商了解政府采购意向等信息。这一阶段并没有真正实现电子化政府采购，而只是通过单向的信息发布，建立一个网

---

① 即金卡工程、金桥工程和金关工程。

② 政府“三网一库”主要是指政府的内网、专网、公众信息网以及建立在该三网平台上进行交互共享的政府业务信息资源数据库。

络化采购模型，为下一步供应商数据库的建立、对外交互式网络电子平台的建立及政府系统内部采购信息交互网络电子平台的建立打下良好的基础。进入 21 世纪后，政府采购规模的飞速增长和交互式网络平台技术的日益成熟使得真正意义上的电子化政府采购成为可能。厦门市于 1998 年 6 月开始在市属行政事业单位进行政府采购试点，并于 2000 年 1 月开始在全市全面推行，2001 年 1 月 18 日开通了国内第一个政府采购网站。

自 2001 年厦门市建成国内第一个政府采购网站以来，财政部、中央国家机关政府采购中心等国家机关、部委、省、直辖市和大中城市基本都建立了政府采购网络系统。为了实现采购手段的创新，中央国家机关政府采购中心积极推进信息化建设，于 2004 年 1 月 10 日开通了中央政府采购网。经过多年建设，中央政府采购网从最初只具有信息发布等功能，发展到了具有计划申报、信息发布、信息统计、自动生成合同验收单、网上竞价、采购人对本部门采购项目的信息管理等多种互动功能的网站，有力推动了集中采购透明度建设。实施范围也扩大到中央国家机关京内、京外各级预算单位，在实践公开、公平、公正的政府采购原则中取得了很大成效。与此同时，财政部按照电子化政府采购的一般规律，结合中国实际情况，加强电子化政府采购的研究和规划，并制订了一整套有关电子化政府采购发展的具体措施方案，建立政府采购改革和电子化政府采购建设的互动机制，并制定了有关电子化政府采购发展的法规。

为了做到网络互联互通，减少重复建设，降低网络建设和维护的费用支出，体现信息的规模优势，财政部中国政府采购网实行“统一开发、统一管理、集中发布、分级维护”的管理体制。评审专家管理也更趋完善，[①] 地方的专家库建设逐步由分散管理转变为省级财政部门统一建设、地市财政部门分级维护、专家资源全省范围共用共享，有效保障了政府采购评审工作质量。信息公开力度不断加大，基本实现了中国政府采购网主网站与地方分网站的互联互通，推动了招投标信息在中国政府采购网的集中发布。内蒙古、天津等地开始预公示招标项目，重庆、辽宁及贵州等地开始网上直播招标过程，有的地方还对项目评审专家信息进行公示，使政府采购工作更加“阳光”。电子化政府采购系统建设步伐加快。北京、浙江、河南、广东、河北、安徽等 10 多个省市，都建立了涵盖政府采购管理与交易全过程的电子化系统，并逐步将系统向地市推广，促进了政府采购操作业务的规范统一。目前，中央层面的系统建设招标工作已经完成，下一步将加快系统开发建设工作，全面开展共享基础数据库的建设，组织制定政府采购管理

① 参见第 6 章 6.1.6 和 6.1.7。

交易系统建设业务标准和编码规范（王保安，2011）。

13.2.2 我国电子化政府采购发展存在的问题

电子化政府采购是政府采购的高级阶段，其实施需要具备许多前提条件，[①]目前我国正处于创造和完善这些条件阶段，离电子化政府采购的要求还有不小距离，存在的主要问题有如下方面。

1. 网络建设各自为政、浪费资源

目前，虽然我国国家机关、部委、省、直辖市和大中城市基本都拥有自己的政府网络采购平台，但是这些平台之间缺乏统一规划，低水平重复建设的网络比较多，各政府网站间尚未全部达到信息共享，而且还存在不同地区的政府采购网站不相同的现象，这既造成了浪费，又带来管理上的混乱，给供应商参与政府采购带来不便。譬如，一个供应商希望参与政府采购业务，他需要分别在不同城市的政府采购网站上寻找所需信息。又如，财政部中国政府采购网在其下属各省份财政部门建立了子网站，而在部分电子化政府采购比较发达的省份，当地政府也建立了其自己的政府采购网站，但这两种网站的功能还没有明确的划分。

2. 发展不平衡，各地标准不统一，网站内容单一

尽管政府采购信息化已普遍达成共识，但是仍然有不少地区的电子政务整体发展和应用水平不高，发展不均衡，地区之间、部门之间差异非常明显。沿海及经济发达省市的信息化采购程序都已比较成熟，而一些中西部边远、欠发达地区的政府采购信息化程度还不高。不同政府采购网站上的内容也相差很多，有的只能看到很简陋的页面和一般的招标信息。而且，总体而言，我国电子化政府采购发展与国外较成功的政府采购网络模式相比还相差很多，例如，政府通过网站与供应商互动、提供在线专家咨询在我国还很欠缺。

3. 电子化政府采购法制不健全

我国有关信息化建设的立法存在较为严重问题，目前还没有电子政务的整体立法，立法的滞后成为影响电子政务建设的瓶颈，影响了电子政务建设和发展。首先，地方政府采购立法落后，很多地方仅仅是对《政府采购法》的简单照搬，不能与当地采购现实相结合，在一定程度上造成了政府采购法规的不协调和不科学。其次，各个法律之间也存在着一些不协调，如《政府采购法》与《招标投

① 例如，完善的采购制度和法律法规体系；坚实的信息技术基础设施；统一的技术标准；专业化的政府采购人才。

标法》之间，就存在工程采购的法律适用问题不明确，一些规定互相重复等问题。[①] 再次，缺少有效的信息披露，监管、质疑以及救济[②]等制度都是现在立法中的漏洞，使参与政府采购的企业缺乏安全感。除此之外，亟待解决的法律问题还包括电子签名、电子文件、数据保护和身份认证等一系列问题。

4. 政府采购信息发布不规范，发布范围狭窄，公开程度不够

信息披露是招标项目走向透明的重要前提，采购信息直接影响到采购活动的效率与质量，加强政府采购信息管理是搞好政府采购工作的基本环节，特别是在以计算机和互联网为主导的信息时代，是政府采购科学化的必然选择。

经过多年的努力，随着我国政府采购事业的发展，我国政府采购信息建设取得了一定的成效，以构成电子化政府采购重要部分的政府采购信息发布为例，我国先后颁布了与政府采购信息发布有关的法律、法规，信息发布公开透明化程度逐渐增强，政府采购信息发布体系初步形成。但在实践操作中，信息发布还存在这样或那样的问题，并在一定程度上影响了政府采购工作的透明度和公正性。这方面的问题主要有以下几点：

第一，政府采购信息发布不规范，各地实施电子化政府采购的情况差异大、发展不平衡。由于缺乏基于政府采购业务的统一的网络化信息管理系统，不仅造成了政府采购信息沟通渠道不畅、政府采购信息统计工作滞后、信息披露渠道少、范围窄、内容不全面、发布时间短、发布的主体规格低，各地之间政府采购信息难以做到资源共享。

第二，信息公开程度不够，存在应该发布的信息却不公开发布的现象。例如，有的地区通过了地方性的政府采购政策法规，本应在全国范围发布，以便社会监督和供应商了解。但地方政府采购监督管理部门却认为这与其他地区无关，只在本地区发布。

第三，不在指定媒体发布信息。一些地方或行业的政府采购不是在指定媒体上公开发布相关信息，而是热衷于在本地区或本行业媒体上发布信息，有的还规定向采购机构收取信息发布费用，使政府采购信息发布渠道更趋复杂，增加了供应商了解政府采购信息的困难。

第四，对国外采购信息发布的少，国内供应商因而失去了不少参与公平竞争的机会。

---

① 详见第 12 章 12.3。
② 参见第 12 章 12.2.4。

13.3 推进我国电子化政府采购的建议

电子化政府采购是全球政府采购制度改革的必然趋势，目前美国、韩国、新加坡、马来西亚以及中国香港地区在电子化政府采购方面都走在了世界的前列，我们可以大力借鉴国外的成功经验，根据我国现有政府采购法规以及政府采购改革的进度，确定我国电子化政府采购系统的功能，并在此基础上探索适合我国国情的电子化政府采购模式。建议具体从以下几个方面做起。

13.3.1 完善政府采购制度和规章，完善政府采购信息披露法律制度

电子化政府采购的发展有赖于政府采购事业的发展，而政府采购的发展则有赖于我国政府采购制度的完善。因此，发展我国电子化政府采购，应尽快完善我国现有的政府采购制度。首先应制定科学规范的采购制度、规章和标准，以确保政府采购规则、程序的完善和效率的提高，并引导企业按照政府电子采购的标准进行规范化采购和信息化建设，从而促进整个市场的规范发展，真正发挥政府采购的功能。同时完善政府采购信息披露法律制度，形成制约机制，防范腐败现象的发生。

为使信息公开制度贯彻到底，应立法规定违反公开原则的法律责任，建立政府采购参与主体违规记录的信息档案，在一定范围内公布并与其市场准入资格相挂钩，以切实规范政府采购行为，保障受害方的权利与利益。同时，为确保信息公开制度的可操作性，应完善政府采购信息披露法律制度，围绕政府采购的法律政策公开、采购合同条件的公开、供应商资格预审和评标标准的公开、合同授予结果的公开等加强相关法律的完善工作，并做到政府采购信息的公开符合合法性、真实性、全面性、易解性和易得性标准，以捍卫社会对政府采购的知情权，实现政府采购信息的准确、及时、完整发布。

合法性是指采购方在履行其应尽的信息公开义务时，应当遵守法律有关信息公开内容、格式、程序的规定。

真实性和全面性是指采购方所披露的信息必须真实、准确、全面，不存有虚假、遗漏、诈欺或误导的内容。采购方披露的不真实信息越多，对广大供应商的危害愈深。由于采购方披露的信息和文件存有虚假、误导或重大遗漏致使供应商蒙受损失的，供应商有权向有过错的采购方提起损害赔偿诉讼。此外，采购方必须保证其所披露的信息是能够随时反映出政府采购活动的现实变动情况的最新信息。如果在特定事实发生之后，采购方未能在合理期限内予以披露，致使其披露

的信息不具有最新性，则应对因此蒙受损害的供应商承担损害赔偿责任。全面性是指采购方应将采购活动信息完全公之于众。

但必须注意的是，信息公开不等于所有信息都必须向社会放开。任何国家都重视保护本国信息安全，特别是那些已经对外开放了政府采购市场的国家或组织，都有一套预警机制和保障机制，在保障可公开信息对外畅通的同时，防止国家保密信息泄露。因此，政府采购越开放，政府采购政策和管理机制越透明，就越需要研究新形势下的信息安全问题，以便有效地维护国家利益。此外，例外保密规定也有利于保护和维持供应商之间的竞争。为了确保政府采购活动的公平性与公正性，立法应当规定与政府采购有关的特定信息应予保密。

易解性是指披露的信息应当使一般供应商能够较为容易地理解和利用，从而合理地作出是否参与投标、是否与采购方缔约的判断。因此，公开的资料和文件应当内容完整而又明晰，语言尽量平实、易懂，不得使用过于冗长、专业化、复杂化的用语。

易得性是指采购方所公开的信息能够较容易地为一般供应商所接近或者获得。为有利于政府采购市场开放的公平、公开，GPA 成员都建立了较完备的政府信息系统，我们应借鉴这些成员的做法。[①] 为便于企业和社会公众从大众传媒查询政府采购信息，应建立中央、省、市、县四级联网和网络、报纸、刊物三位一体的政府信息发布渠道，确保政府采购信息发布渠道的畅通。采购人应设立政府采购网站，且网址应予公布。政府采购信息中的词汇、代码和分类方法应尽快统一。政府采购信息除了在规定的媒介发布，还应便于公众查阅。

13.3.2　扩大政府采购规模和范围，提高政府采购规模效益

电子化政府采购的发展也有赖于政府采购规模和范围的扩大。有规模才能发挥更大效益，节约更多资金，政府采购才能向纵深方向发展，也才能为电子化政府采购打下良好的基础。目前，相对于发达国家，我国政府采购的规模还比较小，还未达到合理的规模效益，今后应进一步推进政府采购工作，扩大政府采购规模和范围，提高政府采购规模效益，为我国电子化政府采购的发展奠定基础。[②]

---

① 详见第 10 章 12.1.3。

② 详见第 10 章。

13.3.3 加大电子化政府采购平台建设，建立统一的政府采购管理交易系统

第一，电子化政府采购平台要统一开发，统一管理。从信息系统的角度来说，对其统一性要求非常高，对于一个庞大而复杂的政府采购信息系统，如何从管理上、运行环节上进行有效监管，还需要积极探讨与研究。从世界各国的情况看，尽管推行电子化政府采购的模式不同，但统一和集中管理是遵循的一个重要原则。之所以如此，是因为电子化政府采购是一个复杂的系统，建设这一网络系统需要耗费巨大的财力和物力。而且考虑到政府采购制度和政策的统一性和公平性，为避免重复建设、浪费资金和规则上的差异、便于监督等因素，在实行电子化政府采购的国家和地区，电子化政府采购系统都是由财政部门统一开发建设，国家只设一个交易平台，中央和地方政府采购都在这个统一的交易平台上操作。

第二，建立和完善政府采购基础数据库。电子化政府采购需要搭建一个覆盖所有政府机构的信息处理系统，而基础数据库的建设尤为重要。首先，要建立科学、权威的市场信息库，及时、准确、全面地反映供应商、产品以及市场变化等各个方面的信息，为政府采购提供科学决策依据；其次，对相关数据库进行统一的科学管理和有效监督，为数据库所涉及的众多信息提供可靠的安全保障。此外，通过业务信息系统整合有关政府采购的信息资源，最终实现预算、采购、支付、统计等信息系统的有机统一。

第三，政府采购信息化建设不是一件一劳永逸的事情，在政府采购信息化建设完成某一阶段后，应根据环境的变化，进行追踪调查，不断进行调整。

13.3.4 制定和完善相关的电子化政府采购法律法规

为了规范和推动电子化政府采购的发展，须制定相关的法律法规，并完善现有的政府采购法律法规。

首先，修改和完善现有法律法规，使之适应电子化政府采购要求。由于我国《政府采购法》和《招标投标法》不能完全适应政府采购实际工作的需要，因此，应尽快修改和完善，尽快出台《政府采购法实施条例》，以引导电子化政府采购的发展方向，并以此保障其合法性、安全性和有效性。在制定《政府采购法实施条例》时，建议从以下几个方面进行调整：进一步明确政府集中采购机构作为政府采购执行主体的地位，并赋予其必要的组织实施和执行管理职能；澄清部门集中采购等模糊概念，强化政府集中采购，扩大集中采购范围；客观确定政府采购方式，使之适应实际工作需要；理顺《政府采购法》与《招标投标法》

的关系，将政府工程采购纳入政府采购的管理和执行程序。

其次，尽快出台与电子化政府采购相关的法律法规，规范电子采购流程，使电子化交易行为合法化。由于现有法律没有规范和说明电子化采购流程和交易行为，一旦发生争端，没有依据予以解决，因此，为确保电子化政府采购的安全和规范，应尽快修改现有法律条文，并尽快出台与电子化政府采购相关的法律法规，以法律的形式规定政府采购使用电子技术的几个关键问题，如明确电子采购程序、电子采购文件、电子采购安全标准以及冲突的解决方法等。

13.3.5　加强电子化政府采购专业人才的培养和储备

任何一个新型系统工程的建立，都需要专业人才将理念转化为现实。电子化政府采购系统是一个基于信息技术的大型网络工程，离开专业人才几乎无法进行任何实际意义上的发展。电子化政府采购系统建立后，需要有专业的运营机构和维护队伍，针对系统的特殊要求，需要培养专门的人才来满足这种需求，任何技术的核心是人才，在系统建立初期就应积极开展人才储备及培训工作，这是所有工作正常开展的基础。

专业人才储备的资源既可以是具有信息技术的专业人员，也可以是对政府采购有较为深入认识的职业人士。电子化政府采购系统的建立并不是仅仅靠一些专业技术人员或政府采购系统的原班人马就能解决所有问题的，一个系统的建立往往需要政府各个部门、各方面人才的通力合作，才能使各方面衔接恰当，稳定运行。

第 14 章

建立专业化的政府采购从业人员队伍

随着全球经济一体化和贸易自由化的发展，政府采购市场正逐渐从封闭走向开放，随之而来的是政府采购市场开放将逐渐成为双边、多边以及区域贸易谈判的重要内容。完善、规范的政府采购体系需要有完善的政府采购法律体系、管理体制、监督机制和保障机制做支撑，同时，更离不开符合要求的具有全面素质的政府采购从业人员。为满足政府采购需要，目前各国都培养了大量的专业采购人员，我国应借鉴国外经验，以建立职业资格管理制度和培训长效机制为重点，着力建设专业化的政府采购从业人员队伍，以利于我国政府采购工作的顺利开展和参与国外政府采购市场竞争。以下简要提出几点建议。①

14.1 建立政府采购从业人员职业资格管理制度

政府采购工作具有很强的业务性、专业性特点，它涉及的学科多、工作时效性强，需要高素质的政府采购人员。因此，建议对采购从业人员实行资格认证，逐步实行政府采购人员持证上岗。

同时，加快研究全国性政府采购行业管理方式，积极推动政府采购行业协会建设，建立行业自律机制，推动制定从业人员行为规范和行为准则，完善采购代理机构内部控制机制。

14.2 建立政府采购从业人员培训长效机制

首先要从发展人才战略的高度，认识政府采购从业人员培训的必要性和紧迫

① 因篇幅及研究重点所限，本书仅就政府采购从业人员专业化建设的框架提出建议，有关人才培养的进一步专业探讨，请参阅人力资源管理方面的文献及研究成果。

性，建立和完善培训及考核制度，加强对采购单位、代理机构工作人员和评审专家的职业教育、法制教育和技能培训，形成教育培训的长效机制，推动政府采购从业人员职业化进程。同时，加强对市、县等基层人员的培训，夯实政府采购制度发展的基础。业务培训要按照涉及的范围和内容，结合政府采购工作的特点，有针对性地将法律法规、政策规定、职业道德、工作策略、操作技巧、合同监管、项目验收和风险防范等纳入政府采购从业人员培训的必要内容。

此外，建议将政府采购从业人员的培训纳入公务员或国家机关工作人员考核规划之中，使政府采购从业人员能尽快熟悉专业知识、行为规范和职责职能，了解政策法规以及违法违规的后果，强化法律意识和责任意识，增强依法采购观念和工作责任感。

14.3 扩大政府采购从业人员培训范围，不断创新培训方式

在对政府采购从业人员进行培训的同时，还要加大对与政府采购工作有关的人员，如政府采购代理机构、评审专家、各相关职能部门人员以及有兴趣参与政府采购监督工作的社会各界人士等的培训力度，并加快政府采购专家库的建立和完善，做到全国范围内专家库资源共享。同时，还要重视对国内供应商的培训，以使其一方面增强供应商维护国家利益的自觉性和责任感，另一方面熟悉、了解国际市场竞争规则，掌握参与国际市场竞争的本领，以提高市场竞争能力。

此外，建议借鉴国内外的成功经验，并结合当地实际，创新培训方式，更新培训理念，引进最新的培训方法，设计相关培训内容，促进采购从业人员的全面发展。

14.4 把高等院校作为培养和培训政府采购人才的基地

政府采购是一项专业性、政策性和技术性很强的工作，政府采购从业人员需要具备多方面的综合素质和掌握多层面的知识，包括财政政策、产业政策、贸易政策和公共管理，以及国际惯例与规则、政策法规、合同管理、招投标知识、国际动态、市场行情、外语、计算机、心理学、商品学、工程和服务等方面的知识和技能，而且还要有较高的政治素质。目前我国政府采购从业人员，尤其是具备全面素质的人员十分匮乏。因此，建议利用高等院校现有的资源优势，把大学作为培养高素质政府采购人才的培养和培训基地，有条件的高等院校设置政府采购专业或与政府采购有关的课程，为国家输送具有全面素质的政府采购人员。

第 15 章

结论与展望

15.1 结论[①]

(1) 在国际和区域组织有关政府采购的规则中，WTO 的《政府采购协定》占据重要地位。GPA 属于诸边协定，WTO 成员可以自由选择是否加入该协定，协定条款仅对签字加入协定的成员发生效力。而且，GPA 有相当多的诸如国家安全、公共利益等可以作为非歧视原则例外的条款，并且允许成员方采取分别承诺的方式，加上协定对发展中国家的特殊待遇条款，这些都为我国加入该协定的谈判提供了广阔的空间。

(2)《政府采购法》颁布实施以来，特别是“十一五”期间，我国政府采购制度改革取得重大进展，例如，政府采购规模持续扩大，采购范围及构成逐步趋于合理，经济效益显著提高；政府采购监管工作不断加强，集中采购管理逐步强化，采购活动规范化水平明显提升；政府采购政策功能不断拓展，宏观调控能力逐步增强。当前和今后一段时期，我国深化政府采购制度改革应围绕“十二五”改革发展目标，积极构建符合国际惯例、具有中国特色的政府采购制度。

(3) 开放我国政府采购市场是我国深化改革开放的必然选择，也是应对政府采购国际化趋势、共享全球发展机遇的需要。2007 年 12 月 28 日我国政府正式启动加入 GPA 的谈判程序，向 WTO 提交出价清单，并与 GPA 成员展开加入谈判。我国发展中国家的国情决定了我国加入 GPA 出价清单的实体涵盖范围、门槛价、协定例外以及过渡期等承诺必然不同于其他国家，更不可能与市场化程度和经济发展水平远高于我国的发达国家市场准入条件相当。在加入 GPA 谈判中，我国应本着尊重主权、考虑国情差异原则，强调我国发展中国家的国情现状，控制政府采购市场的开放度。

---

① 结论部分的阐述按照在本书各章中出现的先后排序。

（4）开放政府采购市场具有两面性，在享受他国开放市场好处的同时，也要承担开放本国市场的义务和责任，对像我们这样政府采购制度建立时间不长的发展中国家而言，可以说是机遇和挑战并存，我们应以辩证和战略眼光来看待我国加入GPA。

（5）加入GPA谈判并不意味着政府采购市场立刻开放，从GPA成员开放政府采购市场的实践看，我国加入GPA谈判的过程可能会持续较长时间。因此，我们应抓紧对GPA条款的研究，在借鉴国外政府采购市场开放的成功经验的基础上，根据我国经济发展水平与各行业的发展状况，科学地确定政府采购市场的开放次序和程度，逐步、适度地开放我国政府采购市场。

（6）自1996年进行政府采购试点以来，我国政府采购事业蓬勃发展，尤其是2003年1月1日施行《中华人民共和国政府采购法》，我国政府采购更是走上了法制规范的轨道，全国政府采购制度的各项改革逐步推进。但与国际水平相比，我国政府采购规模小、规模效益低、结构不合理、采购范围狭窄等问题依然很突出。因此，我们应采取科学制定集中采购目录和限额标准、工程采购纳入政府采购范围、中央专项资金纳入政府采购范围和合理编制采购预算等多种方式，进一步扩大政府采购规模和范围，发挥政府采购规模效益，为我国政府采购制度的完善奠定基础。

（7）本书就1978—2010年我国政府购买性支出相关项目对GDP增长的贡献进行实证分析的结果显示，我国政府购买性支出相关项目与GDP间确实存在如凯恩斯经济理论所阐明的一定的正向关系，政府采购规模的增长带来了国民收入总量的上升。实证分析结果同时又显现出更深层次经济含义，即目前我国政府购买性支出相关项目对GDP增长的促进作用并未充分体现，我国政府采购制度改革还有相当大的发展空间。

（8）经过十多年的创新、推广和完善，我国政府采购制度在经济有效方面取得了显著成效，但政府采购的政策工具作用还没有充分发挥出来，对政府采购公共政策运用范围和程度，尚没有达到GPA所允许的发展中国家使用水平。因此，我国应抓紧加入GPA之前的时间，构建执行公共政策的政府采购制度机制和管理体制，形成国内利用政府采购实施公共政策的体系，以充分发挥政府采购政策导向，同时也可作为加入GPA谈判的条件。

（9）目前，我国以《政府采购法》为统领、以部门法规为依托的政府采购法律制度框架已基本形成。但《政府采购法》尚存在一些问题和不足，例如，该法与《招标投标法》协调性不足；条文规定过于原则、简单，缺乏相关的实施细则与配套性法律法规，导致法律规范操作性不强；该法与GPA存在诸多差异。我国已启动加入 GPA 的谈判，因此应参照 GPA 规则，在借鉴他国经验的基础上，完善我国政府采购立法及相关配套措施，协调立法间不一致之处，以与国际规则接轨，同时也为保护本国产业寻求合法的手段。

(10) 电子化政府采购是政府采购的重要手段。我国电子化政府采购起步晚，仍存在共享程度低、资源浪费、各地发展不平衡、标准不统一、法制不健全、信息发布不规范、公开程度不够等诸多问题，因此，我国应进一步完善政府采购制度和规章，完善政府采购信息披露法律制度，加大电子化政府采购平台建设，建立统一的政府采购管理交易系统，制定和完善与电子化政府采购相关的法律法规。

(11) 完善、规范的政府采购体系需要有完善的政府采购法律体系、管理体制、监督机制和保障机制做支撑，同时，更离不开符合要求的具有全面素质的政府采购人员。我国应借鉴国外经验，以建立职业资格管理制度和培训长效机制为重点，着力建设专业化的政府采购从业人员队伍，以利于我国政府采购工作的顺利开展和参与国外政府采购市场竞争。

15.2　展望

我国政府采购市场开放问题研究是个庞大复杂的课题和长期的工程。政府采购开放涉及方方面面不断变化的领域，如 GPA 等有关政府采购的国际和区域规制、国外政府采购实践、我国国内政府采购制度、财税体制和经济体制改革，且上述规制、做法以及国内情况都在不断发生变化。GPA 目前的缔约方主要是发达国家和地区，这些国家和地区的政府采购制度已运行了 200 多年，而如果以我国《政府采购法》颁布时间为起点计算，我国政府采购制度的建立时间仅仅 9 年多，还面临着诸如政府采购体制不完善、政府采购法制尚不健全、从事政府采购的专业人员缺乏等许多现实困难，而且我国企业的整体竞争力还比较低，企业管理水平不高，缺乏国际竞争经验，加之对 GPA 和发达成员的政府采购实践以及 GPA 对国内制度的影响的了解和研究还很缺乏。因此，国外政府采购市场到底有多大？尤其是与国外同业相比，国内各产业的竞争力怎样？政府采购市场开放对国内制度及经济各方面的影响有多深刻？国内政府采购市场究竟开放到多大程度为宜？这些问题无论是从理论还是实践角度，我国的经验、研究，尤其是实证分析都严重欠缺，一切尚在摸索阶段。上述原因决定了我国对该领域研究的长期性和复杂性以及实践的挑战性。有鉴于此，本书研究的深度和广度也有待于随着我国政府采购实践的不断发展而进一步拓展，并力争渐臻完善和成熟，这也是笔者下一步研究的目标。

此外，因受我国现阶段统计方法和公布的统计资料限制，本书对 1978—2010 年我国政府购买性支出相关项目对 GDP 增长贡献进行实证分析时，对数据样本的选取和界定存在局限性，虽然该缺陷并不影响模型结论，但笔者仍会随着我国统计方法的调整和最新统计资料的公布，对模型做后续研究。

附录表 1：GPA 成员和观察员一览表

<table>
<tr><th colspan="3">GPA 正式成员</th><th colspan="2">GPA 观察员</th></tr>
<tr><th colspan="2">国家或地区名称</th><th>加入时间</th><th rowspan="2">WTO 成员观察员</th><th rowspan="2">政府间国际组织观察员</th></tr>
<tr><td colspan="2">加拿大、以色列、日本、挪威、瑞士和美国。</td><td>1996 年 1 月 1 日</td></tr>
<tr><td rowspan="3">欧盟（包括其 27 个成员国）</td><td>奥地利、比利时、丹麦、芬兰、法国、德国、希腊、爱尔兰、意大利、卢森堡、荷兰、葡萄牙、西班牙、瑞典和英国。</td><td>1996 年 1 月 1 日</td><td rowspan="11">阿尔巴尼亚*、阿根廷、澳大利亚、巴林、喀麦隆、智利、中国*、哥伦比亚、克罗地亚、格鲁吉亚*、印度、约旦*、吉尔吉斯共和国*、摩尔多瓦*、蒙古、新西兰、阿曼*、巴拿马*、沙特阿拉伯、斯里兰卡、土耳其和乌克兰*。</td><td rowspan="11">国际货币基金组织、国际经济合作组织、联合国贸发会议和国际贸易中心。</td></tr>
<tr><td>塞浦路斯、捷克共和国、爱沙尼亚、匈牙利、拉脱维亚、立陶宛、马耳他、波兰、罗马尼亚、斯洛伐克共和国和斯洛文尼。</td><td>2004 年 5 月 1 日</td></tr>
<tr><td>保加利亚和罗马尼亚</td><td>2007 年 1 月 1 日</td></tr>
<tr><td colspan="2">荷属阿鲁巴</td><td>1996 年 10 月 25 日</td></tr>
<tr><td colspan="2">韩国</td><td>1997 年 1 月 1 日</td></tr>
<tr><td colspan="2">中国香港</td><td>1997 年 6 月 19 日</td></tr>
<tr><td colspan="2">列支敦士登</td><td>1997 年 10 月 18 日</td></tr>
<tr><td colspan="2">新加坡</td><td>1997 年 10 月 20 日</td></tr>
<tr><td colspan="2">冰岛</td><td>2001 年 4 月 28 日</td></tr>
<tr><td colspan="2">中国台湾</td><td>2009 年 7 月 15 日</td></tr>
<tr><td colspan="2">亚美尼亚</td><td>2011 年 9 月 15 日</td></tr>
</table>

资料来源：根据 GOVERNMENT PROCUREMENT：THE PLURILATERAL AGREEMENT ON GOVERNMENT PROCUREMENT（GPA）Parties and observers to the GPA.［2011 - 12 - 25］. http：//www. wto. org/english/tratop_ e/gproc_ e/overview_ e. htm 整理而得。

注：*为正在谈判加入的成员。

附录表 2：1978—2010 年我国 GDP 及政府采购支出相关数据

（单位：人民币亿元）

年份	GDP	GI	GC	TE
1978	3 624.10	704.77	351.52	65.80
1979	40 38.20	737.51	475.63	68.65
1980	4 517.80	665.19	480.78	82.86
1981	4 862.40	567.89	488.35	82.17
1982	5 294.70	614.98	522.11	92.89
1983	5 934.50	733.89	565.11	110.52
1984	7 171.00	924.99	616.33	159.70
1985	8 964.40	1 075.72	694.09	234.44
1986	10 202.20	1 230.16	738.94	235.81
1987	11 962.50	1 183.48	796.43	282.27
1988	14 928.30	1 290.61	878.53	322.07
1989	16 992.30	1 378.45	1 026.74	418.59
1990	18 667.80	1 540.35	1 123.27	419.97
1991	21 781.50	1 691.98	1 218.83	475.81
1992	26 923.50	1 841.52	1 309.81	590.87
1993	35 333.90	2 294.50	1 479.90	867.90
1994	48 197.90	2 732.73	1 871.98	1 187.91
1995	60 793.70	3 180.95	2 193.63	1 449.14
1996	71 176.60	3 644.78	2 629.35	1 663.42
1997	78 973.00	4 127.06	3 092.09	2 014.41
1998	84 402.30	4 809.32	3 816.27	2 172.59
1999	89 677.10	5 968.14	4 765.33	2 454.20
2000	99 214.60	6 463.90	5 864.22	3 558.38
2001	109 655.20	7 781.18	6 690.31	4 431.09
2002	120 332.70	9 193.14	8 322.73	4 537.28
2003	135 822.80	10 162.66	9 022.86	5 464.43
2004	159 878.30	11 518.88	10 667.90	6 300.11
2005	184 937.40	13 432.51	12 602.74	7 895.03
2006	216 314.40	15 722.27	15 107.38	9 593.08
2007	265 810.30	16 264.91	23 725.63	9 790.81
2008	314 045.40	22 359.51	29 210.99	11 022.16
2009	340 902.80	31 656.43	30 235.46	14 408.04
2010	401 202.00	37 732.73	34 578.33	17 563.10

数据来源：由于 1989 年以前绝大部分年份的数据均未在《2011 年中国统计年鉴》中列明，故本模型 1978—1988 年 GDP、FE、GI 及 GC 数据取自《中国统计年鉴 2001》。1989—2010 年 GDP、FE 数据取自《中国统计年鉴 2011》。1989—2006 年 GI、GC 数据取自《中国统计年鉴 2007》。因 2007 年财政收支科目实施了较大改革，特别是财政支出项目口径变化很大，2007—2010 年 GI、GC 数据取自《中国统计年鉴 2011》。TE 数据则根据同年 FE 及 GI、GC 数据计算而得。调整方法见本书第 10 章 10.3.2。

附录表 3：1978—2010 年我国政府购买性支出相关项目对 GDP 增长贡献的时间序列自回归动态分布滞后一期模型回归结果

Dependent Variable：DLNGDP

Method：Least Squares

Date：01/08/12 Time：09：49

Sample （adjusted）：1984 2010

Included observations：27 after adjusting endpoints

Convergence achieved after 57 iterations

White Heteroskedasticity-Consistent Standard Errors & Covariance

Backcast：1983

Variable	Coefficient	Std. Error	t-Statistic	Prob.
C	0. 088 828	0. 026 776	3. 317 492	0. 006 9
DLNGC	0. 311 514	0. 152 526	2. 042 364	0. 065 8
DLNGI	0. 200 264	0. 115 885	1. 728 130	0. 111 9
DLNTE	0. 168 086	0. 070 363	2. 388 844	0. 035 9
$DLNGC_{t-1}$	−0. 466 591	0. 144 394	−3. 231 383	0. 008 0
$DLNGI_{t-1}$	−0. 069 423	0. 126 525	−0. 548 695	0. 594 2
$DLNTE_{t-1}$	−0. 190 083	0. 097 153	−1. 956 544	0. 076 3
$DLNGDP_{t-1}$	0. 744 702	0. 251 378	2. 962 481	0. 012 9
$DLNGC_{t-2}$	−0. 187 899	0. 097 653	−1. 924 150	0. 080 6
$DLNGI_{t-2}$	0. 356 767	0. 139 425	2. 558 839	0. 026 6
$DLNTE_{t-2}$	−0. 257 310	0. 087 801	−2. 930 602	0. 013 7
$DLNGDP_{t-2}$	0. 318 112	0. 313 451	1. 014 871	0. 332 0
$DLNGDP_{t-3}$	−0. 395 315	0. 209 105	−1. 890 508	0. 085 3
AR （1）	−0. 277 339	0. 256 902	−1. 079 552	0. 303 4
AR （2）	−0. 725 606	0. 230 080	−3. 153 718	0. 009 2
MA （1）	0. 989 553	0. 089 597	11. 044 46	0. 000 0

R-squared	0. 899 825	Mean dependent var	0. 156 062
Adjusted R-squared	0. 763 222	S. D. dependent var	0. 062 280
S. E. of regression	0. 030 306	Akaike info criterion	−3. 867 724
Sum squared resid	0. 010 103	Schwarz criterion	−3. 099 821
Log likelihood	68. 214 28	F-statistic	6. 587 159
Durbin-Watson stat	1. 818 090	Prob （F-statistic）	0. 001 602

Inverted AR Roots	−. 14 + . 84i	−. 14 −. 84i
Inverted MA Roots	−. 99	

数据来源：本例计算结果是根据附录表 2 提供的相关基础数据，通过使用经济计量分析软件 EViews3. 1 得出。

附录表 4：1978—2010 年我国政府购买性支出相关项目对 GDP 增长贡献的时间序列自回归动态分布滞后一期模型 Q 统计值结果①

Date：01/08/12 Time：10：26

Sample：1984 2010

Included observations：27

Q-statistic probabilities adjusted for 3 ARMA term（s）

<table>
<tr><th>Autocorrelation</th><th>Partial Correlation</th><th></th><th>AC</th><th>PAC</th><th>Q-Stat</th><th>Prob</th></tr>
<tr><td>. |* . |</td><td>. |* . |</td><td>1</td><td>0.082</td><td>0.082</td><td>0.2010</td><td></td></tr>
<tr><td>***| . |</td><td>***| . |</td><td>2</td><td>-0.330</td><td>-0.339</td><td>3.6154</td><td></td></tr>
<tr><td>. |* . |</td><td>. |* . |</td><td>3</td><td>0.070</td><td>0.152</td><td>3.7749</td><td></td></tr>
<tr><td>. *| . |</td><td>***| . |</td><td>4</td><td>-0.144</td><td>-0.331</td><td>4.4762</td><td>0.034</td></tr>
<tr><td>. *| . |</td><td>. |* . |</td><td>5</td><td>-0.102</td><td>0.074</td><td>4.8458</td><td>0.089</td></tr>
<tr><td>. |* . |</td><td>. | . |</td><td>6</td><td>0.157</td><td>-0.035</td><td>5.7645</td><td>0.124</td></tr>
<tr><td>.**| . |</td><td>.**| . |</td><td>7</td><td>-0.202</td><td>-0.262</td><td>7.3557</td><td>0.118</td></tr>
<tr><td>. *| . |</td><td>. |* . |</td><td>8</td><td>-0.060</td><td>0.096</td><td>7.5052</td><td>0.186</td></tr>
<tr><td>. |* . |</td><td>.**| . |</td><td>9</td><td>0.108</td><td>-0.202</td><td>8.0157</td><td>0.237</td></tr>
<tr><td>. *| . |</td><td>. | . |</td><td>10</td><td>-0.086</td><td>0.038</td><td>8.3603</td><td>0.302</td></tr>
<tr><td>. | . |</td><td>. | . |</td><td>11</td><td>0.054</td><td>-0.030</td><td>8.5049</td><td>0.386</td></tr>
<tr><td>. |* . |</td><td>. | . |</td><td>12</td><td>0.118</td><td>-0.009</td><td>9.2260</td><td>0.417</td></tr>
</table>

数据来源：本例计算结果是根据附录表 2 提供的相关基础数据，通过使用经济计量分析软件 EViews3.1 得出。

① D-W 统计量只能检验一阶自相关，而且要求回归中有常数项，并且回归因子中没有被解释变量的滞后项。虽然它在自相关检验中十分重要且应用广泛，但是仍然是一个有偏检验。因此检验序列相关更一般的方法是计算残差到任一设定滞后期为止的自相关系数和偏自相关系数。Q 统计量通过对自相关系数求和来检验序列相关。Q 统计量可以用于检验所有自相关系数为零的假设，也就是说该序列为白噪音。在零假设下，Q 服从 X^2 分布，由于序列是 ARMA 估计的残差，自由度等于自相关系数的个数减去估计时自回归和移动平均项的个数。查 X^2 分布表，$P(X^2>3.841)=0.05$，$P(X^2>6.635)=0.01$。所以 $P(3.841<X^2<6.635)=0.034$，可以看出 Q 服从 X^2 分布。滞后四期以后也服从分布。当滞后期为 1 时，自相关系数为 0.082。因 Q 统计量随机项自相关系数取值在 -1 和 1 之间，越靠近这两个值，自相关性越强，相反越临近 0 时，自相关性越弱。因此，模型的随机误差序列是白噪声序列，可以判定该模型基本不存在自相关。

参考文献①

中文文献：

［1］海关总署．我国外贸依存度平稳回落．［2012－2－15］．http://www.customs.gov.cn/publish/portal0/tab1/info355507.htm.

［2］润石．WTO 政府采购新一轮谈判谈出了什么．中国政府采购报，2012－2－10.

［3］中华人民共和国招标投标法实施条例．［2012－1－12］．http://www.gov.cn/zwgk/2011－12/29/content_2033184.htm.

［4］GOVERNMENT PROCUREMENT：THE PLURILATERAL AGREEMENT ON GOVERNMENT PROCUREMENT（GPA）Parties and observers to the GPA.［2011－12－25］．http://www.wto.org/english/tratop_e/gproc_e/overview_e.htm.

［5］袁雪．中国 GPA 最新清单出炉：京津沪苏浙首次列入．21 世纪经济报道，2011－12－15.

［6］中国统计年鉴 2011．北京：中国统计出版社．

［7］姚长寿．四川政府采购明确新标准 公开招标限额提到 80 万．［2011－12－14］．http://www.sc.xinhuanet.com/content/2011－12/13/content_24332497.htm.

［8］天津市 2011 年政府集中采购目录和采购限额标准．［2011－12－6］．http://www.chinaacc.com/new/63_74_201112/08ya220093176.shtml.

［9］张健康．监管权协调不下　政府采购法实施条例难产．［2011－11－23］．http://finance.v1.cn/gn/2011－11－23/1322014798345.shtml.

［10］王保安．立足国内改革和对外开放 推动政府采购工作再上新台阶——在全国 GPA 谈判应对工作及政府采购工作会议上的讲话．［2011－11－7］．http://www.ccgp.gov.cn/zycg/ldzx/201112/t20111222_1942071.shtml.

［11］湖南省 2012 年政府集中采购目录及政府采购限额标准．［2011－11－2］．http://www.zhuzhou.gov.cn/sitepublish/site1/gov/czss/csg/content_142551.html.

① 参考文献分为中英文两部分，按照文献的发表、出版或访问时间的新旧排序。

[12] 北京市 2011 年政府采购集中采购目录及标准．[2011 - 10 - 18]. http://www. caigou2003. com/theory/list/20111017/list_200951. html.

[13] 张璐晶．《2011—2012 年全球竞争力报告》发布．[2011 - 9 - 14]. http://finance. qq. com/a/20110914/000212_1. htm.

[14] 陈梦阳,李克瑶．世界经济论坛发布《2011—2012 年全球竞争力报告》. [2011 - 9 - 7]. http://www. chinanews. com/cj/2011/09 - 07/3313819. shtml.

[15] 国务院办公厅关于印发中央预算单位 2011—2012 年政府集中采购目录及标准的通知．[2011 - 9 - 7]. http://news. 163. com/10/1213/14/6NPS4SFV00014JB5. html.

[16] 王坤．"十一五"中央单位政府采购改革成效显著．[2011 - 9 - 6]. http://finance. people. com. cn/h/2011/0905/c227865 - 1470673643. html.

[17] 商务部．中国对外贸易形势报告(2011 年春季). [2011 - 8 - 27]. http://www. silique. com/art_content. asp? id = 822.

[18] 韩秀申．2010 年中国对外贸易回顾与展望．[2011 - 8 - 26]. http://www. caitec. org. cn/c/cn/news/2011 - 03/10/news_2430. html.

[19] 2010 年国民经济和社会发展统计公报．[2011 - 8 - 24]. http://www. ce. cn/macro/more/201102/28/t20110228_22253696_5. shtml.

[20] 王日谭．《招标投标法实施条例》呼之欲出．[2011 - 7 - 18]. http://www. chinabidding. com. cn/zbw/zxzx/zxzx_show. jsp? op = op_browse&record_id = 6990953.

[21] 席斯．事关 10 万亿招投标法实施条例将出．[2011 - 6 - 21]. http://www. eeo. com. cn/Politics/beijing_news/2011/05/21/201880. shtml.

[22] 席斯．招投标法实施条例近期出台 10 万亿规模采购有待监管．[2011 - 5 - 19]. http://www. eeo. com. cn/Politics/beijing _ news/2011/05/19/201616. shtml.

[23] 财政部,环境保护部．关于调整公布第七期环境标志产品政府采购清单的通知．[2011 - 4 - 9]. http://www. ccgp. gov. cn/zcfg/gjfg/201101/t20110131_1499585. shtml.

[24] 记者．"十一五"以来单位 GDP 能耗降低情况．[2011 - 3 - 20]. http://www. ccgp. gov. cn/jnhp/sjfx/201009/t20100928_1066395. shtml .

[25] 政府绿色采购三大问题值得关注．[2011 - 3 - 20]. http://www. cnsb. cn/html/article/7/article_show_7399. html.

[26] 记者．政府采购提升至战略规划层面．[2011 - 3 - 19]. http://www. ccgp.

gov. cn/llsj/llts/201103/t20110310_1524379. shtml.
[27] 十二五期间单位 GDP 能耗要降低 16% 至 17%.[2011 - 3 - 19]. http://www. cnjxol. com/Industry/content/2011 - 03/08/content_1638256. htm.
[28] “十一五”以来单位 GDP 能耗降低情况.[2011 - 3 - 19]. http://www. ccgp. gov. cn/jnhp/sjfx/201009/t20100928_1066395. shtml.
[29] 节能产品政府采购实施意见.[2011 - 3 - 19]. http://www. enet. com. cn/article/2006/0823/A20060823173038. shtml.
[30] 国务院关于加快发展循环经济的若干意见(国发〔2005〕22 号).[2011 - 3 - 18]. http://www. gov. cn/zwgk/2005 - 09/08/content_30305. htm.
[31] 吴宇,周蕊. 中国对外贸易跃居世界第一后的新选择:提升外贸商品质量.[2011 - 3 - 1]. http://news. xinhuanet. com/fortune/2011 - 03/01/c _121135968. htm.
[32] 中国统计年鉴 2010. 北京:中国统计出版社.
[33] 中国政府采购年鉴 2009. 北京:中国财政经济出版社,2010.
[34] 张家瑾. 变竞争为互补、合作. 经济视角,2010(10).
[35] 财政部国库司. 2009 年全国政府采购规模达 7 413. 2 亿元.[2010 - 7 - 21]. http://gks. mof. gov. cn/redianzhuanti/zhengfucaigouguanli/201007/t20100721_329079. htm.
[36] 张家瑾. 国情决定出价水平——中国政府采购市场开放应循序渐进. 第一财经日报,2010 - 7 - 19.
[37] 梅迎春. 略论政府绿色采购. 经济研究参考,2010(31).
[38] 冯君,李辉. “国货歧视”还要走多远?”. 中国招标,2010(21).
[39] 玛莎 · 特纳, 帕特 · 休斯顿. 采购:绿色战略成功的关键. 中国物流与采购,2010(7).
[40] 张家瑾. “有关我国 GPA 出价清单问题的探讨. 中国政府采购,2010(5).
[41] 杨蔚林. 评析 2010《美国企业子在中国》白皮书的内容和目的. 中国政府采购,2010(5).
[42] 倪光南. 评白皮书中的“本国货”和“外国货”原则. 中国政府采购,2010(5).
[43] 肖北庚. 应当合理期待中国加入 GPA 之出价. 中国政府采购,2010(5).
[44] 肖北庚. 加入 WTO《政府采购协定》进程与承诺对策分析.[2010 - 4 - 27]. http://www. cgpchina. com/xwmain. asp? id = 517.
[45] 李毅中. 我国对外贸易依存度 60% 今年出口将增 8%.[2010 - 3 - 27].

http://www.dzwww.com/rollnews/finance/201002/t20100223_5687735.htm.
[46] 中华人民共和国2009年国民经济和社会发展统计公报.[2010-2-26].http://www.gov.cn/gzdt/2010-02/25/content_1541240.htm.
[47] 王涛.政府采购法实施条例尚存较大完善空间.[2010-1-19].http://news.163.com/10/0119/15/5TDD371E000120GU.html.
[48] 贾见方.政府采购支持"低碳经济"发展探析.公共支出与采购,2010(1).
[49] 屠新全.日本参与政府采购协议的经验与启示.国家经济合作,2009(10).
[50] 袁杜娟.政府采购实体问题研究.中国政府采购网,2009-9-26.
[51] 财政部国库司.2008年全国政府采购规模达5 990.9亿元.[2009-8-7].http://gks.mof.gov.cn/redianzhuanti/zhengfucaigouguanli/200908/t20090807_190995.html.
[52] 钟小蕾.政府绿色采购政策目标与经济效益关系浅论.中国商贸,2009(5).
[53] 刘小川,唐东会.中国政府采购政策研究.北京:人民出版社,2009:268-270.
[54] 中华人民共和国2008年国民经济和社会发展统计公报.[2009-2-27].http://www.stats.gov.cn/tjgb/ndtjgb/qgndtjgb/t20090226_402540710.htm.
[55] 张通.落实政府强制采购节能产品政策 深化政府采购制度改革//中国政府采购年鉴.北京:中国财政经济出版社,2008.
[56] 张家瑾.我国政府采购市场开放研究.北京:对外经济贸易大学出版社,2008.
[57] 2007年国民经济和社会发展统计公报.[2008-3-1].http://www.stats.gov.cn/tjgb/ndtjgb/qgndtjgb/t20080228_402464933.htm.
[58] 屈幼姝,斯琴塔纳.促进循环经济发展的绿色政府采购政策研究.理论探讨,2008(3).
[59] 王宇,王文帅."两高一资"明显回落 我将超过美成第二大出口国.[2007-8-19].http://news.xinhuanet.com/newscenter/2007-08/18/content_6558616.htm.
[60] 王宇,王文帅.中国出口总额有望超过美国位列世界第二.[2007-8-18].http://news.xinhuanet.com/newscenter/2007-08/18/content_6558616.htm.
[61] 无锡日报.《2007年度世界竞争力报告》中国内地排名世界第15位.[2007-5-11].http://www.wxrb.com/pub/wxcm/gjss/200705/t20070511_81355.htm.
[62] 新华社电.瑞士洛桑国际管理学院昨日发布《2007年度世界竞争力报告》——中国内地竞争力排名第15位.北京青年报,2007-5-11(B7).

[63] 群妮．完善政府采购信息发布对策及建议．[2007－4－25]. http://www.ccgp.gov.cn .

[64] 王超．电子化政府采购势在必行．[2007－4－24]. http://www.ccgp.gov.cn.

[65] 电子商务圈．政府采购如何应对信息化的挑战．[2007－4－24]. http://www.ccgp.gov.cn.

[66] 国研．了解 GPA 规则,进军国际采购大市场．[2007－4－9]. http://www.ccgp.gov.cn.

[67]《环球时报》记者．中国人均 GDP 达到 2 000 美元意味什么．环球时报,2007－4－8.

[68] 财库[2007] 29 号,财库[2007] 30 号,财库[2007] 31 号．[2007－4－5]. http://www.ccgp.gov.cn .

[69] 张栋天．如何应对国际政府采购大市场．[2007－4－5]. http://www.ccgp.gov.cn.

[70] 佚名．应对《政府采购协定》谈判 积极参与国际市场．[2007－4－5]. http://www.ccgp.gov.cn.

[71] 林丰蕾．国货能否真正攻入国外政府市场尚未知．[2007－4－5]. http://www.enet.com.cn/article/2007/0115/A20070115391435_2.shtml.

[72] 曾亮亮．政府采购第一案有续 财政部不服提起上诉．[2007－4－5]. http://www.enet.com.cn/article/2007/0115/A20070115391417.shtml.

[73] 郑云瑞．世界贸易组织的政府采购制度．[2007－4－5]. http://article.chinalawinfo.com/article/user/article_display.asp? ArticleID＝33023.

[74] 亚非．借鉴国外经验 开放我国政府采购市场．[2007－4－3]. http://www.ccgp.gov.cn.

[75] 世贸组织政府采购协定介绍．[2007－4－3]. http://www.cntp.cn/whkgcg/xx.asp? id＝110.

[76] 曲格平．循环经济—21 世纪发展的趋势．[2007－3－31]. http://www.southcn.com/nflr/llzhuanti/xhjj/jbcs/200505250774.htm .

[77] 财政部国库司．2006 年政府采购工作大事记．[2007－3－16]. http://www.ccgp.gov.cn.

[78] 姜锡山．建设政府网站群的四个障碍．[2007－3－7]. http://www.gov.cn.

[79] 财政部国库司．2005 年全国各省市政府采购信息发布统计．[2007－3－1]. http://www.ccgp.gov.cn/2006yuandan/,信息统计专栏．

[80] 廖文根．一年多来，“自主创新”我们做了什么？人民日报，2007－3－1(14)．

[81] 中华人民共和国国家统计局．中华人民共和国2006年国民经济和社会发展统计公报．[2007－2－28]．http://www.stats.gov.cn/tjgb/ndtjgb/qgndtjgb/t20070228_402387821.htm.

[82] 亚飞．积极制订和完善国内政府采购规则．[2007－2－7]．http://www.ccgp.gov.cn.

[83] 苏海晏．以自主研发与政府采购为先导掌握信息安全防御主动权．中国政府采购，2007(2)．

[84] 财政部国库司．2007年政府采购工作要点．[2007－1－26]．http://www.ccgp.gov.cn.

[85] 中国网．中国去年GDP20.94万亿　比去年增长10.7%．[2007－1－25]．http://news.163.com/07/0125/10/35M4V0DC0001124J.html.

[86] 王巍．新年伊始财政部连发三个文件．[2007－1－17]．http://www.caigou2003.com/NewsCentral/TopNews/200701/20070117172344.html.

[87] 王巍．支持自主创新　采购人在行动．政府采购信息报，2007－1－16.

[88] 佚名．国办国信办发布2006中国政府网站绩效评估结果．[2007－1－11]．http://www.caigou2003.com/NewsCentral/BuWei/200701/20070111135627.html．

[89] WTO《原产地规则协议》．[2007－1－10]．http://www.china-customs.com/customs/data/1227.htm.

[90] 杨娜．促进自主创新也需“抓大放小”——中国科技促进发展研究中心研究员高昌林谈政府采购支持自主创新．政府采购信息报，2007－1－5.

[91] 马海涛，姜爱华．我国政府采购制度研究．北京：北京大学出版社，2007：25－28，53－54，146－168，174－176.

[92] 白志远．浅议我国政府采购规模的合理趋势．[2006－12－27]．http://www.ccgp.gov.cn．

[93] 高昌林．购买国货　促进企业技术创新．政府采购信息报，2006－12－20.

[94] 冯晓芳．入世五年：中国电信运营业对外开放步伐不断加大．[2006－12－18]．http://www.ce.cn/cysc/communications/zczx/200612/18/t20061218_9786698.shtm.

[95] 阎英科．试论：地方电子政务建设的新趋势．[2006－12－18]．http://www.enet.com.cn/article/2006/1116/A20061116293377.shtml.

[96] 姚艳霞．三种标准四个方面界定国货．政府采购信息报,2006－12－18.

[97] 北京市财政局．关于北京市本级实施网上政府采购的通知．[2006－12－17]. http://www.enet.com.cn/article/2006/0330/A20060330517660.shtml.

[98] 刘奇．外资入股基础电信运营商 股权比例12日起提至49%．[2006－12－13]. http://www.ce.cn/xwzx/gnsz/gdxw/200612/13/t20061213_9746087.shtml.

[99] 刘奇．实现入世承诺　外资入股电信运营商比例提至49%．[2006－12－17]. http://www.ce.cn/xwzx/gnsz/gdxw/200612/13/t20061213_9749570.shtml.

[100] 韩孟玉．构建扶持国货的法制体系．政府采购信息报,2006－12－8.

[101] 韩孟玉．联想安全门事件冷思考·观点交锋:谁在阻碍国货采购．政府采购信息报,2006－12－6.

[102] 王红茹．政府采购的工作重点——支持自主创新．中国经济周刊,2006(20).

[103] 王红茹．国货不敌洋货　政府采购应否眷顾国货? 中国经济周刊,2006(20).

[104] 葛敏敏,王周欢．美国政府采购制度之法律体系与基本原则．中国物流与采购,2006(17).

[105] 王万山．公共财政支出管理何去何从．浙江经济,2006(12).

[106] 国家发改委经济体制与管理研究所"国际竞争力比较"课题组．来自WEF的警示亟待改善事关国家竞争力的软环境——解读我国在《全球竞争力报告2006—2007》中的评比结果．经济研究参考,2006(91).

[107] 王学栋,马静．关于我国政府电子采购效益评价的思考．价值工程,2006(12).

[108] 姚艳霞．用好"国货条款"保护国内市场．政府采购信息报,2006－11－29.

[109] 余丹．推行政府采购制度的问题与对策．[2006－11－26]. http://www.ccgp.gov.cn.

[110] 财政部国库司．情况反映．[2006－5－30][2006－11－24]. http://www.people.com.cn/GB/shehui/43/20020710/772676.html.

[111] 刘慧．联想安全门事件冷思考·观点交锋:"联想安全门事件是好教材．政府采购信息报,2006－11－23.

[112] 佚名．《政府采购协定》对我国政府采购制度的影响．[2006－11－21].

http://www.ccgp.gov.cn.

[113] 秦志龙．联想安全门事件冷思考·观点交锋:把牢信息安全“后门”．政府采购信息报,2006-11-17.

[114] 朱毅,周黎洁．联想安全门事件冷思考·国货篇(四)软件(2):给国产软件主场优势．政府采购信息报,2006-11-15.

[115] 周黎洁,朱毅．联想安全门事件冷思考·国货篇(四)软件(1):政府采购要做弹射器．政府采购信息报,2006-11-13.

[116] 孙立群,周黎洁．联想安全门事件冷思考·国货篇(二)界定:掀起你的“盖头”来．政府采购信息报,2006-11-10.

[117] 王巍,周黎洁．联想安全门事件冷思考·国货篇(一)现状:无标准国内企业跑龙套．政府采购信息报,2006-11-7.

[118] 李福根．浅析政府采购制度的理论渊源与经济效益．[2006-11-2]. http://www.ccgp.gov.cn .

[119] 特讯．2006 年全球竞争力排名出炉：中国跃升至 19 位．政工研究动态，2006(10).

[120] WTO 管辖的协定．[2006-10-31]. http://www.tlzjj.gov.cn/bszn/20050827/200508 27182705.php.

[121] 世界贸易组织的管辖范围．[2006-10-31]. http://www.uibe.edu.cn/upload/up_wto/wtochina/wtochina/guanxia.htm.

[122] WTO 诸边协定释．[2006-10-31]. http://www.dushu.com/book/11446582/.

[123] 福根．政府采购制度的若干问题研究．[2006-10-27]. http://www.ccgp.gov.cn.

[124] 高梁．政府采购应优先选用国产重大装备．中国工业报,2006-10-27.

[125] 小林．谈谈政府采购制度的理论定位．[2006-10-24]. http://www.ccgp.gov.cn.

[126] 郑万师．政府采购现状与对策的思考．[2006-4-20][2006-10-5]. http://www.fayhoo.com/servlet/info.F2201reportXX? id = 20051130:1474784. 原载:经济参考报.

[127] 于安．中国政府采购正在走向迷途．[2006-3-14][2006-10-5]. http://politics.people.com.cn/GB/1026/3733087.html. 转载:经济参考报.

[128] 我国政府采购的主要问题及其审计监督．[2006-3-14][2006-10-5]. http://finance.sina.com.cn.

[129] 佚名．政府采购审计制度初探．[2006－3－14][2006－10－5]．http://www.gdaudit.gov.cn/allfile/dianziban/2002/0201/g20020114.html.
[130] 左少君．浅议政府绿色采购．商业视角杂志,2006(10).
[131] 袁星侯．政府采购制度改革的若干问题．决策与信息,2006(9).
[132] 刘飒．政府采购供应商选择风险的规避．中国物流与采购,2006(9).
[133] 周黎洁,余海玲,宋晓杰,曹军．如何上规模？政府采购信息报,2006－9－22.
[134] 去年我国政府采购规模近 3 000 亿元．[2006－8－11]．http://www.mofcom.gov.cn/aarticle/difang/jiangsu/200608/20060802853685.html.
[135] 黄河．政府采购政策功能值得关注．中国政府采购,2006(8).
[136] 胡明．中国政府采购电子化的未来发展与对策．[2006－7－27]．http://www.china.com.cn/.
[137] 谢伟宁,黄世强．实施《政府采购法》遇到的问题及对策建议．法制与经济,2006(7).
[138] 孙立群．政府采购如何界定国货．政府采购信息报,2006－6－30.
[139] 谷辽海．政府采购法的适用范围及其缺陷．[2006－6－20]．http://www.zycg.gov.cn/pubnews/Exoterica/Exoterica/2006－2－17/20062171711353444.htm.
[140] 安徽省商务厅．WTO《政府采购协定》下的挑战和机遇．[2006－6－19]．http://www.mofcom.gov.cn/aarticle/difang/anhui/200606/20060602470388.html.
[141] 赵蕾．不要对反垄断法期待太高．南方周末,2006－6－15.
[142] 世贸组织政府采购协定介绍．[2006－6－1]．http://www.cntp.cn/whkgcg/xx.asp? id＝110.
[143] 王红茹．政府采购国货不敌洋货　自主品牌性价比成劣势．[2006－6－1]．http://www.mofcom.gov.cn/aarticle/difang/ningxia/200606/20060602341123.html.
[144] 原再亮．电子化政府采购的国际比较及对中国的启示．中南财经政法大学研究生学报,2006(6).
[145] 张祥．政府采购机制的实践及探索．长春大学学报,2006,16(6).
[146] 辛传海．政府网络采购．学习时报,2006(6).
[147] 魏龙,李雪．《政府采购协定》对我国政府采购制度的影响．武汉理工大学学报,2006,19(6).
[148] 王红茹．政府采购的工作重点——支持自主创新．[2006－5－29]．http://

www. 21our. com/print. asp? id = 939397.

[149] 经济参考报．中国加入《政府采购协定》难题不少．[2006 - 5 - 25]. http://www. caigou. com. cn/newsshow/2006 - 5 - 25/24186. shtml.

[150] 人民网．于广洲：中国加入 WTO 政府采购谈判可能很漫长．[2006 - 5 - 19]. http://www. mofcom. gov. cn/aarticle/difang/ningxia/200605/20060502236343. html.

[151] 人民网．中国将公布政府采购市场开放清单 今年3 000亿元．[2006 - 5 - 27]. http://www. mof. gov. cn/news/20060517_2115_14657. htm.

[152] 何滨．浅谈美国联邦总务署的电子化政府采购．[2006 - 5 - 10]. http://www. zycg. gov. cn/pubnews/Exoterica/Exoterica/2006 - 5 - 10/20065101318104520. htm.

[153] 何滨．浅谈美国联邦总务署的电子化政府采购．中国财经报，2006 - 5 - 10(3).

[154] 吴总建，张小南．我国政府采购制度中的缺陷及对策探讨．四川大学学报，2006(5).

[155] 赵维田，王公义．WTO 诸边协定释义．[2006 - 5 - 2]. http://www. dushu. com/book/11446582/.

[156] 中国投资指南．专家表示中国政府采购市场四年后或将对外开放．[2006 - 4 - 28]. http://www. mofcom. gov. cn/aarticle/difang/zhejiang/200604/20060402033726. html.

[157] 宋威．制度变迁中的寻租行为分析．改革与战略，2006(4).

[158] 殷亚红．我国统一的电子化政府采购还有多远．中国政府采购，2006(4).

[159] 陈思承，王钰璠．中国电子采购的实现模式研究．科技创业周刊，2006(4).

[160] 徐焕东．开放政府采购市场，你准备好了吗？．中国政府采购，2006(4).

[161] 姜红波．政府采购招投标管理系统的设计与实现．厦门理工学院学报，2006，14(4).

[162] 杨晓堂．八大问题羁绊自主创新脚步．科技日报，2006 - 4 - 25.

[163] 清恩．利用现代信息技术，加速推进我国政府采购电子化．[2006 - 4 - 14]. http://www. ccgp. gov. cn .

[164] 李国杰．跨国巨头紧盯中国政府采购 政府采购谁唱主角．[2006 - 4 - 8]. http://www. mofcom. gov. cn/aarticle/difang/ningxia/200604/20060401861886. html.

[165] 王倩．我国中小企业出口竞争力实证分析．合肥工业大学学报，2006(4).

[166] 吕薇．从制度入手提高自主创新能力．文汇报，2006－4－7.
[167] 王军．我国开展政府绿色采购的思考．政府采购信息报，2006－4－6.
[168] 佘质斌．WTO 规则下政府采购透明度问题初探．当代经理人，2006(4).
[169] 陈俊贤．提高自主创新能力是企业的共同责任．人民论坛，2006(4).
[170] 中国环境报．政府行为下的绿色采购．[2006－3－13]. http://www.cgpn.cn/.
[171] 财政部国库司．2005 年政府采购大事记．[2006－3－6]. http://www.caigou2003.com/NewsCentral/BuWei/200603/20060309115020_2.html.
[172] 唐骁鹏，林琳．中国机电产品出口竞争力研究．当代财经，2006(3).
[173] 张瑛．政府绿色采购的国际经验和借鉴．财政与税收杂志，2006(3).
[174] 李芒庆．电子化采购：政府采购走向成熟的必然趋势．中共陕西省委党校学报，2006(3).
[175] 阎虹，韩静轩，宋磊．我国政府采购制度研究．科技管理研，2006(3).
[176] 李青，涂冰．中国《政府采购法》与 WTO《政府采购协定》之比较．社会纵横，2006(3).
[177] 力争 2006 年规模达到 3 000 亿——财政部确定 2006 年政府采购工作要点.[2006－2－14]. http://www.caigou2003.com/NewsCentral/BuWei/200602/20060214091258.html.
[178] 张晓红．政府绿色采购制度的经济审视与政策选择．兰州学刊，2006(2).
[179] 杨小强．政府采购扶持中小企业之难点．中国政府采购，2006(2).
[180] 王金秀，汪博兴，吴胜泽．论中国政府采购的政策功能及其实施途径．中国政府采购，2006(2).
[181] 罗新星，潘彬，邓国强．基于公共消费视角的公共采购组织模式比较研究．消费经济，2006(2).
[182] 梁玉萍，宇宪法，张爱权．在借鉴国际经验中完善政府采购制度．理论探索，2006(2).
[183] 赵东霞，潘加军．试论电子政务环境下的政府采购模式．前沿，2006(2).
[184] 王小平．科技评论：核心技术买不来．市场报，2006－2－22.
[185] 辜胜阻，林恩．不断提升企业自主创新的能力和水平．经济日报，2006－2－20.
[186] 邓聿文．企业须成为自主创新最重要力量．学习日报，2006－2－15.
[187] 刘景泉．创新的三个重要特征．羊城晚报，2006－2－10.
[188]《中国政府采购》采编部．2006 政府采购年会会议综述．中国政府采购，

2006(2).

[189] 张肃军. 浅析市场失灵与政府的经济参与. 发展,2006(2).

[190] 胡明. 中国政府采购电子化的未来发展与对策//电子政务蓝皮书:中国电子政务发展报告 NO.3. 北京:社会科学文献出版社,2006.

[191] 财政部国库司.2006 年政府采购工作要点.[2006 - 1 - 26].http://www.ccgp.gov.cn.

[192] 马海涛. 政府采购政策功能探. 中国政府采购,2006(1).

[193] 刘小川. 政府采购政策目标及其评估. 中国政府采购,2006(1).

[194] 李晓峰,石华. 我国政府采购存在的问题及建议. 华东经济管理,2006(1).

[195] 干冀春.WTO《政府采购协定》与中国政府采购. 河北科技大学学报,2006,6(1).

[196] 沈木珠,徐升权.GPA 与我国政府采购法律制度的完善探讨. 南京财经大学学报,2006(1).

[197] 易棉阳,曾鹃. 政府采购与国货. 决策与信息,2006(1).

[198] 王卫星,朱龙杰,吴小明. 政府采购基础知识. 北京:中国财政经济出版社,2006:27 - 42.

[199] 蔡立辉. 电子政务:信息时代的政府再造. 北京:中国社会科学出版社,2006:130 - 146,177 - 185.

[200] 赵维田,王公义.WTO 诸边协定释义. 长沙:湖南科学技术出版社,2006:58 - 60.

[201] 于俊年. 计量经济学软件——EViews 的使用. 北京:对外经济贸易大学出版社,2006:9 - 46,118 - 123.

[202] 姚艳霞. 政府采购国际法律制度比较研究. 济南:山东人民出版社,2006:36 - 49.

[203] 谷辽海.《政府采购法》中的财政性资金如何界定. 经济研究参考,2005(55).

[204] 杨志安,沈莉. 推行政府绿色采购 建立环境友好型社会. 中国政府采购,2005(12).

[205] 山东省经贸厅. 财政部官员表示中国准备加入 WTO 政府采购协定.[2005 - 11 - 9].http://www.mofcom.gov.cn/aarticle/difang/shandong/200511/20051100746305.html.

[206] 刘慧. 政府采购对科技创新具有巨大推动作用. 中国政府采购,2005(11).

[207] 井然哲,覃正. 基于电子商务与电子政务的政府采购管理信息系统模式探

析．商业研究,2005(22).

[208] 孙英兰．自主创新的战略导向．瞭望新闻周刊,2005-11-28.

[209] 于安．论提高政府采购的公共政策功能．中国政府采购,2005(10).

[210] 詹静涛．国外推行政府采购的主要做法及其对我国的启示．求是杂志,2005(10).

[211] 晁育峰,李琪．借鉴国外经验完善我国政府采购制度．中国流通经济,2005(10).

[212] 赵泽洪,张俊霞．十年探索我国政府采购的制度发展与创新．决策探索,2005(10).

[213] 刘增辉．加入GPA—中国酝酿政府采购市场开放．中国物流与采购,2005(10).

[214] 王士如．中国政府采购立法与WTO政府采购协定的整合．上海财经大学学报,2005(10).

[215] 杨德兴,蒋春明．WTO《政府采购协定》与我国《政府采购法》的完善．重庆工商大学学报,2005(10).

[216] 姜敏,王薇．受资源环境制约 我国制造业面临严峻挑战．机电商报,2005-10-27.

[217] 解振华．循环经济是建设环境友好型社会的重要途径．中国环境报,2005-9-29.

[218] 植万禄．世界经济论坛昨天发布2005年全球竞争力报告．[2005-9-22]. http://news.xinhuanet.com/fortune/2005-09/22/content_3526789.htm.

[219] 沈晓悦．政府绿色采购对促进可持续发展的意义．环境经济杂志,2005(9).

[220] 徐焕东．政府采购在环保与节能中的功能及方式选择．环境保护,2005(8).

[221] 晁玉峰,李琪．政府网络采购的应用研究．财政研究,2005(8).

[222] 王家林．政府采购法和招标投标法的衔接问题．中国政府采购,2005(8).

[223] 周建平．欧盟公共采购的信息支持体系．中国信息导报,2005(8).

[224]《中国政府采购》采编部．深化改革积极推进我国政府采购电子化进程．中国政府采购,2005(8).

[225] 彭磊,谈世中．世界主要国家高新技术产业发展政策及对我国的启示,下．中国经贸导刊,2005(16).

[226] 赵英民．建立政府绿色采购制度促进循环经济发展．环境保护,2005(8)．
[227] 徐焕东．扬长避短　优势互补　给政府采购增添绿色．中国政府采购杂志,2005(8)．
[228] 编者按．自主创新是提高企业竞争力的必然选择．科技日报,2005-8-5.
[229]《法制日报》记者．规模达2500亿元　政府采购能否遵循绿色原则．法制日报,2005-7-27.
[230] 吴昊．倡导绿色采购　政府做什么．政府采购信息报,2005-7-25.
[231] 刘波．论中国环境标志法律制度的建立和完善．法学论坛,2005(7)．
[232] 彭磊,谈世中．世界主要国家高新技术产业发展政策及对我国的启示,上．中国经贸导刊,2005(15)．
[233] 郑伟涛．抓住信息化契机　自主创新求发展——从软博会看国产软件的明天．中国电子商务,2005(7)．
[234] 任际．《政府采购协定》的非歧视原则及其适用例外．法学研究,2005(6)．
[235] 于安．加入《政府采购协定》对我国国内制度的影响．法学,2005(6)．
[236] 李进峰．提高企业竞争力占领国际工程承包高端市场．建筑经济,2005(6)．
[237] 闫淑青．欧盟服务采购简介．[2005-5-23]. http://www.ccgp.gov.cn/.
[238] 谷辽海．政府采购法的适用范围及其缺陷．中国经济时报,2005-5-20．
[239] 郑云瑞．政府采购制度若干问题的立法研究．[2005-5-17]．中国政府采购咨询网．
[240] 幸宇．关于我国政府采购效益评价的思考．四川行政学院学报,2005(5)．
[241] 刘大洪,田开友．政府采购法变迁的路径分析——一个博弈视角．中南民族大学学报:人文社会科学版,2005(5)．
[242] 俞杰．政府采购的福利经济学分析．中国政府采购,2005(5)．
[243] 钟仁耀．我国政府采购促进就业问题对策研究．中国政府采购,2005(5)．
[244] 王士如．中国政府采购立法与WTO政府采购协定的整合．上海财经大学学报,2005(5)．
[245] 肖北庚．论政府采购合同的法律性质．当代法学,2005(4)．
[246] 肖北庚．GPA协定救济机制之模式选择与实践品格．时代法学,2005(4)．
[247] 韩霞．政府采购制度的经济影响分析．中国社会科学院研究生院学报,2005(4)．
[248] 王琦．当前政府采购工作中几个问题的探讨．中国政府采购,2005(4)．
[249] 汤春莲,黄哲强．财政集中支付模式下政府采购资金运行方式的探讨．商

业经济与管理,2005(4).

[250] 陈相富,盛荣永. 政府采购绩效评审的思路及其对策. 中国政府采购,2005(4).

[251] 万秋山. 制定政府采购绿色标准培育循环经济市场. 环境保护,2005(4).

[252] 赵泽洪,张俊霞. 十年探索我国政府采购的制度发展与创新. 决策研究,2005(4).

[253] 陈相富,盛荣永. 政府采购绩效评审的思路及其对策. 中国政府采购,2005(4).

[254] 李丽. 韩国政府采购制度及对我国的借鉴. 中国物流与采购,2005(4).

[255] 中华人民共和国进出口货物原产地条例. [2005 - 3 - 6]. http://www.mofcom.gov.cn/aarticle/difang/hebei/200603/20060301643125.html.

[256] 程亚萍,胡伟. 我国台湾地区政府采购法探析. 两岸经济与政治,2005(3).

[257] 黄明锦. 政府采购运行效率要素分析. 中国政府采购,2005(3).

[258] 文英,牛霞. 浅析我国政府采购的评标指标体系. 中国政府采购,2005(3).

[259] 万秋山. 全球政府绿色采购政策发展现状和我国的对策. 环境科学动态,2005(3).

[260] 侯传华. 政府采购中多方博弈的信息问题. 中国政府采购,2005(2).

[261] 殷彦谋,张前枝. 从市场信息的非对称性看政府采购. 中国政府采购,2005(2).

[262] 王学良,宋睿. WTO 框架下我国政府采购法律问题研究. 山西高等学校社会科学学报,2005(2).

[263] 田贞余. 中国劳动密集型产品出口竞争力分析. 改革与战略,2005(1).

[264] 盛水源. 我国电子企业出口竞争力分析. 电子外贸 ,2005(1).

[265] 杨雷. 电子政务效益的经济分析与评价. 北京:经济科学出版社,2005:128 - 158.

[266] 戴月. 政府电子采购:战略意义与策略选择. 广西大学硕士学位论文,2005.

[267] 王谦. 电子政务 e—战略、标准、绩效与智能决策. 重庆:重庆大学出版社,2005:32.

[268] 苏新宁,吴鹏. 电子政务案例分析. 北京:国防工业出版社,2005:45 - 46。

[269] 李淑宁. 政府采购支出的经济学分析. 国图馆藏博士毕业论文,2005:第二章第三节四。

[270] 中华人民共和国电子签名法. 2004 年 8 月 28 日第十届全国人民代表大会

常务委员会第十一次会议通过．[2004-12-18]. http://news. xinhuanet. com/newscenter/2004-08/28/content_1908927. htm.

[271] 王幼华．《进出口货物原产地条例》明年施行(政策解读). [2004-11-9]. http://www. people. com. cn/GB/shizheng/8198/41977/3047011. html.

[272] 陈军．世界各国政府绿色采购的发展现状．中国物流与采购,2004(11).

[273] 梁丽卿．法国政府采购制度及对我国的启示．中国政府采购,2004(10).

[274] 姜美娟．政府采购资金使用效率评价．中国政府采购,2004(10).

[275] 张缨．运用政府采购工具推动重大战略性技术发展．财政研究,2004(10).

[276] 安福仁．中国政府采购的理论定位与管理制度改革．财经问题研究,2004(9).

[277] 张得让．论政府采购的调控功能．中国政府采购,2004(9).

[278] 李银．委托代理理论与政府采购．中国政府采购,2004(8).

[279] 张得让．再论政府在采购中的行为角色及其目标．财政研究,2004(7).

[280] 中华人民共和国出口货物原产地规则实施办法(附英文). [2004-7-1]. http://www. szwto. gov. cn/CommonArticleDetail. aspx? MenuID = 317&PageType = 201&ArID = 1159.

[281] 海关总署令第122号．海关总署关于非优惠原产地规则中实质性改变标准的规定．[2004-7-1]. http://www. chinacourt. org/flwk/show1. php? file_id = 98464.

[282] 张得让．政府采购支出中的寻租行为及遏制．中国政府采购,2004(6).

[283] 许安拓．政府采购中的寻租行为．中国政府采购,2004(6).

[284] 朱少平．谈政府采购的宏观调控功能．中国政府采购,2004(6).

[285] 杨占武．各国政府采购制度比较研究．财政研究,2004(6).

[286] 郑榕,马海涛．我国加入《政府采购协定》的基本对策．中国政府采购,2004(5).

[287] 雷全立,陈丽岩．我国国际工程承包公司发展状况研究．建筑经济,2004(5).

[288] 肖北庚．GPA协定独特的实施机制设计．湖南城市学院学报,2004(4).

[289] 陆玮．中国公共支出变动趋势初探．上海电力学院学报,2004(4).

[290] 李安泽．关于政府采购合理规模的分析．当代财经,2004(4).

[291]《中国政府采购》采编部．政府采购政策功能研讨会综述．中国政府采购,2004(4).

[292] 任际．我国政府采购进口法律规制:法律宗旨与评价．中国法学,2004(3).

[293] 冯之浚．循环经济导论．北京:人民出版社,2004:276 - 279.
[294] 何朝盛,孙多勇．政府采购的流程分析与控制技术．当代财经,2004(2).
[295] 李芒庆．电子政务三网一库建设．太原师范学院学报:自然科学版,2004(2).
[296] 卡罗尔·哈洛,理查德·罗斯林．法律与行政．杨伟东,等,译．北京:商务印书馆,2004.
[297] 张得让．政府采购支出综合效益分析．北京:经济科学出版社,2004:15 - 16,31 - 32,35,46,52 - 53,58, 105 - 106,108,110,113 - 114,120,188 - 189,221.
[298] 杨灿明,李景友．政府采购问题研究．北京:经济科学出版社,2004.
[299] 赵丽君．政府采购法律制度比较研究．国图馆藏硕士论文,2004:7 - 9.
[300] 康绍康．我国政府采购制度研究．国图馆藏博士毕业论文,2004.
[301] 刘慧．世界贸易组织《政府采购协定》概要．中国政府采购,2003(12).
[302] 童继生．国际工程承包市场形势与机遇．国际经济合作,2003(12).
[303] 何红锋,焦洪宝．论政府采购中技术规格的选择．当代财经,2003(11).
[304] 韩霞．政府采购与高技术产业的发展．财贸经济,2003(11).
[305] 陈迅,李维,王珍．政府集中采购的委托—代理分析．重庆大学学报,2003(11).
[306] 江湧．美国联邦政府采购制度述评．中国政府采购,2003(10).
[307]易志坤．借鉴国外经验,寻求开放我国政府采购市场．中国政府采购,2003(6).
[308] 姜晖．WTO《政府采购协定》与我国《政府采购法》比较研究．当代法学,2003(7).
[309] WTO《政府采购协定》.[2003 - 7 - 1]. http://www. fl5. cn/lilun/other/200603/12679. html.
[310] 于安．我国政府采购法的几个问题．法商研究,2003(4).
[311] 夏杰长,杨欣．政府竞争性招标采购中的寻租行为分析．财贸经济,2003(4).
[312] 彭文兵,裴育．政府采购中的寻租经济学分析．上海财经大学学报,2003(2).
[313] 陈旭．绿色国际贸易壁垒及我国的应对策略．经济体制改革,2003(2).
[314] 马卫华,宋睿．WTO《政府采购协定》与中国《政府采购法》之比较．山西大学学报,2003(2).

[315] 郭小东．政府采购中的交易费用问题．学术研究,2003(1).
[316] 谷历文,黎灿新,王汝铭,丁水保．浅谈第三方检测在政府采购中的必要性．现代测量与实验室管理,2003(1).
[317] 肖渭明．论《政府采购协定》与我国政府采购市场的逐步开放．法学,2003(1).
[318] 刘慧．世界贸易组织〈政府采购协定〉导论．北京:中国社会科学出版社,2003:16－27,226－228,233－254.
[319] 肖北庚．国际组织政府采购规则比较研究．北京:中国方正出版社,2003:25－30.
[320] 于俊年．计量经济学．北京:对外经济贸易大学出版社,2003:11－81,111－180,490－538.
[321] 孔淑红,安玉华．公共财政学．北京:对外经济贸易大学出版社,2003.
[322] 赵临利．"入世"与我国政府采购制度的调整．国家图书馆藏硕士毕业论文,2003:14－15.
[323] 任际．发展中国家政府采购进口的控制与开放．中国司法,2002(9).
[324] 裴育．政府采购的资源配置效应分析．财政研究,2002(8).
[325] 肖北庚．WTO〈政府采购协定〉之实施机制．现代法学,2002(6).
[326] 陈文晖．政府采购与中国软件产业发展．学术论坛,2002(6).
[327] 胡伟．我国政府采购法的政策目标．河北法学,2002(6).
[328] 李挚萍．论政府采购制度的绿化．南方经济,2002(6).
[329] 程宗璋．关于我国〈招标投标法〉的若干问题研究．财经研究,2002(5).
[330] 张传．政府采购救济机制比较研究．华东政法学院学报,2002(5).
[331] 张雷宝．政府采购中的博弈:理论分析及其监管模型．财经论丛,2002(5).
[332] 项怀诚．贯彻落实党的十五届六中全会精神进一步完善集中采购制度．中国政府采购,2002(4).
[333] 邹进文．政府采购的经济学透视．当代财经,2002(2).
[334] 全国人大政府采购立法考察团．韩国政府采购立法考察．中国政府采购,2002(1).
[335] 廖颖林,郭雨松．我国集中采购与分散采购的模式选择．中国政府采购,2002(1).
[336] 童道友等．效益财政:政府采购．北京:经济科学出版社,2002:47,226.
[337] 黄恒学．公共经济学．北京:北京大学出版社,2002:521.
[338] 王亚兴．政府采购制度创新．北京:中国时代经济出版社,2002:231－232.

[339] 张金昌. 国际竞争力评价的理论和方法. 北京:经济科学出版社,2002.
[340] 中国政府采购年鉴编委会. 中国政府采购年鉴. 2002.
[341] 黄燕. 政府采购问题研究. 国家图书馆藏硕士论文,2002:18.
[342] 中国加入世界贸易组织法律文件. 北京:法律出版社,2002:3,770.
[343] 陈军华. 政府采购市场的开放. 万方论文库.
[344] 祁峰,杨宏. 日本对幼稚产业的保护及启示. 经济纵横,2001(12).
[345]朱小梅,陈志俊. 政府采购的规制与激励机制. 数量经济技术经济研究,2001(9).
[346] 韩薇,高峰. AHP 法在政府采购评标中的应用. 中国政府采购,2001(5).
[347] 刘慧. 美国政府采购改革新动向. 中国政府采购,2001(3).
[348] 贾康. 政府采购制度改革要冲破既得利益的障碍. 中国政府采购,2001(3).
[349] 甘培忠,吴韬. 政府采购法适用范围论略. 行政法学研究,2001(3).
[350] 王家林. 关于加强政府采购监督的几点建议. 中国政府采购,2001(2).
[351] 马海涛,李燕,周新宇. 政府采购市场开放:迫近的问题于对策. 中国政府采购,2001(2).
[352] 刘小川,王庆华. 经济全球化的政府采购. 北京:经济管理出版社,2001:3,25,192-195.
[353] 樊勇明,杜莉. 公共经济学. 上海:复旦大学出版社,2001:154.
[354] 刘溶沧,赵志耘. 中国财政理论前沿Ⅱ. 北京:社会科学文献出版社,2001:140-141.
[355] 高长春. 经济增长与财政政策——以战后日本经济发展经验为视角. 哈尔滨:黑龙江人民出版社,2001:114-115.
[356] 侯荣华. 中国财政支出效益研究. 北京:中国计划出版社,2001:56-79.
[357] 萨尔瓦托雷·斯基亚沃,丹尼尔·托马西. 公共支出管理. 张通,译. 北京:中国财经出版社,2001:157-162.
[358] 中国加入世界贸易组织法律文件. 北京:法律出版社,2001:845.
[359] 曹富国. 政府采购法主体之比较研究. 法学,2000(7).
[360] 尹海涛. 论政府采购的内在冲突. 财经理论与实践,2000(6).
[361] 周新宇,于辉. 加入 WTO 与我国政府采购市场开放. 贵州财经学院学报,2000(5).
[362] 王小能. 政府采购法律制度初探. 法学研究,2000(1).
[363] 庞皓,黎实. 社会资金总量分析:中国社会总资金配置监测与调控的数量研

究．成都:西南财经大学出版社,2000:92－107.

[364] 乌拉圭回合多边贸易谈判结果法律文本(中英文对照)．北京:法律出版社,2000:502－531.

[365] 李世光．政府采购国际规范与建立我国政府采购制度．国图馆藏硕士论文,2000。

[366] 鲍德威,威迪逊．公共部门经济学．邓力平,译．北京:中国人民大学出版社,2000:57－166.

[367] 哈维·S·罗森．财政学．平新乔等,译,北京:中国人民大学出版社,2000:55－107,195.

[368] 刘玲玲．公共财政．北京:清华大学出版社,2000。

[369] 乌拉圭回合多边贸易谈判结果法律文本(中英文对照)．北京:法律出版社,2000 :502－531 .

[370] 郑云瑞．政府采购制度若干问题的立法研究．中外法学,1999(5).

[371] 我国政府采购制度研究课题组．我国政府采购制度研究．财政研究,1999(2).

[372] 聂常虹．财政支出管理革命:从制度经济学角度看我国政府采购．财政研究,1999(2).

[373] 黄进．中国政府采购市场能对外保护吗．四川财政,1999(1).

[374] 马国贤．论政府采购的制度建设．浙江学刊,1999(1).

[375] 刘溶沧,赵志耘．中国财政理论前沿．北京:社会科学文献出版社,1999:67－70.

[376] 聂常虹,曹建海．政府采购与制度创新．财贸经济,1998(7).

[377] 马海涛．完善政府采购制度的财政经济意义．中国财政,1998(1).

[378] 斯蒂格利茨．政府为什么干预经济:政府在市场经济中的角色．郑乘文,译.北京:中国物资出版社,1998.

[379] 楼继伟．政府采购．北京:经济科学出版社,1998。

[380] 胡庆康,杜莉．现代公共财政学．上海:复旦大学出版社,1997:118－131.

[381] 鲍克．用政府采购激励企业技术创新．国际技术经济研究,1996(1).

[382] 道格拉斯.C.诺思.经济史中的结构与变迁．陈郁,罗华平,等,译．上海:三联书店上海分店,1994.

[383] 凯恩斯．就业、利息与货币通论．北京:商务印书馆,1983:323－324.

[384] 亚当·斯密．国民财富的性质和原因的研究(下卷)．北京:商务印书馆,1981:253,254,272。

[385]萨伊．政治经济学概论．陈福生,陈振骅,译．北京:商务印书馆,1963.

英文文献:

[1] Committee on Government Procurement. The plurilateral Agreement on Government Procurement(GPA). [2012 - 1 - 5]. http://www. wto. org/english/tratop_e/gproc_e/gp_gpa_e. htm.

[2] GOVERNMENT PROCUREMENT: THE PLURILATERAL AGREEMENT ON GOVERNMENT PROCUREMENT (GPA) Parties and observers to the GPA. [2011 - 12 - 25]. http://www. wto. org/english/tratop_e/gproc_e/overview_e. htm.

[3] Hommen. Leif, Rolfstam. Max. Public Procurement and Innovation: Towards A Taxonomy. Journal of Public Procurement, 2009.

[4] Yiannis E. Polychronakis, Aris A. Syntetos. "Soft" supplier management related issues: An empirical investigation. Int. J. Production Economics 106, 2007: 431 - 449.

[5] 19th APEC Ministerial Meeting. [2007 - 9 - 7]. http://www. apec. org/apec/news_media/media_releases/060907_aus_ammjms. html.

[6] Guidelines: Procurement under IBRD Loans and IDA Credits May 2004 Revised October 2006. [2007 - 7 - 16]. http://web. worldbank. org/WBSITE/EXTERNAL/PROJECTS/PROCUREMENT/0,, contentMDK: 20060840 ~ menuPK:93977 ~ pagePK:84269 ~ piPK:60001558 ~ theSitePK:84266,00. html.

[7] Australia Customs Service. APEC 2007. [2007 - 7 - 1]. http://www. customs. gov. au/site/page. cfm? u = 5682.

[8] THE PLURILATERAL AGREEMENT ON GOVERNMENT PROCUREMENT (GPA). [2007 - 6 - 1]. http://www. wto. org/english/tratop_e/gproc_e/gp_gpa_e. htm#agreement.

[9] Committee on government procurement. GOVERNMENT PROCUREMENT: THE PLURILATERAL AGREEMENT. [2007 - 4 - 4]. http://www. wto. org/english/tratop_e/gproc_e/memobs_e. htm.

[10] Committee on government procurement. MINUTES OF THE MEETING HELD ON 8 DECEMBER 2006. [2007 - 4 - 3]. http://www. wto. org.

[11] U. S Department of Commerce. Foreign Direct Investment in the United States: Establishment Data for 2002. [2007 - 3 - 21]. http://www. bea. gov.

[12] Susan A MacManus. Understanding the incremental nature of e-procurement

implementation at the state and local levels. [2007 - 1 - 1]. http://proquest. umi. com/pqdweb? did = 122923731&sid = 2&Fmt = 4&clientId = 65078&RQT = 309&VName = PQD.

[13] Evenett, S. J. Hoekman. The WTO and Government Procurement. Edward Elgar, 2006.

[14] Mary E. Morrison. The 2003 NetMarketing 100: Best B-To-B Web Sites. [2006 - 12 - 18]. http://www. btobonline. com/netMarketing200/2003/index. cms.

[15] Committee on Government Procurement. Revision of the agreement on government procurement as at 8 December 2006. [2006 - 12 - 9]. http://www. wto. org.

[16] Committee on Government Procurement. GOVERNMENT PROCUREMENT: THE PLURILATERAL AGREEMENT ON GOVERNMENT PROCUREMENT (GPA) Parties and observers to the GPA. [2006 - 12 - 9]. http://www. wto. org/english/tratop_e/gproc_e/memobs_e. htm#parties.

[17] M Jae Moon. E-PROCUREMENT MANAGEMENT IN STATE GOVERNMENTS: DIFFUSION OF E-PROCUREMENT PRACTICES AND ITSDETERMINANTS. [2006 - 12 - 5]. http://proquest. umi. com/pqdweb? did = 892865701&sid = 6&Fmt = 4&clientId = 65078&RQT = 309&VName = PQD.

[18] US. Code of the history 301 Terms. [2006 - 11 - 18]. http://www4. law. cornell. edu/uscode/.

[19] Steve New, Ken Green, Barbara Morton. An analysis of private versus public sector responses to the environmental challenges of the supply chain. [2006 - 10 - 15]. http://proquest. umi. com/pqdweb? did = 122923951&sid = 2&Fmt = 3&clientId = 65078&RQT = 309&VName = PQD.

[20] David Pye. Reporting on Canadian Procurement. [2006 - 10 - 12]. http://proquest. umi. com/pqdweb? did = 863064831&sid = 1&Fmt = 4&clientId = 65078&RQT = 309&VName = PQD.

[21] Sofia Lundberg. Restrictions on Competition in Municipal Competitive Procurement in Sweden. [2006 - 9 - 15]. http://proquest. umi. com/pqdweb? did = 911500861&sid = 5&Fmt = 4&clientId = 65078&RQT = 309&VName = PQD.

[22] David S Jones. Procurement practices in the Singapore civil service: Balancing control and delegation. [2006 - 9 - 5]. http://proquest. umi. com/pqdweb? did = 122923741&sid = 2&Fmt = 3&clientId = 65078&RQT = 309&VName = PQD.

[23] International Trade Consultants. The Government Procurement Agreement Handbook . [2006 - 8 - 25]. http://lexmercatoria. org/.
[24] Randall P Settoon, David C Wyld. The Ski Slope to Prosperity: An Analysis of the Potential Impact of Reverse Auctions in Government Procurement in Five Southeast Asian Nations. [2006 - 7 - 12]. http://proquest. umi. com/pqdweb? did = 502265401&sid = 6&Fmt = 4&clientId = 65078&RQT = 309&VName = PQD.
[25] John L Daly, Michael A Buehner. P-card utilization in municipal government: Advantages and concerns. [2006 - 6 - 17]. http://proquest. umi. com/pqdweb? did = 434863661&sid = 6&Fmt = 4&clientId = 65078&RQT = 309&VName = PQD.
[26] Sue Arrowsmith. Reviewing the GPA: The role and development of the plurilateral agreement after Doha. [2006 - 5 - 15]. http://proquest. umi. com/pqdweb? did = 356593751&sid = 2&Fmt = 3&clientId = 65078&RQT = 309&VName = PQD.
[27] Margaret A Colaianni. PRINCIPLES AND PRACTICES OF MANAGING A GLOBAL PURCHASE CARD PROGRAM1. [2006 - 5 - 13]. http://proquest. umi. com/pqdweb? did = 892865691&sid = 6&Fmt = 3&clientId = 65078&RQT = 309&VName = PQD.
[28] uidance23 - overview of the Agreement on Government Procurement. [2006 - 3 - 2]. http://www. wto. org/english/tratop_e/gproc_e/gp.
[29] Kai Krüger. BAN-ON-NEGOTIATIONS IN TENDER PROCEDURES: UNDERMINING BEST VALUEF OR MONEY? . [2006 - 1 - 5]. http://proquest. umi. com/pqdweb? did = 738309081&sid = 6&Fmt = 3&clientId = 65078&RQT = 309&VName = PQD.
[30] Paul Emanuelli. Government Procurement. LexisNexis Canada, 2005, Nov.
[31] Eija Tella, Veli-Matti Virolainen. Motives behind purchasing consortia. Int. J. Production Economics 2005, 93 - 94, 161 - 168.
[32] Arrowsmith, Sue, Brown, Adrian. Public Procurement Law Review. Sweet & Maxwell Ltd, 2005, July.
[33] Margaret A Colaianni. PRINCIPLES AND PRACTICES OF MANAGING A GLOBAL PURCHASE CARD PROGRAM1. Journal of Public Procurement, 2005, 5(1): 6, 88.
[34] Jerrell D Coggburn, Dianne Rahm. ENVIRONMENTALLY PREFERABLE

PURCHASING: WHO IS DOING WHAT IN THE UNITED STATES? Journal of Public Procurement,2005, 5(1) :23,31.

[35] Compte, A Lambert-Mogiliansky, T Verdier. Corruption and competition in procurement auctions. The Rand Journal of Economics, 2005,36(1): 1 –15.

[36] Wen Dao. Gov't procurement attracts software firms. China Daily. (New York, N. Y. :North American ed.). 2005 –2 –2(11).

[37] Ron Watemeyer. Rethinging Government Procurement Agereements. Civil Engineering, 2005,13(1): 28 –29.

[38] Jerrell D Coggburn, Dianne Rahm. ENVIRONMENTALLY PREFERABLE PURCHASING: WHO IS DOING WHAT IN THE UNITED STATES?. [2005 –12 –4]. http://proquest. umi. com/pqdweb? did = 892865661&sid = 6&Fmt = 4&clientId = 65078&RQT = 309&VName = PQD.

[39] EU Energy: Introduction. [2005 – 11 – 12]. http://europa. eu. int/scadplus/leg/en/lvb/l27001. htm.

[40] Energy Information Administration. The Role of Renewable Energy Consumption in the Nation's Energy Supply. [2005 – 11 – 9]. http://www. eia. doe. gov/cneaf/solar. renewables/page/trends/fig1. html.

[41] Energy Information Administration (1989 –2003). Historical Renewable Energy Consumption by Energy Use Sector and Energy Source. [2005 –11 –9]. http://www. eia. doe. gov/cneaf/solar. renewables/page/trends/tableb1. html.

[42] Rules, Regulations & Policies. [2005 – 11 – 9]. http://www. dsireusa. org/summarytables/reg1. cfm? &CurrentPageID =7.

[43] Los Angeles Department of Water and Power. CITY APPROVES GREEN POWER PURCHASE - AMONG LARGEST IN NATION. [2005 –11 –7]. http://www. ladwp. com/ladwp/cms/ladwp004017. jsp.

[44] Energy Star, the quality of our environment is everyone's responsibility. [2005 –11 –5]. http://www. energystar. gov/.

[45] EPA. Global Warming-Climate. [2005 –11 –2]. http://yosemite. epa. gov/oar/globalwar ming. nsf/content/climate. html.

[46] EPIQ. Procurement Solution with ROI. [2005 –10 –5]. http://www. epiqtech. com.

[47] National Institute of Governmental Purchasing. Electronic Commerce Survey Results. [2005 –9 –5]. http://www. nigp. org.

[48] National Institute of Governmental Purchasing. E-Procurement Rising? . [2005 - 9 - 2]. http://www. govtech. net/magazine/story. phtml? id = 253000000 0002753.0.

[49] Asia Pacific Co-operation Forum, Government Procurement Experts Group. Non-binding Principles on Government Procurement: Fair Dealing. [2005 - 9 - 2]. http://www. apecsec. org. sg/committee/gov_non_binding. html.

[50] EPA. Electricity from Non-Hydroelectric Renewable Energy Sources. [2005 - 7 - 25]. http://www. epa. gov/cleanenergy/renew. htm#solar.

[51] Department of Energy. Energy Information Portal. [2005 - 7 - 22]. http://www. eere. energy. gov/.

[52] EPA. Electricity from Non-Hydroelectric Renewable Energy Sources. [2005 - 7 - 12]. http://www. epa. gov/cleanenergy/renew. htm#solar.

[53] EPA. Electricity from Non-Hydroelectric Renewable Energy Sources. [2005 - 7 - 7]. http://www. epa. gov/cleanenergy/renew. htm#biomass.

[54] EPA. Electricity from Hydropower. [2005 - 7 - 1]. http://www. epa. gov/cleanenergy/hydro. htm.

[55] Liu Jie. 500 plus firms get procurement certificates. [2005 - 6 - 4]. http://proquest. umi. com/pqdweb? did = 845260231&sid = 1&Fmt = 3&clientId = 65078&RQT = 309&VName = PQD.

[56] Evenett, Simon J. , Bernard M. Hoekman . Government Procurement: Market Access, Transparency, and Multilateral Trade Rules. [2005 - 5 - 5]. http://www. ssrn. com.

[57] Gov't Procurement Attracts Software Firms. [2005 - 2 - 2]. http://www. c114. net/cn-c11404/newschina_html/20052292343 - 1. Html.

[58] Kai Krüger. BAN-ON-NEGOTIATIONS IN TENDER PROCEDURES: UNDERMINING BEST VALUE FOR MONEY? . Journal of Public Procurement, 2004,4(3) : 40, 397 .

[59] Anonymous. eProcurement goes mainstream. International Journal of Productivity and Performance Management, 2004. 53(1/2) :168.

[60] WTO Agreement extended to the 10 new member States of the European Union. [2004 - 5]. http://www. wto. org/english/news_e/pres04_e/pr376_e. htm.

[61] uidance23 - overview of the Agreement on Government Procurement. [2004 - 4 - 12]. http://www. wto. org/english/tratop_e/gproc_e/gp.

[62] Sue Arrowsmith. Transparency in Government Procurement: The Objectives of Regulation and the Boundaries of the World Trade Organization. Journal of World Trade, 2003, 56(2):57 - 71, 283 - 303.

[63] Robert Rothery. China's Legal Framework For Public Procurement. Journal of Public Procurement. Boca Raton, 2003, 3(3): 370 - 389.

[64] Paul R. Murphy, Donald Wood. Contemporary Logistics. 2th Edition. Prentice Hall, Upper saddle River, NJ, 2003:58 - 60.

[65] Leenders, Michiel R., Fearon, Harold E.. Pruchasing and Supply Management. 12th Edition. The McGraw-Hill Companies, Inc., New York, 2003:28 - 35.

[66] Sue Arrowsmith. Transparency in government procurement, The objectives of regulation and the boundaries of the World Trade Organization. Journal of World Trade, New York, 2003, 37(2): 283.

[67] Yi Kei-Mu. Can Vertical Specialization Explain the Growth of World Trade?. Journal of Political Economy, 2003, 111:52 - 102.

[68] The World Bank. 2003 World Development Indicators. 2003: 230 - 232.

[69] Scot Case. Earth-Friendly "Green" Procurement Gains Ground. Government Procurement, 2003(10): 8 - 13.

[70] Adrian J. Bradbrook, Richard L. Ottinger. Energy Law and Sustainable Development. IUCN-The World Conservation Union, 2003:85.

[71] Sue Arrowsmith. Government procurement in the WTO. The Hague: Kluner law international, 2003.

[72] Paul R. Krugman, Maurice Obstfeld. International Economic: Theory and Policy. 6th Edition. Pearson Education, Inc., Beijing: Tsinghua University Press, 2002:78 - 90.

[73] Steve New, Ken Green, Barbara Morton. An analysis of private versus public sector responses to the environmental challenges of the supply chain. Journal of Public Procurement, Boca Raton, 2002, 2(1): 93, 13.

[74] Sue Arrowsmith. Reviewing the GPA-The role and development of the plurilateral agreement after Doha. Journal of International Economic Law, 2002, 5(4):761.

[75] Sue Arrowsmith, Keith Hartley. Public Procurement. Edward Elgar Publishing Ltd, 2002.

[76] Rodney A. Stewart, Sherif Mohamed, Raul Daet. Strategic implementation of IT/

IS projects in construction: a case study. Automation in Construction 11,2002: 681 - 694.

[77] Michael Quayle. Purchasing in small firms. European Journal of Purchasing & Supply Management ,2002(8):151 - 159.

[78] Joe. Hellman, Daniel Kaufmann. Confronting the Challenge of State Capture in Transition Economies. Quarterly Magazine of the IMF, 2001, 38(3).

[79] Hummels, David, Ishil, Jun and Yi, Kei-Mu. The Nature and Growth of Vertical Specialization in World Trade. Journal of International Economics,2001(6):75 - 96.

[80] Kohli. Sanyal and Jones on Trade in Middle Products. Journal of International Trade & Economic Development, 2001,10(1):39 - 631.

[81] Parkers, S. LEE. Did East-Asian Developing Economies Lose Export Competitiveness in the Pre-Crisis 1990s? Assessing East Asian Export Performance from 1980 to 1996. Asian Development Bank Institute, Draft, 2001 (2).

[82] Federico Trionfetti. Public Procurement, Market Integration and Income Inequalitie?. Review of International Economics, 2001,9(1):29 - 41.

[83] Richard Heeks. Reinventing Government in the Information Age, Information Practice in IT-enabled Public Sector Reform. London and New York, Rutledge, 2001,38.

[84] American Management Systems. The Case for Federal eProcurement Translating Private Sector Benefits to the Federal Government. American Management Systems, Inc, 2001.

[85] Aaditya Mattoo. Law and Policy in Public Purchasing. The University of Michigan Press, 2000: 57 - 72.

[86] Slaughter, Matthew J. Production Transfer within Multinational Enterprises and American Wages. Journal of International Economics,2000,50:449 - 472.

[87] Bernard M. Hoekman and Petros C. Mavroidis. Basic Elements of the Agreement on Government Procurement,Law and Policy in Public Purchasing. The University of Michigan Press, 2000:21 - 22,73 - 89.

[88] Federico Trionfetti. Discriminatory Public Procurement and International Trade. World Economy, 2000(1).

[89] Michael Essig. Purchasing consortia as symbiotic relationships: developing the

concept of consortium sourcing . European Journal of Purchasing & Supply Management ,2000(6):13 - 22.

[90] David Price, Allyson M. Pollock, Jean shaoul. How the World Trade Organization is Shaping Domestic Policies in Health Care. The Lancet, 1999,345:188 - 189.

[91] A. L Stoler. the Border Broadcasting Disputes under the 301terms. International Trade Law Journal,1999.

[92] Miyagiwa, K. Oligopoly and Discriminatory Government Procurement Policy. American Economic Review,1999(81):1321 - 28.

[93] Sue Arrowsmith, Arwed Davies. National and International Perspectives on the Regulation of Public Procurement: Harmony or Conflict? Public Procurement, Global Revolution. Kluwer Law International, 1998:9, 15 - 20,107 - 108,219.

[94] Harry Robert Page. Public Purchasing and Material Management. Mass. D. C. Heath &Company, 1998.

[95] Judith Gebauer, Carrie Beam, Arie Segev. IMPACT OF THE INTERNET ON PROCUREMENT. Acquisition Review Quarterly, 1998, Spring.

[96] Hoekman. The WTO' Government Procurement Agreement. Public Procurement law Reviw,1998(4):79.

[97] Commission Communication. Public procurement in the European Union. XV/5500/98 - EU, Brussels, 1998 - 3 - 11.

[98] Naegelen, F., M. Mougeot. Discriminatory Public Procurement and Cost Reduction Incentives. Journal of Public Economics,1998.

[99] Arndt, Sven. Globalization and the Open Economy. North-American Journal of Economics and Finance,1997,8(1):71 - 79.

[100] Paul J Carrier. Sovereignty under the Agreement on Government Procurement. Minn. J. Global Trade,1997,6(67).

[101] Meinhard Hill. The Role of National Courts in International Trade Relations, in Ernst-Ulrich Petersman (ed.), International Trade Law and the GATT/WTO Dispute Settlement System. Kulwer Law International Ltd. ,1997: 564, 571, 583.

[102] Annet Blank, Gabrielle Marceau. History of Government Procurements Negotiations Since 1945. Public Procurement law Review , 1997(2).

[103] Hoekman, Bernard, Petros C. Mavroidis. Law and policy in public purchasing : the WTO agreement on government procurement. University of Michigan Press,

1997.

[104] ACCI. WTO AGREEMENT ON GOVERNMENT PROCUREMENT. WTO Agre Govt Proc , 1997,8.

[105] Sue Arrowsmith. The Law of Public and Utilities Procurement. London sweet & Maxwell,1996:164.

[106] Farnhan. D. , Horton. S. . Managing The New Public Services. 2th Edition. London,Maemillan press,1996.

[107] Dobler, Donald W. , David N. Burt. Purchasing and Supply Management. 6th Edition. New York:McGraw-Hill,1996.

[108] Richard J. , PierceJr. . Rulemaking and Administrative Procedure Act. Tulsa Law Journal , 1996, Winter, 1.

[109] Arie Reich. Magor Development in Israel's Public Procurement Law: A New Era in International Tender. The International Association of Jewish and Jurist, 1996(9): 125.

[110] James L. Perry. Handbook of Public Administration . 2 Edition. Jossey-Bass Inc. , Publishers, 1996:120.

[111] Robert D. Tllision, Roger D. Congleton. The Economic, Analysis of Rent Seeking. Edward Elgar Publishing Company,1995.

[112] Watts, Charles A. , Kee Young Kim, Chan K. Hahn. Linking Purchasing to Corporate Competitive Strategy. International Journal of Purchasing and Materials Management, 1995,31(2): 3 - 8.

[113] Carter, Joseph R. , Ram Narasimhan. Purchasing and Supply Management: Future Directions and Trends. Tempe, AZ: Center fro Advanced Purchasing Studies,1995.

[114] Ellram, Lisa M. , Laura M. Birou. Purchasing for Bottom Line Impact: Improving the Organization Through Strategic Procurement. Burr Ridge, IL: Irwin Professional Publishing,1995.

[115] Liccine, Stephen L. . Efficient Processes for Low-Value Purchases and Payables. NAPM Insights, 1994,8.

[116] Patrick Behan. Purchasing in Government. Longman Group Limited,1994.

[117] Branco, F. . Favoring Domestic Firms in Procurement Contracts. Journal of International Economic,1994: 65 - 80.

[118] Gordon Tullock. Rent-Seeking. Aldershot, Edward Elgar, 1994:28.

[119] Dr. Gray J. Zenz, George H. Thompson. Purchasing and Management of

Material. AEI,1994：345.

[120] North Douglass. Institutions and Credible Commitment. Journal of Institutional and Cheoretical Economics,1993:11 –23.

[121] Andrew Geddes. Public Procurement, A Practical Guide to the UK Regulations and Associated Community Rules. Sweet & Maxwell,1993.

[122] Manfred Nowak. U. N. Covenant on Civil and Political Right. CCPR Commentary,N. P. Engel, Publisher,1993.

[123] Erik Brynjolfsson. The Productivity Paradox Of Information Technology. Communication Of The ACM, 1993,36.

[124] Kaz Miyagiwa. Oligopoly and Discriminatory Government Procurement Policy. The American Economic Review, 1991(12)：1320 –1328.

[125] Freeman, Virginia T., Joseph L. Cavinato. Fitting Purchasing to the Strategic Firm：Frameworks, Processes, and Values. Journal of Purchasing and Materials Management, 1990,Winter.

[126] Steven Kelman. Procurement and Public Management, The Fear of Discretion and the Quality of Government Performance. American Enterprise Institute, 1990.

[127] Baumol, W. J.. Entrepreneurship, Productive, Unprodective and Destructive. Journal of Ploitical Economy, 1990,98(5):893 –921.

[128] McAfee, R. P., John McMillan. Government Procurement and International Trade. Journal of International Economics, 1989,(26):291 –308.

[129] Aschauer, D. A.. Is Public Expenditure Productive?. Journal of Monetary Economics,1989 (23)：177 –200.

[130] Diamond, Jack. Government Expenditures and Economic Growth, an Empirical Investigation. IMF Working Paper,1989 (5)：89 –45.

[131] Johannesson, Per-Olov. The Economic Theory and Measurement of Environmental Benefits. Cambridge, Cambridge University Press,1987：95 –108.

[132] JamesFNagle. Federal Procurement Regulations, Policy, Practice and Procedures. American Bar Association,1987.

[133] Donald W. Donbler. Purchasing and Supply Management. The Mc Graw-Hill Companies INC,1986.

[134] Benson, Bruce. Rent-Seeking from a Property Right Perspective. Southern Economic Journal, 1984,51(2):388 –400.

[135] Boadway, Robin, Neil Bruce. Welfare Economics. Oxford, England, Basil Blackwell, 1984,136.

[136] Congleton Roger. Committees and Rent-seeking Effort. The Journal of Public Economics, 1983(41):441 - 448.

[137] James M. Buchanan, Robert D. Tollision, Gorden Tullock. Toward a Theory of the Rent-Seeking Society. Texas A&M University Press,1980:97 - 112.

[138] Lamar Lee, Donald W. Dobler. Purchasing and Materials Management,Text and Cases. New York, McGraw-Hill Inc, 1977:28 - 35.

[139] Samuelson, Paul A. . The Pure Theory of Public Expenditure. Review of Economics and Statistics, 1954,36(11): 387 - 398.

[140] W. j. Baumo. Notes on Theory of Government Procurement. Economica, New Series, 1947,53(2):1 - 8.

[141] Russell Forties. Govenmental Purchasing. New York Happer&Brothers Publishers,1929.